21 世纪高等院校财经管理类系列教材

营销学原理

（第三版）

吴长顺　编著

北京大学出版社

内 容 提 要

本书主要介绍了营销学的基本概念和方法,同时吸取了新的研究成果,介绍了网络时代的新型营销模式。本书的主要内容包括营销的基本概念,营销规划,宏观营销环境,消费需求与营销信息,消费品市场,工业品市场,营销定位,产品策略,新产品开发与产品市场生命周期,定价策略,分销渠道,零售、批发和物流管理,整合营销传播,广告、社交媒体、市场推广与公共关系,人员推销等。

本书内容全面、观点新颖、资料丰富、文笔简练流畅、实用性强,可作为大中专院校经济与管理专业的教材,也可作为各类企业中的营销人员及管理人员的培训教材。

图书在版编目(CIP)数据

营销学原理/吴长顺编著. —3版. —北京:北京大学出版社,2021.6
21世纪高等院校财经管理类系列教材
ISBN 978-7-301-31089-2

Ⅰ.①营… Ⅱ.①吴… Ⅲ.①市场营销学–高等学校–教材 Ⅳ.①F713.50

中国版本图书馆CIP数据核字(2020)第017575号

书　　名	营销学原理(第三版) YINGXIAOXUE YUANLI(DI-SAN BAN)
著作责任者	吴长顺　编著
责任编辑	吴坤娟
标准书号	ISBN 978-7-301-31089-2
出版发行	北京大学出版社
地　　址	北京市海淀区成府路205号　100871
网　　址	http://www.pup.cn　　新浪微博:@北京大学出版社
电子信箱	zyjy@pup.cn
电　　话	邮购部 010-62752015　发行部 010-62750672　编辑部 010-62756923
印刷者	河北滦县鑫华书刊印刷厂
经销者	新华书店
	787毫米×1092毫米　16开本　15.5印张　417千字
	2007年9月第1版
	2013年5月第2版
	2021年6月第3版　2021年6月第1次印刷
定　　价	45.00元

未经许可,不得以任何方式复制或抄袭本书之部分或全部内容。
版权所有,侵权必究
举报电话:010-62752024　电子信箱:fd@pup.pku.edu.cn
图书如有印装质量问题,请与出版部联系,电话:010-62756370

第三版前言

营销学作为一门学科已经有百年左右的历史了。尽管其诞生地在美国，但在中国及其他国家的传播和成长壮大的速度并不逊于美国，这就说明营销学是一门极有应用价值的学科。营销学与我们生活的关系非常密切，大到国家管理、组织发展、企业兴衰、业务成长，小到我们每个人的职业发展、人际交往等，都需要营销学知识。在现代社会中，掌握营销学的基本理论和方法，对于我们谋求更好生存状态是十分有益的。

营销学到底是用来做什么的？能达到什么目的？现在来看，营销是谋求对方产生符合自己希望的行为的一套策略和方法，也就是企业谋划目标顾客产生购买行为的一套方法和策略。但我们要特别注意的是，谋求对方产生符合自己希望的行为并不是要为对方设置陷阱，损害对方的利益，而是要在对方（顾客）获得应有收益的前提下追求自身（企业）的利益最大化。营销活动的结果应该是涉及的交换各方都能得到价值增值。也可以说，营销是企业获得顾客、留住顾客的方法和策略。在现代市场经济条件下，商品供过于求，呈现出买方市场形态，在企业与顾客的交往关系中，顾客掌握着交往的主动权和选择权。这样一来，企业如何获得顾客与留住顾客就成为企业处理与顾客关系的全部内容，也就是营销管理的所有内容。获得顾客和留住顾客同样不能采用损人利己的手段和方法。营销人员不但不能坑害顾客，还要着力为顾客创造卓越的消费价值。在顾客得到卓越的消费价值的前提下，谋求为企业带来利润。从更高意义上讲，营销是在创造和传递生活标准给社会，改变着人类的生活水平和文明进程，因此营销对人类社会的发展来讲功莫大焉！

人类进入21世纪的第二个十年的后半期之后，科技进步呈现出高歌猛进的态势，互联网技术日趋成熟，计算机、移动通信、移动智能终端、人工智能、物联网、大数据、云计算、计算机仿真、区块链等技术领域也取得了巨大的发展，这些技术的突飞猛进为人类的营销活动创造了前所未有的手段和工具，大大拓展了营销活动的空间。相应地，人类创造社会财富的能力达到了前所未有的新高度，社会产品的供给极大丰富，营销商在买卖市场上的格局发生了实质性的转变，买方在市场交换中处于绝对的主导地位，争夺买方的能力是营销商首先要掌握的专业技术。在此背景之下，营销活动的指导思想需从以往奉为圭臬的"满足需求"理念演进，提升为"创造需求"的理念。"创造需求"的营销理念为处于竞争激烈、产品丰裕社会中的商家提供了引领市场、为消费者提供产品和服务的制胜利器。基于这种认识，本书把"创造需求"作为贯穿全书的核心理念。

营销学在20世纪70年代末传入我国，之后便迅速地发展起来。人们对来自西方社会的"marketing"一词的翻译和理解几经周折，至21世纪初，才基本上被广泛译成"营销"或"营销学"。在商业实践中，20世纪末的中国企业大多都已设置了履行营销职能的部门，只不过名称各不相同。企业内部的营销部门在企业的生存与发展大业中起着举足轻重的作用，成为各企业极为重要的一个职能部门。企业内部的营销人员往往是最为庞大和复杂的职工队伍，企业对其专业性要求亦越来越高。在非营利性组织中，目前也有一些设置了营销部门。值得注意的是,营销学是一门实践性极强的应用性学科,文化形态的差异为营销学的发展和应用提供了广阔的发展空间。

目前各类大中专院校大多开设了市场营销专业,市场营销专业的学生自然要学习营销学课程。其实,非市场营销专业的学生也需要学习营销学的知识。通过学习营销学课程,一方面,非市场营销专业的学生有助于把本专业的知识发扬光大;另一方面,也可以使自己更好地在社会中发展,使自己的价值得以充分的实现。

本书在第二版的基础上,一方面删除了一些陈旧的内容,另一方面根据近几年移动互联网的迅速发展给商业活动带来的冲击和挑战,增加了"新零售""社交电商""短视频"等内容,着重在"分销渠道"和"营销传播"等章节做了较大幅度的改动,同时,依据最近几年对基于创造需求的消费品营销的最新思考,对"营销定位"部分做了一定的修改和调整。时间仓促,如有疏漏之处,恳请广大读者指正。

吴长顺

于中山大学善思堂

2021 年 5 月 广州

本教材配有教学课件,如有老师需要,请加 QQ 群(279806670)或发电子邮件至 zyjy@pup.cn 索取。

目　录

第一章　营销的基本概念 ··· (1)
 1.1　营销的定义 ·· (1)
 1.2　营销观念的演进 ·· (13)
 1.3　营销管理 ·· (17)
 1.4　非营利性营销 ·· (20)
 1.5　营销学的研究对象与方法 ····································· (22)

第二章　营销规划与销售预测 ··· (25)
 2.1　营销规划 ·· (25)
 2.2　销售预测 ·· (29)

第三章　宏观营销环境 ·· (36)
 3.1　宏观营销环境的重要性 ·· (36)
 3.2　宏观营销环境的内容 ··· (37)

第四章　消费需求与营销信息 ··· (49)
 4.1　消费需求 ·· (49)
 4.2　营销信息系统 ·· (51)
 4.3　营销调研 ·· (53)

第五章　消费品市场 ·· (59)
 5.1　消费者的购买决策 ·· (59)
 5.2　影响消费者行为的因素 ·· (66)

第六章　工业品市场 ·· (71)
 6.1　工业品市场的类别与特性 ····································· (71)
 6.2　工业品购买的角色与类型 ····································· (74)
 6.3　工业品购买的决策过程 ·· (75)
 6.4　影响工业品购买决策的因素 ·································· (78)

第七章　营销定位 ··· (81)
 7.1　目标市场营销的演进与步骤 ·································· (82)
 7.2　市场细分 ·· (83)
 7.3　目标市场的选择 ··· (87)
 7.4　营销定位 ·· (90)

第八章　产品策略 ··· (95)
 8.1　产品的意义 ··· (95)
 8.2　产品的分类 ··· (97)
 8.3　产品的品牌与包装 ··· (101)

8.4 产品组合决策 ………………………………………………………………(107)
  8.5 产品线决策 …………………………………………………………………(112)
  8.6 服务营销 ……………………………………………………………………(114)
第九章 新产品开发与产品市场生命周期 ………………………………………………(117)
  9.1 新产品开发过程 ……………………………………………………………(117)
  9.2 新产品的采用 ………………………………………………………………(122)
  9.3 产品市场生命周期 …………………………………………………………(125)
第十章 定价策略 ……………………………………………………………………………(131)
  10.1 价格与影响定价策略的因素 ……………………………………………(131)
  10.2 定价方法 …………………………………………………………………(138)
  10.3 新产品定价策略及价格调整策略 ………………………………………(144)
第十一章 分销渠道 …………………………………………………………………………(148)
  11.1 分销渠道概述 ……………………………………………………………(149)
  11.2 分销渠道的整合 …………………………………………………………(156)
  11.3 制造商的渠道决策 ………………………………………………………(158)
  11.4 渠道合作、渠道冲突与渠道领导 ………………………………………(162)
第十二章 零售、批发和物流管理 …………………………………………………………(166)
  12.1 零售 ………………………………………………………………………(166)
  12.2 批发 ………………………………………………………………………(175)
  12.3 物流管理 …………………………………………………………………(179)
第十三章 营销传播 …………………………………………………………………………(187)
  13.1 营销传播概述 ……………………………………………………………(187)
  13.2 营销传播预算 ……………………………………………………………(193)
  13.3 营销传播组合 ……………………………………………………………(195)
第十四章 广告、社交媒体、市场推广与公共关系 ………………………………………(201)
  14.1 广告 ………………………………………………………………………(201)
  14.2 社交媒体 …………………………………………………………………(206)
  14.3 市场推广 …………………………………………………………………(213)
  14.4 公共关系 …………………………………………………………………(218)
第十五章 人员推销 …………………………………………………………………………(222)
  15.1 销售人员的类型与任务 …………………………………………………(222)
  15.2 销售队伍的组织结构与规模 ……………………………………………(226)
  15.3 销售人员的管理 …………………………………………………………(229)
  15.4 人员推销的过程 …………………………………………………………(236)
参考文献 …………………………………………………………………………………………(239)

第一章　营销的基本概念

> **本章学习要点**
>
> 1. 营销的含义；
> 2. 顾客忠诚、顾客满意和关系营销的含义；
> 3. 营销观念的含义，以及营销观念的演进阶段；
> 4. 营销管理的任务和流程；
> 5. 非营利性营销的含义。

在现代社会中，商家的营销活动与每一个人的生活都有密切的关系。张先生，广州市一家知名外资企业的职业经理人，一早就在华为 Mate 手机的闹铃声中醒来，用中华牙膏刷牙，喝伊利牛奶，吃达利园面包，穿上前一天用立白洗衣粉在海尔洗衣机中洗干净的开开牌衬衫，开大众途观轿车到公司上班，用雷诺圆珠笔签署文件，使用联想笔记本电脑在网上与国内外同行进行业务交流；中午和三位同事到公司附近的都城餐厅吃一顿工作餐；下班回到家后，打开美的冰箱喝一罐可口可乐；晚上打开海尔65寸平板电视机，观赏欧洲足球联赛实况转播，看到"999"感冒灵的广告以及其他商品广告。由上述张先生一天的生活可知，在现代社会中，人们所使用的产品和接受服务的大都有企业营销活动的影子。经由营销活动，企业的商品或服务得到消费者的认可或喜爱。

企业的营销活动使消费者有更多的产品和服务可选择，满足了消费者提高生活品质和工作效率的需求。可见，营销在现代社会中的重要性值得我们重视并深入研究。

1.1　营销的定义

营销的定义是什么？有人认为营销就是销售或推销，也有人认为营销就是促销和广告。出现这种认识很正常，"营销"这个词语属于舶来品，人们对营销的认识和理解是一个逐渐深化的过程。现代人每天受到互联网广告、电视广告、电台广告、报纸广告、杂志广告、信函广告、路牌广告等各类广告的"围攻",也经常会有商家利用电话推销或派销售人员上门推销,商家的这些活动都对人们认识"营销"的概念产生了直接的影响。

因此,当许多人在知道营销并非销售、促销或广告,甚至销售、促销和广告也不是营销最重要的部分时,常感到很惊讶。其实,销售、促销或广告对于营销而言,只是很小一部分而已,它们都只是营销的多种职能之一,且通常并非现代营销最重要的职能。如果营销人员能做好市场分析,洞察到顾客的需求,开发出适当的产品或服务,并且做好定价及铺货工作,则这些产品或服务的销售将取得事半功倍的效果。

人们发现,"热销产品"常使顾客趋之若鹜。当苹果公司设计出触摸屏 iPhone 手机和 iPad 时,广州丰田汽车公司生产出第六代凯美瑞轿车时,腾讯公司推出即时通信工具微信以及新浪网推出微博时,顾客都曾趋之若鹜,这是因为这些公司设计出了适合顾客需求的产品,击中其消费"痛点"。

20 世纪最具影响力的世界级管理大师彼得·德鲁克认为,营销的目的是要使销售成为多余。营销的目的是要充分认识和了解顾客,并使产品或服务能适合顾客,并自行销售它自己。也就是说,如果企业能够真正了解顾客的需求,设计适当的产品或服务,就不需要额外的销售或广告活动了。当然,这并不是说销售及广告不重要,而是强调销售和广告只是营销的一部分活动而已。营销的真正含义是指通过诱发顾客的消费欲望而实现交换(Exchange)的过程,它以满足人们的需求为最终目的。

一、营销的内涵

美国营销协会(American Marketing Association,AMA)2007 年给"营销"下的定义是:营销是一种组织职能,也是为了组织自身及利益相关者的利益而创造、传播、传递顾客价值,管理顾客关系的一系列过程。在美国营销协会给出的"营销"定义的基础上,美国著名的营销学学者罗杰·A.凯琳等提出:营销是创造、传播、传递和交换待售物,从而使组织、组织利益相关者和社会获益的活动。

综合这两种定义,我们可以看出:① 营销是一种为顾客创造、传播、传递消费价值的活动。② 营销活动的结果不仅要使营销活动的主体获益,而且要使营销活动的相关者亦有所收益。营销活动的主体包括营销活动的发起者,即主动的一方,也就是营销商[①],以及营销活动的对象,即被动的一方,也就是顾客。③ 营销活动的一项重要内容是要维护营销商与顾客之间的关系。④ 营销是由一系列活动组成的程序性和时间性的过程。⑤ 营销是组织的一项职能。

企业的营销也可以这样来定义:企业以创造顾客消费价值(Customer Value)为根本宗旨,为实现经营目标与市场需求之间的动态平衡而进行的整体性管理活动。

这种对营销的定义,包含了以下几层含义。

(1) 企业的营销活动是在为顾客创造消费价值。

消费价值反映了顾客对产品或服务满足其欲望或需求能力的主观评价,对个人和家庭

[①] 在本书中,营销商与商家、厂家、厂商、企业、公司等都属于卖方,视行文需要将会交替使用,统指处于买方市场中的从事营利性活动的组织。营销商包括组织、个体和个人,组织有营利性组织和非营利性组织两类。

来讲,是一种感知价值(Perceived Value)。一件提供物①满足消费的能力越强,它的价值越高;反之,它的价值就越小。企业进行营销活动的基本目的是满足顾客的消费欲望或需求,也就是创造顾客消费价值。创造卓越的顾客消费价值是企业营销追求的最高境界。对企业来讲,顾客消费价值的载体是企业生产的产品或提供的服务。顾客消费价值体现为企业提供物的质量、价格、便利性、及时送货、售前和售后服务等一系列利益组合。

企业提供物的消费价值与使用价值不等同。有使用价值的事物不一定有消费价值,有消费价值的事物一定有使用价值。消费价值高的事物使用价值不一定高,使用价值高的事物消费价值不一定高。消费价值是使用价值营销化的一个概念。企业所追求的不仅仅是较高的产品使用价值,更应该关注如何为顾客提供卓越的消费价值。

(2) 企业的营销活动是企业的一项职能,是为实现企业的宗旨和经营目标而服务的。

彼得·德鲁克认为,企业存在的目的就是创造顾客,也就是创造市场,这项工作在企业中是由营销活动来实现的,其他职能活动都是营销职能的支持者和辅助者。创造顾客不仅仅是指开发新顾客,还有维系老顾客的含义。在现代商业社会,企业应该奉行"拥有顾客比拥有产品更重要,拥有市场比拥有企业更重要"的商业哲学。

(3) 企业的营销活动是针对市场需求而进行的。

营销管理在本质上是对需求的管理,即为实现企业的经营目标,通过营销的调研、计划、执行、组织与控制,来管理目标市场的需求水平、时机和构成。营销的产生是人类商业活动必然的结果。在现代大多数市场呈现出供过于求的格局中,营销的本质是创造、诱发、引导消费需求的战略战术。在实际操作中,企业不仅仅要满足、迎合和适应市场上当前存在的需求(在市场上处于被动的地位),还要积极创造、引导和开发市场需求(在市场上处于主动的地位),做到这个层次,便可展现出"营销大师"的魅力,这种做法适用于买方市场条件。显然,伟大的企业创造需求,优秀的企业满足需求。因此,营销的最高境界是创造生活方式和生活标准并传递给社会。

(4) 企业营销活动是涉及企业全组织的一项活动。

彼得·德鲁克曾说过,营销是如此基本,以至不能把它看成是一个单独的功能……从它的最终结果来看,也就是从顾客的视角来看,营销是整个企业的功能。现实中,我们不能把营销仅仅看作是企业营销部门即一个职能部门的事情,而应把它看成企业内所有部门和所有人员的事情,尽管营销活动的具体事务是由营销部门执行的。也就是说,企业内所有部门和所有人员都要树立和履行为顾客创造价值、让顾客满意、为顾客服务的思想及责任。营销原则成为现代企业首要的、至高无上的、无可替代的工作准则。

(5) 企业的营销活动不是静态的需求管理,而是力求始终与市场需求之间保持动态的平衡。

一方面,市场需求在不断地变化着,从低级到高级,从一种形态、样式嬗变到另外一种形态、样式;另一方面,针对顾客的需求,诸多竞争对手时刻都在"诱惑"顾客,顾客随时可能"移情别恋"。在这种情形下,企业的营销活动要始终密切关注目标市场的需求未来可能的演进方向和性质,适时做出营销策略的改进和调整,因应、唤起和满足市场需求的新变化,提高顾客的满意度和忠诚度。

---

① 企业的提供物一般是指产品或服务。在一般的意义上,营销商的提供物有很多种形态,除了产品和服务之外,还有如人物、地方、信息、产权、活动、组织及思想等。

顾客满意是指购买者认为所购之物达到或超过预期的一种感觉,是顾客根据感知到的产品实际状况与其预期相比较来判定的。如果产品的实际状况不如顾客的预期,顾客会感到不满意;如果实际状况恰如预期,顾客会感到满意;如果实际状况超过预期,顾客会感到非常满意。顾客的预期是由顾客过去的购买经验、朋友的意见以及营销商和竞争者的信息和承诺等来决定的。

高度满意的顾客将会重复购买,对企业的产品或品牌形成忠诚感,而对价格不太敏感,也会向其周围的人传播有利于企业和其产品的信息,形成对企业及其产品有利的"口碑"。相对于竞争者而言,企业应设法获得高的顾客满意度,但无须追求最大的顾客满意度。一再降低价格或增加服务固然可提高顾客满意度,但可能降低利润。企业营销的目的是在创造顾客价值的同时能获得利润。有学者指出,忠诚的顾客会为企业带来直接的效益,并将其归纳为六个方面:节约争取新顾客所需的成本,增加基本利润,增加企业的交叉收入,降低营业成本,引荐新顾客,产生溢价。在多数行业里,忠诚的顾客支付的价格实际上要比一般顾客高。

在现代营销理念中,为了提高顾客的忠诚度,赢得顾客的长期交换①关系,企业需要实施关系营销策略。也就是说,要把传统的只看重单次买卖活动的交易营销(Transaction Marketing)范式转变成关系营销(Relationship Marketing)范式。通过关系营销,企业可以留住老顾客,达到使顾客欲罢不能和"零顾客叛离"的效果,为企业带来更高的市场占有率和销售额。关系营销推崇的策略为:除了创造短期交易之外,企业应设法和有价值的顾客、经销商、供应商等建立长期的关系,要不断地提供高质量的产品、优质的服务和合理的价格,以建立稳固的经济和社会关系。关系营销理论的假定是:建立良好的关系,有利润的交易就会源源不断地跟着来。关系营销的目标是要提供给顾客长期的价值,而成功的营销意味着长期的顾客满足和长期保有顾客。

不难看出,所谓关系营销,是指企业要在盈利的基础上,建立、维持和促进与顾客和其他伙伴之间的关系,以实现参与交易各方的目标,从而形成一种兼顾各方利益的长期互惠关系。与交易营销不同的是,关系营销强调的是以无形的东西(如感情、承诺、信任等)为交换的重要因素,体现一个持续的过程,强调买卖双方乃至多方的互惠互利。关系营销范式在BtoB(Business-to-Business)营销和服务营销实践中获得了很好的应用。

关系营销最根本的优势是能够给企业带来非同凡响的营利性。像其他有形资产和无形资产一样,关系营销对于改进企业未来的财务绩效和降低成本是非常有用的,其价值产生于持续不断的买卖交易、增量销售(Up-selling)或交叉销售(Cross-selling)。增量销售指的是

---

① 交换是向某人取得某一被需求的事物,并以提供另一种事物给这个人作为回报的行为。人们取得所需求事物的方式有很多种,交换只是其中的一种方式。在西方的营销学中,交换被看作是营销的核心概念。

一般认为,人们取得产品的第一种方式是自行生产,不必与其他人发生互动。在此种情况下,就没有市场的存在,因此也没有营销。第二种方式是暴力强求,被夺取的人除了可能不受到伤害外,没有任何的利益。第三种方式是乞求,除了感激以外,没有给予施舍者任何有形的报偿。第四种方式是交换,以提供金钱、其他物品或服务来达成交换。

营销是以交换的方式获得所需之物,并让渡于被交换方有价值之物。交换构成了营销的基本立论基础,必须具备下列五个条件:一是至少要有两方当事人,二是每一方都拥有对方可能认为有价值的东西,三是每一方都具有沟通及运送的能力,四是每一方都可以自由地接受或拒绝对方提供的产品,五是每一方都相信与对方交易是适当的或满意的。若这些条件存在,交换就可能发生。至于交换是否会真正发生,则要看交换的条件是否能使双方的情况都比交换前更好(至少不应更差),即实现经济学上的"帕累托改进"的效果。因此,可将交换视为创造价值的过程,也就是交换的结果通常能增进交换双方的价值。

刺激现有顾客消费更多的其当前消费的产品,或者促使其减少对其他企业同类产品的消费,增加对本企业产品的消费。交叉销售指的是向现有顾客销售其可能感兴趣的其他类别产品或服务,扩大与现有顾客的接触范围,增强对企业和顾客关系的支撑力度,分散企业和顾客关系破裂的风险,使企业和顾客的关系更为牢固,从而提高顾客关系的质量。

人类的营销活动有多种形态。有消费者对消费者的营销,称为 CtoC(Customer-to-Customer)营销;有消费者对企业(组织)的营销,称为 CtoB(Customer-to-Business)营销;有企业(组织)对个人和家庭的营销,称为 BtoC(Business-to-Customer)营销或消费品营销;有企业对企业(组织)或个体的营销,称为 BtoB 营销或工业品营销。本书以探讨 BtoC 营销为主,兼顾 BtoB 营销。

二、顾客满意与顾客忠诚

顾客满意和顾客忠诚是企业营销活动追求的主要结果之一。前面介绍了顾客满意的基本含义,那么顾客满意是如何形成的呢?

伍德罗夫从顾客价值层次的角度出发,提出顾客满意的形成模型①(如图 1-1 所示)。他认为顾客从"途径-目标"模式形成期望价值,从最低一层开始,顾客首先会考虑产品的具体属性和性能;在第二层,顾客将依据具体属性对实现预期结果的能力形成期望;在第三层,顾客会根据这些结果对其目标的实现能力形成期望。顾客使用同样的期望属性、结果和目标来评价产品,形成实受价值,进而形成"基于属性的满意""基于结果的满意"和"基于目标的满意"。

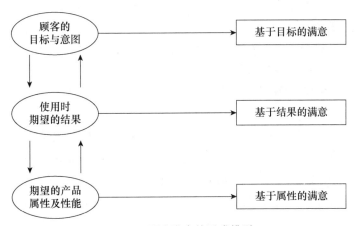

图 1-1 顾客满意的形成模型

达成顾客满意并不是企业营销活动的目的。企业营销活动最终要实现顾客重复购买本企业的产品,增加顾客对企业产品的消费量,即实现顾客忠诚的目标。顾客忠诚是指顾客对企业生产的产品或提供的服务重复的购买意愿和购买行为倾向的程度,即顾客未来再次重复购买的可能性大小。奥利弗从认知、情感、意动和行为四个维度出发,认为顾客忠诚是在未来持续重购或再惠顾某一偏好产品或服务的一种深度承诺,从而导致对同一品牌或同一

---

① WOODRUFF, R. B. Customer value: the next source for competitive advantage. Journal of the Academy of Marketing Science, 1997, 25: 139-153.

品牌某一大类产品的重复购买,当然也存在情景影响以及营销努力对转移行为的潜在影响。[①] 他认为,顾客忠诚可以分为四个阶段:第一个阶段是认知忠诚,它直接或间接展示了对品牌及其利益的认知,这是基于企业提供卓越性满足的信念而进行的购买;第二个阶段是情感忠诚,它是对品牌的一种有利态度,是认知忠诚阶段顾客对期望重复性的确认结果;第三个阶段是意动忠诚,它意味着强烈的意向性,具有高水平的承诺,是一种激励力量;第四个阶段是行为忠诚,这意味着忠诚的强烈动机,使顾客形成获得某一品牌的特殊愿望,顾客会克服各种阻止其不购买忠诚品牌的障碍。

一些学者在心理学研究的基础上,就顾客忠诚的形成机理提出了三大出发点:基于交易层面上的顾客忠诚,基于关系演进的顾客忠诚,交易层面和关系演进并举的顾客忠诚。

对于顾客满意和顾客忠诚的内在逻辑关系,不同的研究人员给出了不尽相同的解释。科尼指出,顾客满意对顾客忠诚的影响因满意程度而不同。他认为当顾客满意度较高时,顾客忠诚就强;当顾客满意度较低时,顾客忠诚就弱;当顾客满意度中等时,顾客忠诚也中等。[②] 另外,米特尔和赖萨指出,顾客满意不一定意味着顾客忠诚。因为不满意的顾客如果无法从其他企业获得更好的服务,那么他们仍将继续购买;即使是满意的顾客,他们可能还有转移到其他企业购买的意愿,以便得到更满意的结果。[③]

三、关系营销

关系是一种连接,这种连接有三种形式,即人与人之间的、组织之间的和人与组织之间的。关系营销理论自20世纪80年代被提出以来,得到了广泛的传播与应用,受到来自学界和实务界的广泛关注。

1983年,白瑞最先提出了关系营销的概念:关系营销的实质是吸引、保持和强化现有顾客。[④] 他认为,挽留老顾客比获取新顾客的成本更低,而且对企业利润具有正面影响。关系营销范式强调企业营销的一个重要目标是发展与保持持续性的顾客关系,完全不同于离散性的交易式营销。

摩根和汉特认为关系营销是旨在建立、发展和维持与顾客的成功关系交换的所有营销活动。[⑤] 他们从经济交换和社会交换的差异角度出发,认为从经济交换转向社会交换,企业营销的本质也在于承诺和信任,关系承诺与信任是关系营销成功的核心。

顾木森则从企业竞争网络化的角度对关系营销作了解释:关系营销就是把营销看作关系、网络和互动。[⑥]

---

① OLIVER. Whence consumer loyalty[J]. Journal of Marketing,1999,63:33-44.
② COYNE. Beyond service fads-meaningful strategy for the real world[J]. Sloan Management Review,2005,2:235-259.
③ MITTAL,LASSAR. Why do customers switch? The dynamics of satisfaction versus loyalty[J]. The Journal of Services Marketing,1998,12(3):177-194.
④ BERRY. Emerging perspectives on services marketing[M]. Chicago:American Marketing Association,1983:25-80.
⑤ MORGAN,HUNT. The commitment-trust theory of relationship marketing[J]. Journal of Marketing,1994,58:20-38.
⑥ GUMMESSON. Broadening and specifying relationship marketing[J]. Asia-Australia Marketing Journal,1994,2:31-43.

格鲁诺斯认为：关系营销就是建立、保持和加强与顾客以及其他合作者的关系，以此使各方面的利益得到满足和融合。这个过程是通过信任和承诺来实现的。①

根据企业营销的哲学、战略和具体方法的不同，关系营销共分为三个层次：① 一级关系营销，即企业通过价格和其他财务上的价值让渡来吸引顾客与企业建立长期交易关系，如对那些频繁购买以及按稳定数量进行购买的顾客给予财务奖励的营销计划。② 二级关系营销，即企业不仅仅用财务上的价值让渡来吸引顾客，还尽量了解单个顾客的需要和愿望，使提供的服务个性化和人格化，以增加企业与顾客的社会联系，它的主要表现形式是建立顾客俱乐部。③ 三级关系营销，即企业和顾客互相依赖对方，双方是合作伙伴关系，在存在专用性资产和重复交易的条件下，一方放弃关系将会付出转移成本（switching cost），关系的维持具有价值，从而形成"双边锁定"。良好的结构性关系将提高顾客转向竞争者的机会成本，同时也将增加顾客脱离竞争者而转向本企业的利益。在关系营销的三个层次中，一级关系营销是低层次的，尽管这种方式在顾客看起来很有吸引力，但却很难创造持久的顾客关系，因为竞争对手很快就会模仿，从而使企业失去优势；三级关系营销是高层次的，因为关系营销不仅是手段，还是营销哲学，如果双方的关系是互惠、稳定的，则会给双方带来长期的价值，从而获得持久的竞争优势；二级关系营销是介于前两者之间的层次。

关系营销与交易营销存在一定的差异，具体见表 1-1。

表 1-1　关系营销与交易营销的区别

项目	交易营销	关系营销
适合的顾客	适合于只注重眼前利益和转换成本低的顾客	适合于具有长远眼光和转换成本高的顾客
买卖双方的关系	离散的关系，如果竞争者可用较低的价格、较高的技术解决顾客面临的问题，顾客会与企业终止关系	长期的关系，比较牢靠，竞争者很难破坏企业与顾客的关系
营销目标	开发新顾客	维系老顾客
营销的焦点	交易的完成	长期关系的维系
对价格的看法	是主要的竞争手段	不是主要的竞争手段
企业强调	销售量，市场占有率，"一锤子买卖"也干，顾客满意度不是考虑的重点	回头客比率，顾客忠诚度，建立长久的关系，顾客满意度
营销管理的追求	单次交易的最大化	追求买卖双方互利关系的最佳化、长期化
市场风险	大	小
了解对方文化背景	没有必要	非常有必要
最终结果	当期利润；未超出分销渠道的概念范畴	顾客资产；超出分销渠道的概念范畴，可能成为战略伙伴，发展成营销网络

值得注意的是，关系营销有其适用范围。美国营销学学者菲利普·科特勒认为，组织究竟适用关系营销还是交易营销，这取决于利润水平以及渠道中成员之间的分离程度。此外，顾客类型、产业性质等因素也对营销范式的选择产生直接的影响。与关系型顾客相比，交易型顾客最关心的仍然是价格的可接受度，一般在购买过程中不太愿意与产品供应

---

① GRONROOS. Relationship approach to marketing in service contexts: the marketing and organizational behavior interface[J]. Journal of Business Research, 1990, 20: 3-4.

商或服务提供商发生过多的接触,消费品和耐用消费品更适用交易营销。一般来说,产品的无形性和复杂性程度越高,关系营销的适用性就越大。贝克等学者认为,较适合关系营销的领域有：需要顾客参与二次开发的产品、服务；需要买卖双方密切合作的复杂和昂贵的产业项目以及娱乐和体育项目、适合品牌化的产品；需要顾客投入很多资金和资产的贵重和复杂产品；需要顾客参与售前和售后服务的复杂产品,以及与其他产品或服务不可分离的产品或服务。①

帕尔默等学者认为,交易营销有利于企业提高利润,而关系营销不适用于以下六种情况：一是交换中的某一方或各方都不希望建立长期关系；二是双方在资源等方面的关系不对称,一方希望减少对另一方的依赖；三是买卖双方之间的社会联系有助于降低顾客感知风险和简化决策过程,但是正式决策过程与买卖双方之间的社会联系是互相排斥的；四是随着卖方信心的增加,购买方对持续关系的需要反而降低；五是营销既可能增加利润,又可能增加成本；六是关系网络的形成容易导致垄断,违背竞争原则。②

营销商与顾客之间的关系不是一成不变的,而是随着时间的演进和业务的不同呈现出不同的形态。巴顿·威兹等学者认为,营销活动的双方存在两种基本关系类型：市场交换关系和伙伴关系。其中,每一种类型又包括两小类(如表1-2所示)。

表1-2　营销活动的双方之间的关系类型③

关系中涉及的因素	关系类型			
	市场交换关系		伙伴关系	
	一次性交易	购销关系	合伙关系	战略伙伴关系
时间范围	短期	长期	长期	长期
对另一方的关心程度	低	低	中等	高
信任度	低	低	高	高
在关系中的投资	低	低	低	高
关系的本质	冲突、讨价还价	合作	调和	协同
关系中的风险	低	中等	高	高
潜在的利益	低	中等	高	高

市场交换关系是指营销活动的双方只关注交易活动中己方利益的关系：卖方只关心销售的达成与否,买方仅关注以最低的价格购得所需之物。市场交换关系包括两种类型：一次性交易和购销关系。一次性交易是指买卖双方可能因为偶然的情景而产生的几乎不会有下一次的买卖情形。购销关系是基于习惯和常规的带有忠诚特征的长期买卖交易关系,买方前一次购买后的评价会影响下一次的购买行为,只要买方在购买后满意而且价格依然合适,重复购买就会发生。

伙伴关系是指营销活动的双方都关心相互的利益并追求双赢关系。伙伴关系包括两种类型：合伙关系和战略伙伴关系。合伙关系主要是指工业品营销中卖方的销售人员和买方的采购人员之间形成了一种主要基于个人层面的合作氛围,在这种氛围中,买卖双方都感到

---

① BAKER,BUTTER,RICHTER,BUTTERY. Relationship marketing in three dimensions[J]. Journal of Interactive Marketing,1998,12(4)：47-62.
② PALMER,ADRIAN. Relationship marketing：a uiversal paradigm or management fad[J]. Learning Organization,1996,3(3)：18-26.
③ 巴顿·威兹,等.销售与顾客关系管理[M].6版.胥悦红,译.北京：人民邮电出版社,2008：37.

安全可靠,能够坦率地、真诚地交流,相互信任。

战略伙伴关系是一种长期的商业关系,是指为了发现和开发合作机会而建立起来的战略关系。战略伙伴关系中的成员很大程度上相互依赖、彼此信任,能够分享目标并对如何实现目标达成一致,能表现出愿意承担风险、分享机密信息及为了维护关系进行重大投资的倾向。

四、营销在企业中的角色

营销职能在企业的不同层级中扮演着不同的角色。同样,在不同的组织形态下营销的角色也是存在差异的。在传统的层级制组织中,如对大型官僚式层级制企业来讲,一般有三个层次的营销职能分布,即作为文化、作为战略和作为战术的三种营销职能。作为文化是指营销要在整个组织内部树立以顾客为中心的文化氛围、经营哲学和价值观念,这种营销职能一般归属于企业高层和中层事业部(SBU)[①]主管。作为战略是指事业部履行营销的市场细分、目标市场选择和营销定位[②]等职能。作为战术是指营销管理人员履行营销策略和战术职能,主要执行营销组合策略,即有关产品、定价、分销和营销传播等的制定和执行工作,这些工作是属于操作层面的。

进入 21 世纪,传统的垂直一体化的多部门的组织形态逐渐被网络组织(Network Organization)和战略联盟所取代。在这种新型的商业秩序中,传统的市场和企业之间清晰的界限以及企业与外部环境之间的界限都消失了,供应商不再是"局外人",顾客被看作企业的生命源泉,顾客的构想和企业的视野融为一体。在无边界企业中,内部职能变得模糊起来。技术人员要与营销、销售、财务以及其他职能人员结成一个团队。顾客服务也成为所有人的职责。这样一来,网络组织中的核心企业的营销角色就会发生一系列重大的变革,最为明显的是,营销原先作为一项特殊的管理职能从组织中消失了,传统的职能界限变得模糊不清。在网络组织中,与顾客保持持续的关系成为最为重要的营销职能,具备关系管理技能的营销人员具有很高的商业价值,决定着网络组织的市场竞争力。同时,理解顾客需求并为顾客提供卓越的消费价值依然是网络组织中核心企业的重要职能。

五、顾客资产管理

顾客资产(Customer Equity)是指将企业所有顾客折现的终生价值之和。现代企业追求的目标不是利润最大化,而是企业价值的最大化。真正体现企业价值的不是企业拥有多少固定资产和无形资产,也不是它当前的产品市场占有率有多高(因为市场占有率只表明企业过去的业绩,而无法表明企业将来的成就),而是它拥有多少未来能够给其带来现金收益的顾客数量。很明显,这样顾客的数量越大,企业的价值也就越高。以往,顾客被看作一种游离于企业之外的外生变量,现如今,由于市场供给日趋丰富,人类进入产品丰裕的社会,各商家为争夺市场(顾客资源)展开残酷的竞争,这样一来,顾客就如同其他的生产要素(物质资本、人力资本)一样,被看作一种资产、一种内生变量,具有内在的增值性。只有顾客资

---

① 事业部也称战略业务单元,英文是 Strategic Business Unit,简称 SBU,具体含义请参考战略管理方面的著作。
② 市场细分、目标市场选择和营销定位等概念的含义见本书第七章。

产增值以后,企业的有形资产和无形资产才具有实际的经济意义。正是从这个意义上说,顾客是一项资产或一种经济资源。

顾客资产概念的产生具有如下意义:

① 顾客及顾客资产在企业中居于首要地位,而品牌及品牌资产退居次要地位并必须服从于顾客资产管理的需要。相应地,企业管理理念也从长期以来的"品牌导向"转入"顾客导向",企业的核心竞争力主要体现在顾客资产上。显然,顾客的忠诚度越高,顾客资产就越大。

② 顾客资产是把顾客看作"资产"或"资本",而不是看作其他东西。顾客资产像其他生产要素(人力资本、物质资本等)一样具有内在增值性,它能产生收益现金流,具有投资风险,需要成本支出以对其进行维护管理。顾客是企业的利润来源。简单地说,顾客是一种重要的生产要素,需要纳入企业要素管理范畴。

③ 既然我们视顾客为资产,必然涉及如何"资本化"顾客资产,那么企业应像管理其他资产一样建立一个资产账户,以便对其进行评估、优化并正确衡量与其相关的投入和产出问题。

④ 打破了过去一切为市场占有率而不计较顾客成本的管理模式。如何以最小成本获得顾客,以最小成本巩固顾客资产,争取最有价值的顾客才是提升企业资产质量的核心。

顾客资产由以下三部分组成:

① 价值资产,是指顾客基于对获得的利益与成本支出之间差异的知觉而对商家提供物(产品或服务)效用的客观评估。价值资产的决定因素包括:质量、价格和方便性。

② 品牌资产,是指顾客对品牌的主观和无形的评估,它超越了客观的知觉价值。品牌资产的决定因素包括:顾客品牌知晓,顾客对品牌的态度,顾客对品牌伦理的知觉。

③ 关系资产,是指顾客黏住品牌的倾向,超越了主观和客观的评价。关系资产的决定因素包括:忠诚奖励计划、特殊礼遇规划、亲和规划、社区建设规划、知识积累规划。

顾客资产在数量上等同于企业所有顾客的顾客终生价值(Customer Lifetime Value,CLV)之和。顾客终身价值是顾客在未来一段时间内(顾客生命周期)给企业带来的净现金流的现值。有学者认为,顾客终身价值是指在维持顾客的条件下企业从该顾客持续购买中所获得的利润流的现值,主要取决于三个因素:顾客购买所带来的边际贡献、顾客保留的时间,以及贴现率。

提高顾客资产的价值需要企业实施客户关系管理(Customer Relationship Management,CRM)和大客户管理(Key Account Management,KAM)。目前,人们对客户关系管理有不同的解释。美国著名的 IT 研究组织 GartnerGroup 将客户关系管理定义为:通过围绕客户细分来组织企业,鼓励满足客户需要的行为,并通过加强客户与供应商之间的联系等手段,来提高盈利、收入和客户满意度的遍及整个企业的商业策略。

卡尔松营销集团认为:客户关系管理是通过培养公司的每一个员工、经销商或客户对该公司更积极的偏爱或偏好,留住他们并以此提升公司业绩的一种营销策略。

罗纳德·S.史威福特认为:狭义的客户关系管理是指企业通过富有意义的交流沟通,理解并影响客户行为,最终实现提高收益、客户保留、客户忠诚和客户创利的目的;广义的客户关系管理是指通过满足甚至超出客户的要求,达到使他们愿意再次购买的程度,并将潜在的消费者转变成忠诚客户的所有活动。[①]

---

① 罗纳德·S.史威福特.客户关系管理:加速利润和优势提升[M].杨东龙,等译.北京:中国经济出版社,2001:14-16.

随着移动通信网络的升级换代,客户关系管理迈入移动时代。移动客户关系管理系统就是一个集先进移动通信技术、智能移动终端、虚拟专用网络、身份认证、地理信息系统、Web 服务、商业智能等技术于一体的客户关系管理系统。移动客户关系管理将原有 PC 端的客户关系管理系统上的客户资源管理、销售管理、客户服务管理、日常事务管理等功能转移到手机上。

综上所述,客户关系管理有以下几层含义:

① 客户关系管理是一种以客户为中心的经营理念,是一种围绕客户展开一切商业活动的企业战略,是一种旨在改善企业与客户关系的管理机制,其他的手段、方法都应围绕这一理念。客户关系管理通过以客户为中心的商业经营哲学和企业文化来支持有效的营销和服务过程。

客户关系管理的主要作用可以从三个层面来体现。从对外的层面而言,客户关系管理能够及时有效地解决来自外部客户的抱怨,为客户提供超出其期望值的产品或服务,达到提高客户满意度的目的。从企业内部的层面而言,客户关系管理可以改善企业内部工作人员,如销售人员、市场推广人员以及服务支持人员的工作环境,减少重复性的工作,增加很多具有增值性和创造性的工作,提高工作效率。从 ERP① 的层面而言,客户关系管理的应用能够有效地解放 ERP 的潜力。

② 客户关系管理是一套客户信息管理系统。作为解决方案,客户关系管理集合了当今最新的信息技术,包括互联网、电子商务、多媒体技术、数据仓库、数据挖掘、专家系统、人工智能、呼叫中心等。经过多年的发展,客户关系管理经历了销售自动化、客户服务系统和呼叫中心等阶段,这些都是以计算机电话集成技术、互联网功能以及专门的客户关系管理技术为基础的。

③ 客户关系管理是一种营销管理的方法和流程。实施客户关系管理的企业以客户关系为焦点,通过开展系统化的客户研究,围绕客户关系维护和发展对内部组织结构和业务流程进行重构,通过优化企业组织体系和业务流程,形成一套以客户为中心的组织模式和业务流程,提高客户满意度和忠诚度。从这个意义上讲,客户关系管理是一种区别于传统企业运作的一套方法和流程。

所谓大客户管理,简单地说,就是一个获取、保持和增加可获利大客户的过程,这是一种向忠诚大客户提供优良的服务品质的做法,其目的是为了更有效率地获取、开发并留住企业最重要的资产——大客户,最终获取大客户的终身价值。大客户就是我们通常所说的"VIP 客户",是最大、最重要、最有价值的客户。大客户管理的目标应该是,在生产、营销和服务方面为大客户打造专门的服务和具有针对性、个性化的解决方案。大客户管理以"一对一营销"的理论为基础,通过将人力资源、业务流程与专业技术进行有效的整合,最终帮助企业将涉及大客户的各个领域完美地集成于一体,使得企业可以低成本、高效率地满足大客户的个性化需求,从而让企业可以最大限度地提高大客户满意度及忠诚度,挽回失去的大客户,保留现有的大客户,不断发展新的大客户,发掘并牢牢地把握住能给企业带来最大价值的客户群,取得与大客户的战略性双赢。

---

① ERP 是 Enterprise Resource Planning 的简称,指企业资源计划。

六、体验营销

20世纪末,美国出现了一种崭新的营销理念——体验营销。它是伴随着体验经济时代的到来而出现的一种新的营销观念和方式。体验营销是继商品营销、服务营销之后的一种新的营销模式,它强调的是营销商如何在与顾客的交换过程中给顾客营造一种由体验所产生的乐趣、愉悦、感受等精神享受的情境,最终达到实现产品或服务买卖和提高顾客忠诚度的目标。体验是人在实践中亲身经历的一种心理活动,并在亲身经历中体会知识、感受情感。体验包括两种含义,一种是行为体验,另一种是内心体验。人们在消费过程中,不只是希望从产品或服务中获得功效性价值,还希望在消费中获得惊奇、震撼、激动的终极体验和难以忘怀的愉悦记忆。营销商通过体验营销强化了传统的产品或服务中4P[①]策略的作用。体验营销是由派恩和吉尔摩在1998年首先提出的,他们认为,体验营销是要从顾客的感官、情感、思考、行动、关联五个方面重新定义、设计营销理念,顾客在消费时是理性与感性兼具的,顾客在消费前、消费中和消费后的体验是研究顾客与企业品牌经营的关键。[②] 体验营销有四个特性:聚焦点在顾客体验上,检验顾客的情境,顾客是理性与感性兼具的,方法与工具有多种来源。

根据派恩和吉尔摩的研究,体验营销可以分为以下四类。① 娱乐体验营销。它是营销商以满足顾客的娱乐体验来吸引顾客。娱乐体验是顾客参与度较低,主要依靠感觉被动地感受的一种体验,它多是一种单一的行为。② 教育体验营销。营销商通过教育者与受教育者互动来使受教育者吸取体验(知识),营销商要创造条件和环境促使顾客积极使用其大脑和身体。③ 审美体验营销。营销商通过巧妙地利用美的元素(如色彩、音乐、形状、图案等),以及美的风格,再配以美的主题,来迎合顾客的审美情趣。④ 逃避现实的体验营销。营销商在某种环境中营造某种氛围,使顾客不仅完全沉浸在某种体验里,还主动地参与到这种体验的营造之中,这种逃避现实的体验是一种完全互动的体验。

七、场景营销

场景营销(也叫场景化营销)是移动互联网时代的一种新的营销方式,是基于网民的上网行为始终处在输入场景、搜索场景和浏览场景的一种新营销理念。艾瑞咨询认为,场景营销是指基于对用户[③]数据的挖掘、追踪和分析,在由时间、地点、用户和关系构成的特定场景下,连接用户线上和线下行为,理解并判断用户情感、态度和需求,为用户提供实时、定向、创意的信息和内容服务,通过与用户的互动沟通,树立品牌形象或提升转化率,实现精准营销的营销行为。

根据艾瑞咨询的《2016年中国场景营销市场研究报告》,在场景营销中,场景、数据、算法和体验是核心要素。

---

① 4P是指Product(产品)、Price(价格)、Promotion(促销)、Place(地点)。
② B.约瑟夫·派恩,詹姆斯·H.吉尔摩.体验经济[M].毕崇毅,译.珍藏版.北京:机械工业出版社,2016:37.
③ 这里的"用户"是指消费者。

(1) 场景。

在移动互联网时代,场景是建立在移动智能设备、社交媒体、大数据、传感器、定位系统之上的整合式体验。场景还是一种思维方式、一种链接方式和一种生活方式。场景更是信息流、关系流和服务流的新入口。场景为营销信息和内容提供了新的触达环境。

(2) 数据。

数据是场景营销的基础。数据包括场景数据和用户数据。在场景数据的基础上,挖掘、追踪、记录和分析用户线下数据,通过对线上数据和线下数据的融合,实现对用户线上和线下完整行为轨迹分析,完成对用户的多维、立体"画像",为预测用户行为奠定基础。

(3) 算法。

只有凭借科学、有效的算法,智能移动设备采集的各种数据才能发挥营销价值,使算法和数据在场景营销中互为促进。

(4) 体验。

无论是场景设计还是场景运作,用户体验都是十分重要的内容。在场景营销中,极致的用户体验能够引发强烈的情感共鸣,进而产生购买动机。超越顾客期望的体验不仅可以解决顾客的"痛点"和"难点",甚至还可以促成"痒点"和"尖叫点",成为场景营销的引爆点。相应地,场景营销中体验的重要性对营销内容、展现方式和用户互动等提出了较高的要求。

1.2 营销观念的演进

一、营销观念的含义

营销观念属于上层建筑的范畴,是指企业管理者在组织和谋划企业的营销管理实践活动时所依据的指导思想和行为准则。因此,营销观念是一种观点、态度和思想方法,是一切经营活动的出发点,也是一种商业哲学或思维方法。《论语》中有"三思而后行"的说法,韩愈也曾强调"行成于思",这充分说明"思"对"行"有着重要的前提性作用。企业的营销活动是一种管理实践活动,它必须在一定的营销观念支配下进行。因此,我们在研究各项具体营销活动之前,必须对营销观念的产生和发展有一定的了解。

营销观念是指导营销活动的基本思想。商品交换自产生以来,由于生产力发展缓慢,直到产业革命前很长一段时期,交换都停留在极其简单的层面,交换对象仅限于小量生产的手工业品,企业营销活动处于萌芽阶段。那时,木匠、制鞋匠、裁缝等各种各样的手工业者,只与少数顾客进行小规模的交易。后来,随着产业革命的到来,个体商品生产让位于大工业生产,使得商业活动也变得更复杂了。买者与卖者之间的个人对个人的关系已不多见。这时营销活动才真正向前迈进了一步,营销观念逐步形成,并一直处于发展中。

产业革命以后,就西方社会来说,营销观念的发展可分为两个阶段,即以企业内部为中心的传统营销观念阶段和以企业外部为中心的现代营销观念阶段。

二、以企业内部为中心的传统营销观念阶段

1. 生产观念阶段

19世纪末到20世纪初,当时西方各国普遍的情况是:国民收入低,生产力水平低,整个社会的产品不太丰富,企业只要通过提高生产效率和产量,降低生产成本,就可获得巨额利润。营销商在与消费者的关系中居于有利的主导地位,一般只生产品种单一的产品,消费者需求比较被动,没有多少选择余地。

所谓生产观念,是指在整个社会生产力水平比较低下,产品供不应求,消费者购买产品毫无选择余地的卖方市场情况下,企业所持的一种指导营销实践的观念。企业认为,消费者会接受任何能买得到、买得起的产品。这种观点立足于两个重要前提:第一,消费者的注意力只集中在是否买得起及价格是否便宜上;第二,消费者并不了解同类产品还有非价格差异(如质量、花色品种、造型、外观等差异)。因此,企业把营销活动的重点放在如何有效利用生产资源及提高劳动效率上,以获得最大产量及降低生产成本。如福特汽车早期的营销观念便是如此。福特汽车在1914年开始生产价格低廉的T型汽车,到1921年时,这种汽车在美国汽车市场上的占有率已上升到56%。当时,福特汽车的经营哲学便是如何使T型车的生产效率不断提高,从而降低成本,使更多的人买得起汽车。福特曾说过这样的话:"不管顾客需要什么,我的汽车就是黑颜色的。"这是只求产品价廉而不讲究花色式样的生产观念的典型代表。显然,在生产观念指导下,生产和销售的关系必然是"以产定销"。这种观念也称作生产者导向观念,是指导企业经营实践最古老的观念。

2. 产品观念阶段

产品观念认为,消费者会选择价格相同而质量最好的产品。这种营销观念认为只要产品的质量上乘,具有其他产品无法比拟的优点、特征和性能,就会受到消费者的欢迎,消费者也愿意多花钱去购买优等的商品。在产品观念的指导下,企业往往把注意力集中在产品的精心制作上,力求产品的精益求精、尽善尽美,而根本不去考虑市场上消费者是否真正接受这种产品。如"好酒不怕巷子深""一招鲜、吃遍天"等,这些都是这种营销观念的反映。

生产观念和产品观念有一个共同的特点:企业要高效率地生产产品,为消费者提供"优良"的产品。它们对丰富市场供给、增加社会财富、提高社会生活质量有着积极作用,但它们最终会使企业感染上"营销近视症"。所谓"营销近视症",就是不适当地把注意力放在产品上,而不是放在市场的需求及其发展演变上,其结果只会导致企业在时代大变革的背景下丧失市场,失去生存和竞争能力。因为产品只不过是满足市场需求的一种媒介、一种手段,随着科学技术的发展和创新,一旦有更能充分满足市场需求的新产品出现,现有的产品就会被淘汰;同时,消费者的需求是多种多样并且不断变化的,不是所有的消费者都偏好价高质优的产品。

3. 推销观念阶段

20世纪的三四十年代,随着科学技术的进步,新技术催生的新生产工艺、新生产方法前所未有地提高了生产效率,产品的市场供给数量与花色品种大大增加,市场上的商品逐渐呈现出供过于求的趋势。1929年爆发的经济危机给资本主义世界带来了沉重的打击,这时企

业担心的是如何扩大产品的销售而不是如何扩大产品的生产,在此背景下,推销观念便应运而生。

推销观念是以下列判断为前提的,即消费者不会因自身的需求与愿望主动地购买商品,而必须在强烈的销售刺激的激发下才会采取购买行动。在推销观念的指导下,企业认为自己主要的任务是扩大销售,并通过各种推销手段促使消费者购买。因此,企业注重运用推销术、广告术等来刺激消费者。于是形成了一种所谓"高压式"的"硬卖"风气,也就是不问消费者是否真正需要,企业千方百计、不择手段地采取各种推销活动,把产品售卖给消费者。推销观念的核心仍然没有摆脱以企业为中心的框架,企业的经营观念仍然停留在旧观念的基础上。

三、以企业外部为中心的现代营销观念阶段

1. 市场营销观念

由于前一阶段剧烈的推销竞争,从 20 世纪 50 年代开始,业界逐渐意识到:要保证获得高额利润,使企业有良好的声誉,提高产品的销量,不能再单纯地依靠以销售为中心"硬卖"的办法,而必须转到以消费者为中心的轨道上来,即必须把高压式的"硬卖"转变为诱发式的"软卖",整个营销活动应依据消费者的需求而展开,如何取悦消费者成为企业营销活动的核心和基本出发点。这就形成了一种新的营销理念——市场营销观念。

市场营销观念要求企业确立这样一种信念:企业的一切计划与策略须以消费者的需求为中心;满足消费者的需求与愿望是企业经营的出发点;在满足消费者需求的基础上,企业实现长期的合理的利润。因此,"顾客至上""顾客就是上帝""顾客永远是正确的"等口号成为现代营销商及企业家的座右铭。

市场营销观念下的企业营销活动不仅包括销售,同时还包括市场调查、新产品开发、广告活动以及售后服务等,并且都基于消费者的立场来谋划这些活动。在市场营销观念下,企业以消费者的需求为出发点,围绕着消费者的需求开展一切营销活动,所以说这些营销活动是一种组织的整体性营销活动。

市场营销观念基于四个主要的支柱,即目标市场、消费者需求、整体营销和利润。

(1) 目标市场。

市场营销观念起始于市场,但没有哪家企业(不论它的规模多大)能够在每一个细分市场中施展拳脚,能满足不同市场中的每一位消费者的需求;也没有哪家企业能够在一个广阔的市场中做好营销工作。因此,企业要精心选定它们的目标市场,并针对目标市场的情况设计出营销方案,才可能取得理想的营业业绩。

(2) 消费者需求。

企业营销有赖于充分了解消费者的需求与欲望,但要真正去了解消费者的需求和欲望并非易事。例如,张先生说他想要一套"物美价廉"的音响组合,那么他所说的"价廉"是指什么样的价格?"物美"是指什么样的品质水准呢?企业要进一步去探究。

企业界定消费者需求时应从消费者的视角去思考,而非从企业的视角去谋划。因此,企业要对消费者做研究,了解他们的真正需求,并让消费者满意。消费者导向的企业通常会定期追踪其消费者的满意水准,并制定改进服务的目标。

(3) 整体营销。

整体营销有两个方面的含义。

首先,各种营销职能——销售、广告、产品管理、营销研究等都必须互相协调配合。企业必须从消费者的视角对这些营销功能加以协调和整合。

其次,营销部门必须和企业的其他部门有良好的协调。如果认为营销只是一个部门的工作,那是做不好营销的;所有员工都应认识到他们对消费者满意的影响,这样的营销才能奏效。

因此,市场营销观念要求企业不仅要做好外部营销,也要做好内部营销。内部营销是指雇用、训练和激励企业内部的员工,让他们都能了解消费者满意的重要性,并愿意全力做好服务消费者的工作。事实上,内部营销必须优先于外部营销。在企业的员工都有为消费者提供卓越服务的意愿时候,企业对消费者的服务承诺才有意义。

(4) 利润。

市场营销观念的目的是要帮助组织实现战略目标。对营利性组织——企业而言,其主要目标是利润;对非营利或公共组织而言,其主要目标是维持生存和吸引资金来从事活动。企业以让消费者获得满足,为消费者创造卓越消费价值,解决消费者所存在的问题,并且比竞争者更能让消费者满意来达成其利润目标。因此,利润是消费者满意的自然回报。这样的企业奉行"拥有市场比拥有企业更重要,拥有顾客比拥有产品更重要"的经营原则。

2. 社会营销观念

进入20世纪70年代以后,营销观念又有所发展,逐渐演变成社会营销观念。所谓社会营销观念,是指企业不仅要满足消费者的需求与欲望并由此获得利润,而且这个过程要符合消费者自身和整个社会的长远利益,企业要正确处理消费者欲望、消费者利益和社会长远利益之间的矛盾。社会营销观念是以消费者为中心的营销观念。社会营销的任务在于把上述几个方面的利益协调起来,做到统筹兼顾。

社会营销观念的基本前提是:

① 消费者的需求与消费者本身或社会的长远利益并非总是一致的;

② 关心是否满足消费者需求及消费者长远利益和社会长远利益的企业,将会越来越受到消费者的欢迎;

③ 企业能否吸引并保住大量消费者,其关键不仅在于满足消费者的眼前需求,而且还应顾及个人及社会的长远利益。

社会营销观念的兴起,具有一定的社会历史背景。

20世纪70年代以后,人们开始思考:在一个环境不断遭到破坏、资源日趋短缺、人口爆炸性增长、通货膨胀席卷全球、各国普遍忽视社会利益的年代里,单纯的市场营销观念是否还是一种适宜的经营思想?单纯的市场营销观念回避了消费者需求与消费者长远利益、社会长远利益的冲突。而社会营销观念涉及许多其他观念,如"人类观念""理智消费观念""生态学营销观念"等,基本上讲的是同一问题的不同侧面,这一观念要求营销人员在制定营销政策时,必须平衡以下三点:企业方面的利润、消费者方面的需求满足及社会方面的人类福利(如图1-2所示)。图1-2表示了营销观念的演变过程:最初,企业的营销决策主要以企业获利多少为依据;后来,他们开始认识到满足消费者需求的深远意义,于是产生了市场营销观念;现在,企业在做营销决策时,开始考虑社会的利益,从而形成了社会营销观念,这种观念要求对企业的利润、消费者的需求和社会的利益加以全面平衡。

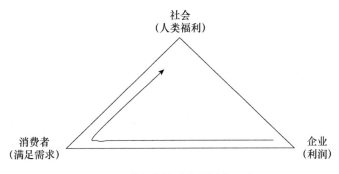

图 1-2　社会营销观念强调的三点

3. 大营销观念

20世纪80年代后,国际市场竞争日趋激烈,许多国家和地区政府干预加强,贸易保护主义抬头。在此形势下,菲利普·科特勒提出了一种新的营销观念,即大营销观念(Megamarketing Concept)。他认为,企业在进行营销活动时,不仅仅是顺从和适应周围环境,而且可以影响它;企业不仅仅是满足消费者需求,而且可以利用 6P[①] 打开和进入某一市场,创造或改变消费者需求。

我们可将以上两个阶段的六种营销观念作一归纳总结(如表 1-3 所示)。

表 1-3　营销观念的演变

	营销观念	营销程序	重点(中心)	手段	营销目标
传统营销观念	生产观念	产品→市场	产品	提高生产效率	通过增加产量、降低成本取得利润
	产品观念	产品→市场	产品	生产优质产品	通过提高质量、扩大销售量取得利润
	推销观念	产品→市场	产品	促进销售策略	加强推销活动,扩大销售量,取得利润
现代营销观念	市场营销观念	市场→产品→市场	消费者需求	整体营销活动	在满足消费者需求的过程中取得利润
	社会营销观念	市场→产品→市场	消费者需求,社会公众利益	多层次的整体营销活动	通过满足消费者需求、增进社会利益取得利润
	大营销观念	市场→产品→市场	消费者需求	大营销组合	通过满足、创造或改变消费者需求取得利润

1.3　营销管理

完成交换的过程包括许多步骤,其中必然包含一些策略和技巧。我们对于购买产品以满足家庭需要的消费行为都非常熟悉,有时候我们也从事销售活动(例如销售自己的二手车等),这些销售活动都是比较简单的商业行为。但作为商业组织的企业,其完成交换的过程

---

① 6P 是指 Product(产品)、Price(价格)、Promotion(促销)、Place(地点)、Power(权力)、Public Relation(公共关系)。

更为复杂、专业,他们从多样的市场中购买原材料,将它们转变为符合市场需求的有用的产品,然后在另外广泛多样的市场中出售。

一、营销管理的任务

有些人认为,营销管理的主要任务是刺激或诱发消费者对企业产品的需求。然而,对营销管理的任务而言,此种说法显得太狭隘。营销管理的任务在于影响需求水平、时机和构成,以利于企业实现经营目标。简单地讲,营销管理就是需求管理。

对企业来说,市场需求存在一个理想的水平,但是实际的需求水平可能低于、高于或等于理想的水平。需求不足时固然需要刺激需求,但需求过高或不正常地变化时,也需要有效的管理才能实现企业的目标。例如,交通运输业、旅游业常常面临淡季与旺季需求水平相差甚大的问题,这时便需要通过不同的营销方案来缩小此种差距,这便是营销管理的任务。

营销管理是为了调节需求水平、时机和构成。在不同的需求情况下,营销管理所承担的营销任务也有不同。一般来说,需求情况有以下八种类型①:

1. 负需求

负需求是指某一潜在市场中的全部或大部分的重要顾客群体都不喜欢企业的产品或服务。例如,有人不喜欢去看牙医、不喜欢到沙漠或北极去旅行、不喜欢搭乘飞机、不喜欢吃牛肉等,这些都属于负需求。面对负需求,企业必须设法加以改变,将负需求转变为正需求。

2. 无需求

无需求是指某一潜在市场中的所有或重要的顾客群体对企业的产品或服务缺乏兴趣。面对无需求,企业的任务就是要引起人们的兴趣,刺激人们的需求,将无需求转变为正需求。

3. 潜在需求

潜在需求是指有人对某事物具有强烈需求,但这种事物尚未以实际产品或服务的形态出现。例如,许多抽烟者希望有一种香烟,一方面有香烟的好味道,一方面又不会产生有害健康的尼古丁和焦油;有人希望电视台能提供好节目,但不要插播商业广告,这些都是潜在需求的例子。潜在需求的存在代表着一种市场机会,企业应该把握这种机会,有效地将潜在需求转变为实际的需求。

4. 下降需求

下降需求是指市场对某一产品或服务的需求水平已经降低,如果不及时采取有效的措施,需求水平将继续下降。在需求水平下降的情况下,企业必须设法使需求复苏。

5. 不规则需求

不规则需求是指市场对产品或服务的需求呈现出季节性或不规则性,需求的时间形态和供给的时间形态不一致,如旅馆有淡季和旺季,上下班时对公共汽车的需求较大,电力需求有巅峰和低谷时段等。面对不规则需求,企业应利用营销手段,诸如弹性定价、加强促销等,使供需的时间形态比较一致。这种营销任务就是所谓的规则化营销。

---

① 菲利普·科特勒.营销管理[M].梅清豪,译.11版.上海:上海人民出版社,2003:7-8.

6. 充分需求

充分需求是指市场的需求水平与时间正好与企业所期望的需求水平或时间相符合。面对充分需求，企业也绝不能掉以轻心，因为市场的需求是会改变的，竞争对手也正伺机而动，因此企业必须随时注意市场的变化和竞争者的行动，维持营销活动的效率。

7. 过多需求

过多需求是指市场需求超过供给的情况。面对过多需求，企业可以想办法如利用抬高价格、减少服务、降低品质或减少促销活动等方式来减少市场需求。这种营销任务即是所谓的低营销。

8. 有害需求

有害需求是指有许多产品或服务，对顾客、对社会都是有害的，对这些产品的需求应予以消除。

八种需求情况意味着八项任务，从中我们可以看出营销管理人员责任之重大、任务之艰巨，如何圆满地完成这些任务，是对企业的最大挑战。

二、营销管理的过程

营销管理是涉及营销分析、营销规划、营销执行和营销控制的一个过程。图1-3说明了营销分析、营销规划、营销执行和营销控制这四个营销管理功能之间的关系。营销人员首先设计战略性计划，再将其转化成营销计划；接着要根据计划执行各项营销行动；最后衡量并评估执行结果，如有偏差，则应采取改正行动，以确保目标的实现。

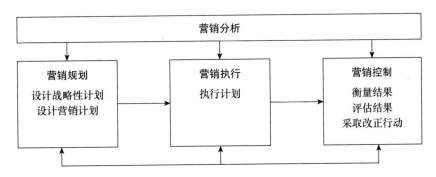

图1-3 营销分析、营销规划、营销执行和营销控制的关系

1. 营销分析

营销管理从营销分析开始。营销人员应先分析市场和营销环境，找出市场机会和环境威胁；还要了解自身的优势和劣势，用以寻找最有吸引力、也最可能取得成功的市场机会。

营销分析人员应运用营销调研和营销信息系统来收集其他营销管理功能（营销规划、营销执行和营销控制）所需的信息，提供给相关营销人员作为制定决策的重要依据。有关营销调研和营销信息系统的内容将在本书第四章加以介绍。

2. 营销规划

营销规划的主要功能在于制订一份具体可行的营销计划，供相关部门和人员据以执行。营销规划通常包括组织使命的界定、环境分析、营销战略的设计等步骤，而最终的产物则是一份详细的营销计划。有关营销规划的内容将在本书第二章加以介绍。

3. 营销执行

好的营销计划只是成功营销的一个起点，如果不能切实有效地贯彻执行，那么再好的营销计划也无济于事。营销执行就是要把营销计划转化为营销行动，以实现营销的战略目标。营销计划强调营销活动是什么和为什么的问题，营销执行则强调何人、何地、何时和如何的问题。

为了有效地执行营销计划，企业需要设计出合适的营销部门。营销部门有若干安排方式，包括功能性组织（如设销售经理、广告经理、营销研究经理、客户服务经理或新产品经理等）、地理性组织（根据国家、地区和区域来分派销售和营销人员等）、产品管理组织（为每一特定产品或品牌设一位产品经理）、市场管理组织（根据特定市场设市场经理）。那些生产不同的产品，卖给不同地区和不同市场的大企业，通常采用上述组织的某种混合形式，以使每一功能、地区、产品和市场都能得到管理阶层的关注，混合式的组织虽然增加了管理的层级，减少了组织的弹性，但组织专业化带来的利益通常使企业忽略了它的缺点。

4. 营销控制

营销计划不论多么严谨周密，在执行时常可能因外在环境改变或执行上发生偏差，而使实际执行结果未能符合预期，因此营销人员应定期进行营销控制。

营销控制的过程包括衡量结果、评估结果和采取改正行动。首先要衡量实际的执行绩效，再和计划目标或预期绩效相比较，评估实际绩效与目标绩效产生差异的原因，并采取改正行动以缩小实际与预期绩效间的差距。

营销控制有操作性控制和战略性控制两部分。操作性控制旨在查核比较执行中的计划和年度计划的绩效，必要时采取改正行动，其目的在于达成年度计划中所设定的销售利润和其他目标，也可用来判定不同产品、销售区域、市场和渠道的获利能力。战略性控制旨在了解企业的基本策略与它的环境是否匹配良好。营销审计是战略性控制的一种主要工具，它是通过对企业的环境、目标、战略、策略和执行做全面的、系统的、独立的和定期的检查，以确定存在的问题和机会。

1.4 非营利性营销

营销是从营利性组织的经营环境中孕育和发展出来的，传统的营销也只是应用于营利性组织的经营活动。但自菲利普·科特勒和西德尼·莱维于1969年提出扩大化的营销观念之后，营销的理念和策略已不只适用于营利性组织，它同时也可适用于非营利性组织。自20世纪70年代以来，愈来愈多的非营利性组织，诸如学校、医院、军队、政府机关、慈善团体、政治组织等，都先后采用了营销的观念和技术，以便能更有效地达成组织的使命和目标。

一、非营利营销的类型

非营利营销的类型大致有人物营销、地方营销、思想营销和组织营销等四类（如表1-4所示）。

表1-4 非营利营销的类别

类别	定义	例子
人物营销	用来争取对某一个人做有利反应的营销	美国总统的大选，艺人的推广
地方营销	用来争取对某一特定地区做有利反应的营销	"大美青海"的宣传
思想营销	用来推广某一理念或议题的营销	"实践是检验真理的唯一标准"
组织营销	用来为某一特定组织吸引会员、捐款者、参与者或义务劳动者的营销	"希望工程"赞助活动

1. 人物营销

人物营销是指营销人员为了给某一个人争取有利的反应所做的营销工作和活动。最常见的例子是在西方政治竞选活动中助选人员为了帮助候选人争取捐款、义务劳工、支持和选票所做的一切营销活动。在美国、日本等许多国家和地区，各项政治竞选活动经常需要营销专业人员的参与，他们主要负责重要的选战决策和候选人形象的塑造。

除了政治人物可利用营销来争取选民的支持之外，演艺人员、体育明星、医生、律师、会计师、建筑师等，也可运用人物营销来建立名声、塑造形象等。非营利组织也可通过人物营销将组织本身和著名人物结合起来，以协助达成组织的目标。

2. 地方营销

地方营销是指营销人员为了给某一地区树立有影响力的社会形象所做的营销工作和活动。地方营销的目的通常是争取游客、吸引会议产业（Convention Business）或实业投资到某一地区，营销人员可利用产品设计及广告、公共报道、推广等各种促销方法来树立或改进该地区的形象。城市、工业区、观光区，甚至整个国家都可利用地方营销来吸引观光客和投资者。

例如，许多地区把旅游作为当地支柱产业后进行了较大规模的宣传活动，这就是一种地方营销，其目的是希望通过各种营销活动增进人们对本地的认识，吸引更多游客，争取企业和人才到本地来生根发展。

3. 思想营销

思想营销亦称社会营销，是指营销人员为了要推广某一社会理念或公益项目所做的营销工作和活动。社会理念涵盖的范围甚广，诸如公共健康（如戒烟、戒酒等）、环境保护、消费者保护、家庭计划、民主，等等，它们都属于社会理念的范畴，也是思想营销的领域。例如，某基金会为推广戒烟的理念，曾策划及推动多项戒烟运动，以营销的方法向社会大众宣传吸烟的坏处，并向抽烟的民众提供成功戒烟的经验与方法。

4. 组织营销

组织营销是指组织的营销人员为吸引会员、捐款者、参与者和义务工所做的营销工作。许多宗教组织、慈善团体和公益团体都曾利用营销的方法去争取社会人士的认同、捐款和义务劳工,这些都是组织营销常见的例子。

二、非营利与营利导向的营销

营利性组织的营销和非营利性组织的营销有其共同之处,也有其差异处。不论是营利性组织还是非营利性组织,它们都会有交换关系存在,因此都需要进行营销。许多营销的观念和技术都可应用到营利性组织和非营利性组织的营销活动中。

不过,如表1-5所示,营利导向的营销和非营利营销也有若干基本的差异。非营利营销除了产品和服务之外,还包括组织、人物、地方和思想;非营利营销的交换过程除了涉及货币的交易之外,还涉及非货币的交易;非营利营销的目标较复杂,因其成败不是仅以经济效益来衡量的;非营利营销的利益通常与消费者的付款无关;非营利性组织可能要为那些从经济角度来看无利可图的市场提供服务;非营利性组织通常并不只是有一个目标市场——客户,而是有客户(即服务对象)和捐助者这两个目标市场。

表1-5 非营利和营利导向营销的基本差异

非营利性营销	营利导向的营销
1. 关心组织、人物、地方、思想以及产品或服务	1. 主要关心产品和服务
2. 交换可能涉及非货币因素,也可能涉及货币	2. 交换通常涉及货币
3. 目标较为复杂,因为成败不能只用财务指标来衡量	3. 目标通常用销售、利润和现金收入来表示
4. 非营利服务的利益通常与消费者付款无关	4. 利益通常与消费者有关
5. 人们可能预期或要求非营利性组织去服务那些无利可图的细分市场	5. 营利性组织只服务那些有利可图的细分市场
6. 非营利性组织通常有两个目标市场:客户和捐助者	6. 营利性组织通常只有一个目标市场:客户

1.5 营销学的研究对象与方法

一、营销学的研究对象

任何一门学科都有其独特的研究对象。现代营销学着重研究组织如何诱发消费需求并把它的提供物(包括实物产品、劳务、思想、价值观等)传送给消费者,达到提高组织和消费者双方利益和效用的目的。就营利性的企业而言,现代营销学着重研究在买方市场条件下企业的营销管理问题,即着重研究企业在激烈的竞争和不断变化的营销环境中,如何识别、分析、评价、选择和利用市场机会,如何有效地诱发目标消费需求以及设计出相应的产品、价格、渠道、营销传播等策略以满足其目标消费者的需求,同时建立与消费者等有关各方长期互利的关系,求得长期生存和发展。就非营利性组织而言,现代营销学研究如何把组织所要宣扬的价值观、所主张的社会规范和价值准则等传达给消费者,达到使组织和消费者都获益的目的。

总而言之,依据前面关于营销的定义,我们可以明确营销学的研究对象是:组织在动态的市场上如何有效地管理其交换过程和交换关系、营销活动过程,提高交换双方的利益和效用,实现组织的目标。

二、营销学的研究方法

营销学的研究方法很多,归纳起来,可概括为传统研究法和现代研究法两大类。

(一)传统研究法

传统研究法是20世纪50年代以前人们对营销学的研究方法,当时对营销学的研究着重从流通领域开始,主要采取以下三种方法。

(1)产品研究法。

产品研究法又称客体研究法,是一种以物为中心的研究方法。它认为产品是企业营销活动的客体,产品研究是营销活动的基本研究。由此,它以产品为主线,要求在营销环境中按产品性质及特征进行分类,并在此基础上分别探讨产品的设计、性能、质量、价格、品牌、款式、规格、包装、商标、广告、分销等要素,据此制定相应的营销战略和策略,以求满足消费者的各种需求。这种研究方法能较具体深入地分析各个或各类产品的营销问题,针对性强,但耗费力量较多,可能会产生重复现象。企业营销管理人员常常采用这种方法研究本企业产品的营销活动。

(2)机构研究法。

机构研究法又称组织研究法或主体研究法。所谓机构研究法,就是着重分析研究渠道系统中各个环节和各种类型的营销机构(如各种商品代理商、批发商、零售商等)的营销活动。这里所说的机构是指在渠道系统中从事营销的各种类型的机构,如各种生产者(如制造商、矿商、农场主),各种商品代理商(如经纪人、制造商的代理商、销售代理商、进口代理商),各种独立批发商(如完全职能或服务批发商、各种有限职能或服务批发商),各种零售商(如专业商店、百货商店、超级市场、大卖场),各类电商等。这一方法的优点是可以利用各类或按每一具体机构的统计资料及其成本、利润和销售趋势进行分析,从而有助于对营销各因素的控制和管理;不足之处在于未完全摆脱以物为中心,比较忽视对消费者需求的研究。

(3)职能研究法。

职能研究法又称功能研究法。它是从营销机构在营销过程中的购买、推销、运输、装卸、仓储、资金融通、风险承担以及提供市场信息和服务等活动所体现的交换、供给、便利三大功能的角度来认识和研究营销问题,以便及时发现机会、开拓市场的一种方法。这种方法有助于较为深入地研究各个营销环节的活动。

(二)现代研究法

现代研究法是相对于传统研究法而言的一种研究方法。20世纪50年代以后,由于传统营销学发展成为现代营销学,因而营销学的研究方法也由传统研究法发展为现代研究法。现代研究法包括以下四种具体研究方法。

(1)管理研究法。

管理研究法又称决策研究法。管理研究法以企业为主体,从营销管理决策的角度,综合产品研究法、组织研究法和职能研究法的基本要求,着眼于分析市场环境,寻找企业的市场机会,寻找目标市场的需求,同时考虑到企业的资源和目标,制定相应的营销策略,开发产品并满足目标市场的需求,实现企业的经营目标。这种研究方法具有使用价值高、概括性强、知识逻辑严密、适应面广、操作性强的特点。许多营销学者、企业管理人员主要运用这种方法进行实际问题的研究。

(2) 系统研究法。

任何一个企业的营销活动过程都是一个系统,通常由这样几个要素构成:① 环境,即那些影响产品和供给的外部因素;② 企业与竞争对手的竞争策略;③ 主要营销决策变量;④ 主要分销渠道;⑤ 购买行为模式;⑥ 行业的销售情况及企业的销售情况与成本。所谓系统研究法,就是企业管理层做营销管理决策时,把企业的营销活动各种要素和过程看成一个系统,统筹兼顾系统中的各个相互影响、相互作用的要素和环节,千方百计地使各个部分、各个环节协同行动,从而产生系统的整合效应,提高消费者的满足程度及企业的经济效益。

(3) 社会研究法。

社会研究法又称环境研究法或生态研究法。社会研究法主要运用社会学、环境学和生态学理论,研究营销活动对社会运行和发展带来的溢出效应和外部性,阐明现代企业的营销活动可能带来的社会负面效应乃至社会危害(如虚假广告宣传、促销活动中的过期商品降价甩卖等侵害消费者的行为),并研究解决和预防这些营销恶行的对策和方法,以维护消费者的利益和社会的良性发展。

(4) 心理研究法。

心理研究法是一种从心理学和行为学的角度研究营销活动的方法。消费者需求既是经济变量的函数,同时也极易受人们心理因素变化的影响。消费者的知觉、情绪、个性、学习、气质等心理因素不仅影响着购买动机,而且还深深地影响着其购买行为。所以,营销学必须加强社会心理行为的研究,分析不同群体、不同阶层、不同的文化人群的特殊心理活动及其行为变化,从而强化消费品营销活动的针对性和有效性。

本章复习思考题:

1. 学习营销的意义是什么?顾客满意、顾客忠诚的含义是什么?
2. 试分析关系营销与交易营销的联系与区别。
3. 什么是顾客资产?什么是客户关系管理?
4. 营销观念是指什么?营销观念经历了哪几个阶段?
5. 营销管理的任务是什么?营销管理的流程有哪几步?
6. 营销学的研究方法有哪些?营利性组织的营销与非营利性组织的营销有何区别?

第二章 营销规划与销售预测

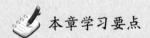
本章学习要点

1. 营销规划的步骤；
2. 营销计划的构成；
3. 销售预测的类型和方法。

消费者每天都接触到许多企业的营销活动。例如,张先生在电视上看到健力宝运动饮料的广告,到好又多超市买一罐健力宝运动饮料,并参加其抽奖活动。但是,消费者可能很少想到这些活动是企业花费许多心思设计出来的。企业设计这些营销活动必须遵循一些原则,按照一定的步骤进行,这就是本章所要介绍的营销规划。

2.1 营销规划

一、营销规划的阶段

营销观念是抽象的,要将它具体地落实在企业的营销活动中,必须通过一连串的步骤来完成。营销规划包含以下七个阶段(如图 2-1 所示):

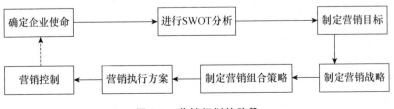

图 2-1 营销规划的阶段

1. 确定企业使命

企业使命是指企业的长期承诺和长期目标,它根植于企业的历史、管理阶层的偏好、资源、独特能力以及环境因素。企业使命可用企业所服务的客户群体、提供的产品所执行的功能及(或)使用的技术来表达。当一家企业寻求一个新的顾客群体或放弃一个原有的顾客群体,引进一种新的产品或放弃一种旧的产品,购并另一家企业或出售自己的一家下属企业,增加或减少营销功能,改变它的主要技术时,都表示它已在考虑它的企业使命。

许多成功的企业都把它们的企业使命用文字写下来,称为"使命声明"。使命声明至少在以下五个方面对企业提供了很大的利益。

① 使命声明给了企业一个清晰的目的和方向,以免企业步入歧途。

② 使命声明叙述企业的独特目标,使企业与其他相类似的竞争企业有所区别。

③ 使命声明让企业专注于顾客需求,而非它自己的技术和能力。

④ 使命声明提供给高层管理人员在选择不同的行动路线时的特定方向和目标,帮助他们决定哪些市场机会是应该去追求的、哪些市场机会是不应该去追求的。

⑤ 使命声明提供了指引企业的所有员工行为和思考的规范,使命声明把企业所有人员凝聚在一起。

2. 进行 SWOT 分析

SWOT 分析,亦称环境分析,是指对企业的内部优势(Strengths)和劣势(Weakness)以及外部机会(Opportunities)和威胁(Threats)进行分析,最终为企业的营销活动寻找到发展的市场机会。首先,要找出企业最重要的内部优势和劣势,接着要找出企业所面对的外部市场机会和威胁。SWOT 分析的意义如下:① 内部优势即能提供杠杆作用的环境因素,使企业能以少的投入获得多的回报。② 找出内部劣势并明确之后,企业就能做某些改进或补偿。③ 外部市场机会是指在市场上出现某种情形,而且这种情形和企业产品之间能够建立恰当的联结,将使企业的产品更易被目标消费人群接受或喜爱。④ 外部市场威胁是指对营销努力产生不利影响的外部情形。虽然企业很难对威胁加以控制,但如果能在它们变得难以驾驭之前就采取必要措施,企业还是能在一定范围内规避风险的。能事先知道威胁的存在,企业通常就能设法予以规避。

(1) 内部优势和劣势。

内部优势和劣势是企业通常能够控制的内部因素,诸如企业的使命、财务资源、技术资源、研究开发能力、组织文化、人力资源、产品特色、营销资源等。例如,某家企业的优势可能是它有很强的研发能力,它的劣势可能是其分销渠道比主要竞争对手逊色。

(2) 外部机会和威胁。

外部机会和威胁是企业通常无法控制的外部因素,包括竞争、政治、经济、法律、社会、文化、科技、自然和人口环境等。这些外部因素通常是企业无法控制的,但却对企业的营运有重大的影响。例如,油价的上涨并非一般企业所能左右,但却会增加企业的产销成本,如不妥善处理,将成为企业的一种威胁。又如,环保意识的高涨,对那些比竞争者更重视污染防治和生态保护的企业而言,可能会是一个机会。

在分析外部机会和威胁时,可利用机会矩阵和威胁矩阵来进行。在机会矩阵中(如图 2-2 所示),根据机会的吸引力和企业实力这两个因素将机会分成四类:左上方的第 1 类是最好的机会,吸引力高,成功的概率也高,企业应全力追求这一类的机会;右下方的第 4 类是最差的机会，企业通常可不必考虑；至于其他两类机会，企业应加以关注，一旦第3类机会的吸引力增强或出现第2类机会时企业的实力有所提升，就有可能成为最好的机会。

机会的吸引力 \ 企业实力	高	低
高	1	2
低	3	4

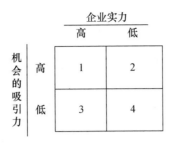

图 2-2　机会矩阵

在威胁矩阵中(如图2-3所示)，根据威胁发生概率的高低和严重性的高低将威胁分成四类：左上方的第1类威胁发生的概率高，一旦发生，其严重性也较高，这是企业最应密切注意的威胁，企业应预先做出谋划；右下方的第4类威胁无足轻重，可予忽略；至于其他两类威胁，如果环境发生变化，这两类威胁也可能会转化为第1类威胁，所以企业应对它们加以关注。

威胁的严重性 \ 威胁发生概率	高	低
高	1	2
低	3	4

图 2-3　威胁矩阵

3. 制定营销目标

营销目标主要包括销售目标和市场占有率目标。

(1) 销售目标。

在制定营销战略之前，应先设定销售目标。而在设定销售目标之前，通常应进行销售预测，并根据销售预测的结果和其他因素的情况，制定一个可以实现而又具有挑战性的销售目标。销售目标通常用销售单位(如件、台、箱、公斤、磅、吨等)或销售金额来表示。

(2) 市场占有率目标。

另一个重要的营销目标是市场占有率目标。市场占有率的公式如下：

市场占有率＝本企业的销售额/该产品的市场销售总额

或

市场占有率＝本企业的销售量/产品的总销售量

例如，某一年中国分体空调总共销售了10万台，某品牌分体空调当年共销售1万台，则该品牌分体空调的市场占有率＝1/10＝10%。上述公式只适用于计算有形产品的市场占有率，如为无形的服务，上述公式就不适用，而应以顾客的人数来表示：

市场占有率＝本企业的顾客人数/市场中顾客的总人数

4. 制定营销战略

营销战略包括目标市场选择、营销定位设计。

(1) 目标市场选择。

在确定营销目标后,接着应考虑要争取哪一部分的市场(或顾客群体),即要选择哪一个或哪几个市场作为企业未来某一期间内想要全力去占领、真心去服务的市场,这些市场称为目标市场或目标顾客群体。

为了选择目标市场,须先将市场加以细分。在一般情况下,任何一个企业都无法为市场中的所有顾客提供满意的服务,因为顾客的人数可能太多,分布过广,或购买行为的差异过大,企业无法为所有的顾客都提供有效率的服务,所以必须按照人口统计变量、地理变量、心理变量、行为变量等(对消费品市场而言),或顾客规模、使用率、地理位置、组织结构、购买阶段、产品用途等(对工业品市场而言)细分变量对市场进行细分,将一个异质性的大市场细分成若干同质性的小市场,然后从同质性的小市场中找出较具吸引力且能有效服务的一个或若干部分作为目标市场。

(2) 营销定位设计。

根据目标市场的需求以及竞争者在目标市场顾客心目中的形象,企业应选定一个有利的竞争性定位,即决定为目标市场提供哪些独特的利益或价值,使目标市场的消费者愿意购买本企业的产品而非购买竞争者的产品,或惠顾本公司的商店而非惠顾竞争者的商店。良好的定位应具有独特性,使企业与竞争者具有真正的差别,同时具有吸引力和竞争力。

营销定位要对目标市场具有足够的吸引力和感染力,所提供的利益要能真正满足或切合目标市场的需要,打动和抓住消费者。而且,企业提供给目标市场的消费价值要比竞争者提供给目标市场的消费价值更具吸引力,即企业的定位要比竞争者的定位更受到目标市场的喜爱。

5. 制定营销组合策略

营销组合是指企业用来向目标市场的消费者提供消费价值的各种可控制因素。凡是在企业的控制之下且能影响消费者行为反应的任何因素都属于营销组合的一个要素。营销组合一般可分为产品(Product)、地点(Place)、定价(Pricing)和营销传播(Marketing Communication)或促销(Promotion)四类,简称4P策略。营销组合的内容如下:

① 产品:包括质量、特征、式样、品牌名称、包装、规格、服务、保证等。
② 地点:包括分销网络、铺货区域、终端布局、电商店铺、物流运输(含存货、运输)等。
③ 营销传播:包括广告、社交媒体、人员推销、市场推广(Sales Promotion)、公共关系等。
④ 定价:包括标价、折扣、折让、付款期间、信用条件等。

6. 营销执行方案

营销执行方案是指企业把制定的各项营销策略付诸实施、转化为具体行动的详细举措。这些举措要详细地说明营销战略和策略实施所需的资源、环节、步骤、时间和任务,并要落实到具体的个人和小组。同时,企业还要制定对实施起支撑作用的组织政策和运作程序,制定必要的激励措施,营造一种有利于实施各种措施的企业文化和工作环境;另外,还要制订一个能够使企业内部各有关部门协调一致、密切配合的具体工作方案。

值得注意的是,企业现行的规章制度、组织架构、人员配置及企业文化等是为了实现以往的营销战略与策略目标而留存下来的,如果不符合新的执行方案,则新的执行方案可能就会遭到抵制,新旧执行方案的差异越大,推行新营销战略与策略过程中可能遇到的阻力也就越大,要想顺利地执行截然不同的新营销战略与策略,常常需要企业摒弃传统的组织机构、规章制度和组织文化。

在营销战略与策略的执行过程中,管理层应时刻监督、巡查各执行单位和个人的计划任务完成情况,及时公布执行情况,奖优罚劣。

7. 营销控制

最后,营销规划人员需制订控制计划。营销计划付诸实施之后,常会因外在环境的改变或营销人员未按营销计划切实执行,而未能达成预期的营销目标。因此,在执行营销计划的过程中,必须拟定一套控制标准,以确保营销规划人员能根据外在环境和竞争状态的改变而适时调整营销计划,也能及时发现执行偏差之处并迅速采取修正措施。

二、营销计划

营销规划的结果是制订一份书面的营销计划。营销计划是营销规划的最终产物,其大纲包括给管理者阅读的摘要,以及组织使命、SWOT 分析、营销目标、营销策略、预算和进度、控制计划等部分(如表 2-1 所示)。

表 2-1 营销计划大纲

摘要(供管理者阅读)
Ⅰ. 组织使命
Ⅱ. SWOT 分析
Ⅲ. 营销目标:1. 销售目标;2. 市场占有率目标;3. 其他目标。
Ⅳ. 营销策略:1. 目标市场;2. 定位;3. 营销组合:(1) 产品;(2) 定价;(3) 渠道;(4) 营销传播。
Ⅴ. 预算和进度
Ⅵ. 控制计划

营销计划有三项重要的用途:

① 它提供了一种有规律的方法来分配企业的资源。

② 它是行动的蓝图。它有助于企业协调组织内外参与营销工作的每一个人的活动;它有助于促使每一个人都向同一个目标努力,并以最有效能和效率的方法来使用资源。

③ 它可作为一种衡量的基准。在建立可衡量的目标之后,管理层可利用销售分析或其他研究方法来确定目标是否实现。一个良好的营销计划会提供期中的考核点,以便企业在目标未达成时及时调整战略和战术。

2.2 销售预测

良好的营销规划须建立在良好的销售预测之上。销售预测是指企业预测在未来某一特定期间产品的销售数量或销售金额。企业在确定营销目标和制定营销战略与策略时,进行销售预测是很重要的一项工作。

销售预测方法主要有定性预测方法和定量预测方法两种。前者主要依据预测人员的判断或经验,后者主要根据过去的历史资料。

一、定性预测方法

定性预测方法是根据预测者的直觉反应和主观评估,或依据意见调查的结果做预测。在某些情况下,知觉、主观判断或意见调查是预测者唯一可用的工具。

1. 个人判断法

顾名思义,个人判断法就是由个别专家估计未来的情况,专家的人数可以是一人至数十人不等。许多专家提供的不是直接的预测数值,也不是区间预测值或概率分布预测值,所以预测人员或研究人员要利用一些交谈或访问的技巧旁敲侧击才能取得专家的估计。最后,预测人员对所有的预测值加以加权汇总,求得加权平均估计值。

2. 管理人员意见法

由于个人判断法是利用个别专家做预测,不能收到集思广益的效果,而管理人员意见法正好可弥补其缺点。

管理人员意见法是利用群体讨论的方式,首先组成专家小组,然后定期集会共同讨论、共同做预测,通过讨论得到一致的看法。使用管理人员意见法时,企业通常将销售、生产、财务、采购和营销等相关领域的管理人员聚在一起,共同对预测事项进行讨论。在开会之前企业可以准备一些相关的背景资料供与会者事前参考,以增进管理人员对预测背景的了解。

管理人员意见法的优点是简单迅速,不需要进行详细的资料统计,而且可以汇集不同管理人员的知识与经验,并可经由讨论而增进各部门管理人员间的共识。此外,当缺乏适当的历史资料或环境有不连续的变动时,管理人员意见法也是少数能够应用的方法之一。不过,这种方法虽可收到集思广益的效果,但参与者有时容易受别人影响,难以维持独立的判断。在面对面的讨论过程中,成员在组织中的职位高低以及说服能力的强弱都会影响预测的品质。因此,利用管理人员意见法做预测时,应尽可能避免这些容易造成偏差的因素。

3. 销售人员意见法

处于第一线的销售人员平时能接触到顾客,对市场行情有深入的了解。他们对未来的市场需求走向和销售量的起伏,往往可以提供宝贵的意见。因此,调查本企业销售人员的意见不失为一种可行的预测方法。

销售人员意见书可依调查人数的多寡,采取个别判断、群体讨论或问卷调查的方式,调查对象也可依具体情况分为销售员、销售主管或经销商。收集销售人员的意见作为预测的依据,还可收到两项附带的好处:一是让销售人员参与预测工作,可收到激励之效;二是可促使销售人员多去了解市场、认识顾客,进而适时、适地、适量地提供顾客所需的产品或服务。

4. 意愿调查法

前面三种方法基本上都是利用某种专家的经验与知识,通过个别判断或群体讨论的方式来预测未来的销售量,是一种间接的预测方式。意愿调查法是指利用各种访问方法(如人员访问、电话访问或邮寄问卷调查），直接收集一般大众或潜在顾客对未来趋势的意见或未来购买意图的信息，然后根据意见调查的结果做市场预测。

意愿调查法是直接对决定未来趋势走向的一般大众或潜在顾客的未来行动意愿进行调查，最主要的是对顾客购买意愿的调查。顾客的购买意愿常是基于接受调查时他对未来一定期间内的经济环境与个人情况所做的预期，如果这些预期到时并未如原先所料般出现，则他可能不会按其原先的意愿去购买。

5. 试销法

试销法就是在产品全面上市前企业选择某一区域市场进行测试，以估计未来销售状况的一种市场预测方法。如果购买者并无明确的采购计划，或是其购买意图变化莫测，而专家意见又不可靠时，直接试销不失为一种可行的办法。在预测新产品的销售情形，或现有产品在新分销渠道或新市场的销售情形时，试销特别适用，而试销的结果通常可以用来做更可靠的销售和利润预测。

试销的成本可能很大而且费时，因此企业是否采用试销法，一方面受到投资成本及风险大小的影响，另一方面也受到时间及研究成本的限制。一般而言，当开发和投入新产品的成本较低，或管理者确信新产品会成功时，可不必先行试销；反之，如果投入新产品需要大笔投资或管理者对新产品并非很有把握的时候，最好先进行试销。

6. 德尔菲法

德尔菲法是1946年由美国兰德公司开发出来的长期预测技术，其本质上是一种反馈匿名函询法。德尔菲法是一种使专家们的意见经由科学的沟通程序以获得一致结果的预测方法，其目的在于获取专家们的基本共识，以寻求对特定预测事项的一致意见，既可集思广益，又可维持专家们独立判断的价值。

运用德尔菲法的步骤是：组成专家小组，然后以一系列的问卷向专家小组的每一个成员分别询问，依据专家们对前一个问卷的答复拟订下一个问卷，或辅以个别访谈，直到获得一个比较一致的预测结果为止。运用德尔菲法进行预测时，需要有一位协调者居中策划协调，拟定问卷，整理并综合专家们对未来的预测。运用德尔菲法进行预测的过程可以简单地归纳为：匿名征询专家意见→归纳总结→匿名反馈→再归纳总结……往返多次。

运用德尔菲法进行预测时，各专家是分开的，彼此不做讨论。让专家们分别做预测，以免受其他专家意见的影响，经由专家们反复地提供预测的数据，最终得出一个比较一致的预测值。无论是从理论上分析还是从实践中总结，运用德尔菲法都可使专家们的意见趋于一致。当某位专家发现自己的意见与大多数专家的意见不同，而又不太肯定自己的意见时，他常会改变自己的意见，但如果他确有理论根据，并对自己的判断很有信心时，就会坚持己见，用书面文字陈述他的看法，以说服并改变其他专家的意见。

德尔菲法的主要优点是可集思广益，而且不需要利用复杂的统计分析技术，也不需要历史资料。但德尔菲法也有缺点：可信度不够，对模棱两可的问题敏感性过高，难以评定对专门知识的需要程度，未能考虑不可预料的事件。此外，专家难求，专家的代表性不足，预测过程常耗时甚长，也是德尔菲法的缺点。

二、定量预测方法

定量预测方法是指根据比较完整的历史统计资料,运用各种数学模型对市场未来发展趋势做出定量的计算,求得预测结果。这类方法有助于在定性分析的基础上,掌握事物量的界限,帮助企业更正确地进行决策。常用的定量预测方法主要有时间序列分析法和因果分析法。

1. 时间序列分析法

时间序列分析法是指将经济发展、购买力大小、销售变化等同一变量的一组观察值,按时间顺序加以排列,构成统计的时间序列,然后运用一定的数字方法使其向外延伸,预计市场未来的发展变化趋势,确定市场预测值。

时间序列分析法的主要特点:以时间的推移研究和预测市场需求趋势,不受其他外在因素的影响。不过,当外部环境发生较大变化时,如国家政策发生变化,根据过去的数据进行预测,往往会有较大的偏差。

时间序列分析法的具体做法较多,常用的较简便的方法主要有以下几种。

(1) 简单平均法。

简单平均法是指计算一定观察期的数据平均数,以平均数为基础确定预测值的方法。简单平均法有多种,如算术平均法、几何平均法和加权平均法等,常用的是算术平均法,其预测值的计算公式为:

$$\overline{X} = \frac{X_1 + X_2 + \cdots + X_n}{n} = \frac{\sum_{i=1}^{n} X_i}{n}$$

式中:$\overline{X}$ 表示平均数,即预测值;

$X_1, X_2, X_3, \cdots, X_n$ 代表各期实际数据;

n 表示资料期数。

该方法适用于时间序列比较稳定,无明显变化趋势时的预测。

(2) 移动平均法。

移动平均法假定预测值同预测期相邻的若干观察期数据有密切关系。运用移动平均法的基本步骤是:将观察期的数据由远而近按一定跨越期进行平均,取其平均值,随着观察期的推移,按一定跨越期的观察值数据也相应向前移动,逐一求得移动平均值,并将接近预测期的最后一个移动平均值作为确定预测值的依据。

运用移动平均法计算预测值的公式为:

$$F_{t+1} = \frac{X_t + X_{t-1} + \cdots + X_{t-(n-1)}}{n}$$

式中:F_{t+1} 表示第 $t+1$ 期的预测值;

X_t 表示第 t 期的实际值;

n 表示跨越期。

(3) 加权移动平均法。

加权移动平均法是指对观察值分别给予不同的权数,按不同权数求得移动平均值,并以最后的移动平均值为基础确定预测值的方法。

观察期的近期观察值对预测值的影响较大,它更能反映近期市场变化的趋势。所以,对于接近预测期的观察值给予较大权数值,对于距离预测期较远的观察值则相应给予较小的权数值,以不同的权数值调节各观察值对预测值所起的作用,使预测值能够更近似地反映市场未来的发展趋势。

运用加权移动平均法计算预测值的公式为:

$$F_{t+1} = \frac{W_n X_t + W_{n-1} X_{t-1} + \cdots + W_1 X_{t-n+1}}{\sum_{i=1}^{n} W_i} = \frac{\sum W_{t+1} X_{t-n+1}}{\sum_{i=1}^{n} W_i}$$

式中:F_{t+1} 表示第 $t+1$ 期的预测值;

X_t 表示时间序列第 t 期的观察值;

W_i 表示时间序列为 i 的对应权数值。

(4) 指数平滑法。

指数平滑法实际上是一种特殊的加权移动平均法,其特点是:第一,指数平滑法进一步加强了观察期近期观察值对预测值的作用,对不同时间的观察值所赋予的权数不等,加大了近期观察值的权数,使预测值能够迅速反映市场实际的变化。权数之间按等比级数减少,此级数之首项为平滑系数 a,公比为 $1-a$。第二,指数平滑法对于观察值所赋予的权数有伸缩性,可以取不同的 a 值以改变权数的变化速率。如 a 取小值,则权数变化较迅速,观察值的新近变化趋势能迅速反映于指数移动平均值中。因此,运用指数平滑法时,可以选择不同的 a 值来调节时间序列观察值的均匀程度(即趋势变化的平稳程度)。

运用指数平滑法计算预测值的公式为:

$$F_{t+1} = aX_t + (1-a)F_t$$

式中:F_{t+1} 表示第 $t+1$ 期的预测值;

F_t 表示第 t 期的预测值;

X_t 表示第 t 期的实际值;

a 表示平滑系数。

平滑系数 a 的选取应根据长期趋势变动和季节性变动情况而定。一般来说,应按以下方式处理:① 如果观察值的长期趋势变动为接近稳定的常数,应取居中的 a 值(一般取 0.4~0.6),使观察值在指数平滑值中具有大小接近的权数;② 如果观察值呈现明显的季节性变动时,则宜取较大的 a 值(一般取 0.6~0.9),使近期观察值在指数平滑值中具有较大作用,从而使近期观察值能迅速反映在未来的预测值中;③ 如果观察值的长期趋势变化较缓慢,则宜取较小的 a 值(一般取 0.1~0.4),使近期观察值的特征也能反映在指数平滑值中。

2. 因果分析法

因果分析法是指利用事物发展变化的因果关系来进行预测的方法。它是以事物发展变化的因果关系为依据,抓住事物发展的主要矛盾与次要矛盾的相互关系建立数学模型并进行预测。

运用因果分析法进行市场预测时主要采用回归分析方法,除此之外,计量经济模型和投入产出分析等方法也较为常用。在这里,我们只介绍回归分析法。

回归分析法是研究两个以上变量之间关系的数学方法。如果只涉及两个变量,叫作一元回归分析或单回归分析;如果涉及两个以上的变量,则叫作多元回归分析或复回归分析。

(1) 一元回归分析法。

一元回归分析,主要是导出两个变量之间的关系式。利用回归分析导出的这种关系式叫作回归方程式。在市场预测中,两个变量之间的关系一般呈线性关系。所以,一元线性回归分析是市场预测中较为常用的方法,其回归方程式为:

$$Y_t = a + bx$$

式中:Y_t 表示因变量,即预测值;

t 表示预测的时间周期;

x 表示自变量,即引起市场变化的某种因素。

在市场预测中,回归分析是通过观察值确定回归系数 a 和 b 之值。推断 a,b 值的常用方法是最小二乘法,其计算公式为:

$$a = \bar{Y} - b\bar{X},$$

$$b = \frac{\sum X_i Y_i - \bar{X} \sum Y_i}{\sum X_i^2 - \bar{X} \sum X_i}$$

式中:$\bar{X} = \frac{1}{n} \sum X_i, \bar{Y} = \frac{1}{n} \sum Y_i$

在确定了回归方程之后,还需要检验这一线性回归方程对预测是否有意义。如果实际统计数据的波动幅度很大,用求出的线性回归方程进行预测的偏差也就很大,这样利用它来进行预测的意义就不大了。对预测模型进行检验,一般包括方差分析、标准差分析、相关分析和显著性检验。限于篇幅,在此不再介绍,读者可参阅有关的书籍作进一步的了解。

一元线性回归分析可以用于时间回归分析预测,也可以用于因果回归分析预测。

(2) 多元回归分析法。

在现实生活中,客观事物是复杂的,一个因变量往往会受许多自变量的影响,如果仅根据一个自变量的变化去预计因变量的变化趋势,就会忽视其他自变量的变化对因变量的影响。因此,当所研究变量之间的关系涉及两个以上变量时,就应当运用多个自变量,采取多元回归分析法。

在市场预测中运用多元回归分析,就是从多个变量中选一个因变量,而把其余变量作为自变量。多元线性回归分析与一元线性回归分析的原理基本相同,只是扩展了方程式的内容,增加了解联立方程的过程。多元线性回归分析,也是运用最小二乘法,使估计值(回归方程计算值)与观察值之间方差平方和为最小,达到回归方程与观察值的数据点线性拟合为最佳。

多元线性回归的基本方程是:

$$Y_t = a + b_1 X_1 + b_2 X_2 + \cdots + b_m X_m$$

式中:Y_t 表示因变量,即预测值;

t 表示预测的时间周期;

$X_1, X_2, \cdots, X_m$ 表示自变量;

$a, b_1, b_2, \cdots, b_m$ 表示回归系数。

多元线性回归系数的计算方法较为复杂,一般可利用计算软件来进行。

本章复习思考题：

1. 营销规划的步骤有哪些？
2. 营销计划的内容有哪些？
3. 销售预测的定性预测方法有哪些？
4. 销售预测的定量预测方法有哪些？

第三章　宏观营销环境

本章学习要点

1. 宏观营销环境的概念；
2. 宏观营销环境的构成。

企业的营销活动受到许多不可控制的外在因素的影响，这些外在因素统称为宏观营销环境。

3.1　宏观营销环境的重要性

所有的营销活动都会受到宏观营销环境的影响。宏观营销环境包括人口环境、竞争环境、经济环境、科技环境、政治法律环境和社会文化环境（如图3-1所示）。

宏观营销环境在不断地变动，环境的变动一方面可以带来许多市场机会，另一方面也将带来许多威胁。例如，由于消费者的环境保护意识日益增强，为生产环保产品、提供环保服务和平日重视环境保护且形象良好的企业提供了许多成长的机会。而国际石油价格的提高，导致生产成本普遍提升，对于能源消耗量大的企业是一个很大的威胁。

同时，宏观营销环境决定着各类消费者的消费愿意和可能的消费行为与模式。企业既不能完全被动地适应环境的变革，在多变的环境面前亦步亦趋，无所作为；也不可能完全掌控环境，让复杂的环境听命于自己的安排。科学的营销环境理念应该是能动地适应环境的变迁。

由于宏观环境对企业的经营有重大的影响，因此企业应根据外在环境的改变而及时调整其目标市场及营销组合决策，才能永续生存与发展。美国的西尔思百货公司提供了一个很好的实例：西尔思原是一家成功的邮购业者，主要以美国农村的农民为目标市场。该公司预见到由于汽车的普及和道路状况的改善，农民到市镇和城市的商店去采购变得越来越

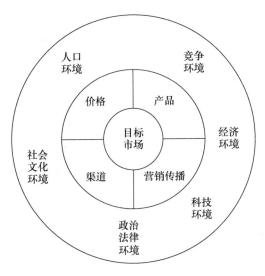

图 3-1　宏观营销环境

方便,因此西尔思在各地交通便利的地点开了许多家连锁商店,每家商店都有足够的停车空间。后来因都市街道和公路拥挤,人们越来越不喜欢到商店去采购,西尔思又针对城市居民推出电话购物和邮购业务,获得了相当大的成功。

外在环境的变动对企业的营销活动有很重大的影响,因此营销人员必须密切注意环境的变动趋向,收集有关外在营销环境的信息,这种收集环境信息的过程称为环境扫描。企业可以从顾客、销售员、经销商、供应商、政府机关、报纸杂志、书籍、商业调查机构、学术研究机构等收集有关外在环境的信息,并适时评估各项环境因素的变动对企业营销活动的影响,及时采取有效的应对策略。

3.2　宏观营销环境的内容

如前所述,营销宏观环境包括人口环境、竞争环境、经济环境、科技环境、政治法律环境和社会文化环境。

一、人口环境

人口环境包括人口的总量与增长、人口的分布与移动、年龄结构、教育程度、家庭、民族、职业等。

1. 人口的总量与增长

一国或地区人口总量的大小在很大程度上直接决定着其现有市场容量和潜在市场容量的价值高低。在收入大致相似的条件下,人口规模越大的国家或地区,其市场容量对企业来讲越有价值。我国人口约有 14 亿,在经济发展水平逐步升级的情况下,购买力是非常惊人的,世界上任何一个企业都无法轻视这样巨大的市场消费潜力。

人口增长也是影响市场容量的不可忽视的重要因素。在收入水平持平或提升的前提下,人口数量的不断增长将会为企业带来稳步扩大的市场机会。在任何一个经济社会中,人口的增加往往表示整个社会对衣、食、住、行、育、乐等方面需求的增加。

2. 人口的分布和移动

人口的分布和移动情况对企业的营销活动也有很大的影响。人口集中的都市通常是市场潜力比较大的地区。例如,美国的纽约、芝加哥、洛杉矶等城市,日本的东京、大阪等城市,中国的北京、上海、广州、深圳等城市,都是人口集中、市场潜力大、市场机会多的地区。

根据中国指数研究院发布的数据,2011年到2016年,曾经人口流入最多的北京、上海、天津的流入人口在逐年减少,2017年同步转为负增长,更多流动人口分摊到广州、深圳,还有重庆、成都、长沙、武汉等南部和中西部核心城市[①]。

人口的移动也会为企业带来市场机会。流入人口较多的城市,其消费品市场容量不断扩大,同时,节假日期间的返乡探亲潮会给交通运输市场带来很大的爆发空间。另外,由于家庭轿车的普及、快递物流系统的发展和城市郊区设施的改善,城市人口常有从市中心移往郊区居住的现象,使郊区的市场潜力不断增大。

3. 年龄结构

不同的年龄层对产品和服务的需求往往有很大的不同,因此营销人员应了解目标市场的年龄结构以及年龄结构的变动情形。

年龄结构通常可分为婴幼儿、儿童、少年、青年、中年、老年等。年龄结构变动,市场机会也将随之改变。例如,在美国、日本、中国的某些城市,年龄结构已日趋老化,65岁以上的老年人口愈来愈多,占总人口的比重愈来愈高。因此,凡与老人需求有关的产品和服务,如老人食品、老人住宅、老人居家照顾服务等,都可望有较大的市场空间。据新华社2018年7月19日的报道,预计到2025年我国60岁及以上老年人口数将达到3亿,占总人口的五分之一;到2033年将突破4亿,占总人口的四分之一左右;而到2050年前后将达到4.87亿,约占总人口的三分之一,老年人口数量和占总人口比例双双达到峰值[②]。显然,到21世纪中叶,老年人口的不断增长将为中国老年用品市场带来不断扩大的市场空间。

4. 教育程度

人们的教育程度不同,对产品和服务的需求常会有明显的差异,对营销活动的反应也往往不一样。例如,接受过高等教育的消费者对高品质产品、数码产品、书籍、杂志、艺术、文体活动的需求通常会比未接受过高等教育者高,而前者看电视的时间则较少。在许多国家,消费者的教育程度有快速提升的趋势,从事国际营销时应配合此趋势不断调整企业的营销策略。

5. 家庭

家庭的类型会影响整个社会的消费结构状况。传统意义上的家庭是由父母和孩子组成的三口及以上的社会单位。但随着社会的发展,单身、单亲家庭、重组家庭、丁克家庭、空巢

---

① 上海百事通.中国人口大迁移,在2017年已发生根本性转折[EB/OL].(2019-02-05)[2020-02-16]. https://sz.focus.cn/zixun/712b5106c1954bbf.html.

② 郝多.到2050年老年人将占我国总人口约三分之一[EB/OL].(2018-07-19)[2020-02-16]. http://www.xinhuanet.com/2018-07/19/c_1123151410.htm.

家庭等大量出现。非传统家庭的大量出现对住房及装修、家具、家电、日常用品等服务和产品的营销带来不容忽视的影响。

6. 民族

每个民族都有不同的文化和习俗,相应地也就有各自的消费行为和模式。所以,对企业来讲,要在一个多民族国家进行营销活动,就必须注意到民族多样性对营销策略的影响。进行全球营销的企业,在制定营销策略时必须要考虑到不同民族的文化和风俗。

7. 职业

不同职业的消费者往往有不同的产品需求和购买行为。例如,蓝领工人和白领工人的消费习惯就有很大的不同,他们在产品种类、品牌偏好、商店类型、媒体的关注等方面的消费行为存在着明显的差异。

二、竞争环境

竞争环境包括企业在国内和国外所面对的各种现有或潜在的竞争因素。

1. 竞争结构

根据经济学研究的分类,竞争结构有四种,即完全垄断、寡头垄断、垄断性竞争和完全竞争(如表 3-1 所示)。

表 3-1 不同的竞争结构

属性	完全垄断	寡头垄断	垄断性竞争	完全竞争
厂商数目	一家	很少	若干	许多
各厂商的市场规模	大	大	小或大	小
对营销计划的控制	对价格、分销、营销传播和产品的控制力强	对价格、分销、营销传播和产品有一些控制力	对价格、分销、营销传播和产品有一些控制力	对价格无法控制;对分销、营销传播和产品不能有效控制
其他厂商进入该产业的难度	困难	困难	容易	容易
差别利益	只来自产品或服务	非价格营销因素	任何营销因素	无
营销的关键任务	维持独特地位	非价格因素差异化	任何因素的差异化	确保推广和广泛分销的供应

(1) 完全垄断。

完全垄断是指某一市场上只有一家厂商,没有其他的替代者,从而形成一家厂商对这一市场的完全独占。在完全垄断情况下,同一产品或服务只有一家厂商供应,因此这家垄断厂商对价格有很强的控制力,对产品、渠道和营销传播活动也有很强的影响力。当一个市场处于完全垄断状态时,其他厂商进入该产业的难度很高。但如果享有完全垄断优势的厂商属于国营事业或公共事业,则通常会受到较严密的管制。

(2) 寡头垄断。

寡头垄断是指在有大量买主的情况下,全部或绝大部分市场供给被少数几家彼此势均力敌的大厂商控制,这几家厂商的市场占有率一般能达到 70%～80%,剩下一小部分市场则由其他小厂商填充,市场一般处于均衡状态。在寡头垄断情况下,产品是相似的,由极少数厂商控制大部分的市场,每家厂商所占有的市场份额都相当大,对价格、渠道、营销传播和产品也都各有一些控制力,其他厂商不易进入该产业。

(3) 垄断性竞争。

垄断性竞争是指一个行业中存在许多厂商生产和销售差异明显的同类产品,每一家厂商只生产和占有市场总量的一小部分,任何一家厂商进入或退出这一行业都不会对市场供需状况带来重大冲击。在垄断性竞争的情况下,同一产品或服务有许多厂商在供应,每家厂商的市场占有率都不高,对价格、渠道、营销传播和产品都各有一些控制力,其他厂商能比较容易地进入该产业。

(4) 完全竞争。

完全竞争是指有非常多的独立生产者各自用相同的方式向市场提供几乎完全相同的产品,购买者不管购买谁的产品都相差无几,厂商或购买者对市场都不具有任何支配力,且都具有充分掌握市场信息的能力和条件,不存在不确定性。在完全竞争的情况下,产品相似,买卖双方对市场都熟悉,而且进入市场的障碍很少,买卖双方都很容易进入市场参与竞争。各厂商对价格无控制力,对渠道、营销传播和产品也不能做有效的控制。

2. 竞争力量

大多数企业都会有一些竞争者,营销人员必须注意这些外在的竞争力量。企业可能面临的竞争力量可分成五种类型,即现有竞争者、新加入者的威胁、替代产品的威胁、供应商的议价能力和购买者的议价能力(如图 3-2 所示)。

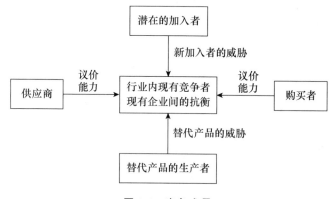

图 3-2 竞争力量

(1) 现有竞争者。

在制定产品的营销策略时,企业应分析现有竞争者,即谁是主要的竞争者?他们的年销售额是多少?他们控制了多大的市场?他们的优势和劣势是什么?他们的营销策略是怎样的?依据对这些问题的了解,企业才有可能制定出较好的策略来对抗现有竞争者。

(2) 新加入者的威胁。

除非政府禁止,新竞争者进入市场的可能性是始终存在的。有些市场较容易进入,有些市场则不是那么容易进入。进入障碍包括投资金额大、需要有多年经验来降低生产成本、投入要素的可获得性、政府政策、专有产品差别化、品牌认知、转换成本、分销渠道的可获得性和已有竞争者的报复等。进入障碍低的产业很可能有新的竞争者出现。

(3) 替代产品的威胁。

广义地说，产业中的所有卖者都在和提供替代产品的卖者相互竞争。例如，民航和铁路之间为争夺客源的竞争，公交汽车和地铁是相互竞争的替代产品。

替代产品的存在有助于制约某些产品的价格。如果价格太高，厂商最后将无利可图。例如，某厂商发现购买财务软件和雇用兼职财会人员比聘用会计师的费用要低，那么会计师事务所将可能会失去这笔生意。

(4) 供应商的议价能力。

供应商是一种重要的竞争力量，因为他们能决定零部件或原材料的价格或质量。当少数供应商的市场占有率很大时，购买者可能必须接受较高的价格或较差的质量水平。有时供应商也可以把他原先供应的厂商买下来，而使自己成为一个新的竞争者。

(5) 购买者的议价能力。

议价能力强的购买者能迫使价格下降，要求较高的质量或较多的服务，并使竞争者相互对抗。势单力薄的购买者也许不得不接受供应商的涨价要求，但势强力大的购买者则有能力要求降价。购买者也可能把供应商兼并或收购过来。

三、经济环境

经济环境是指所有可能影响营销工作的经济因素，主要包括消费者收入、经济周期、消费支出模式的变化、消费者储蓄和信贷情况的变化、产业结构、经济政策和经济发展水平等。

1. 消费者收入

消费者收入反映了消费者的购买力，从而决定了市场容量和消费者的支出模式。消费者收入有三种形式：总收入、可支配收入和可随意支配收入。

消费者总收入，是指消费者个人从各种来源中所得的全部收入，包括消费者个人的工资、奖金、政府津贴、退休金、股息、利息、租金、赠予等。消费者的购买力来自消费者收入，但消费者并不是把其全部收入都用来购买产品。全部收入分为个人可支配收入和可随意支配收入。

总收入扣除税款（如所得税等）和非税性负担（如工会会费、交通罚款等）后的余额，即个人能够用于消费或储蓄的部分，称为个人可支配收入。个人可支配收入构成了实际购买力。个人可支配收入供个人或家庭支付租金和分期付款、购买各项生活必需品或奢侈品。若从个人可支配收入中再减去维持生活所必需的费用（如衣、食、住等费用）和固定支出（如房租、保险费、分期付款等），其余额即为个人可随意支配收入。可支配收入和可随意支配收入的区分常因人而异，因为被某一个人视为奢侈品的东西可能对另一个人来说是必需品。一般而言，可任意支配收入可用于度假、娱乐或购买珠宝、名贵衣服、礼品、音响等。

以上消费者收入类型中，后两种收入类型对消费的影响最大，因而与企业的关系也最大。其中，个人可支配收入因其变化趋势缓慢，企业还较易掌握，而个人可随意支配收入在产品消费中的投向不固定，所以是企业营销研究的重点。

2. 经济周期

经济周期是指经济活动从繁荣到萧条再到复苏的变动形态（如图 3-3 所示）。

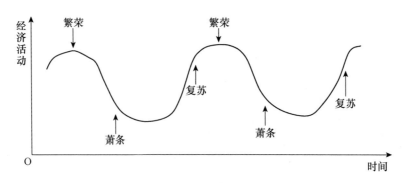

图 3-3 经济周期

(1) 经济繁荣。

在经济繁荣期间,生产水平和就业率都高,消费者对产品和服务有较多的需求,并且愿意去购买。因此,企业在经济繁荣期可推出新产品、增加市场推广活动和提高售价,以增加利润。

在经济繁荣期,最突显的现象就是通货膨胀。除非收入增加的速度能赶上通货膨胀率,否则通货膨胀将导致购买力的下降。

(2) 经济萧条。

在经济萧条期间,生产减少,失业增加,消费者的需求下降,工业品购买者也会减少他们的支出。消费者和工业品购买者都只购买基本的必需品,寻求最有价值的购买。

(3) 经济复苏。

在经济复苏阶段,经济从萧条走向繁荣,生产水平提高,失业减少。消费者和工业品购买者的购买力虽已增强,但消费时仍然比较谨慎。当经济愈来愈景气时,购买者才会开始比较充分地消费。

3. 消费者支出模式的变化

消费者支出模式的变化即支出结构或消费结构的变化,对企业营销活动具有重要意义。消费者收入的变化直接影响到消费者支出模式的变化。对此,德国经济学家恩斯特·恩格尔提出的恩格尔定律对此进行了描述(后人有过修正):一个家庭收入越少,其总支出中用来购买食物的比例就越大;随着家庭收入的增加,用于购买食物的支出占总支出的比例下降,而用于其他方面的支出(如通信、交通工具、娱乐、教育、保健等)和储蓄所占的比例上升。许多国家的调查表明,恩格尔定律基本是正确的。例如,美国家庭用于食物的支出占家庭总支出的比例,1935 年为 35%,1960 年为 22%,1970 年为 19%;日本职工家庭用于食物的支出占家庭总支出的比例,1963 年为 39.7%,1980 年为 29.3%,而其他支出(医疗保健、交通、通信、娱乐和教育等)所占比例则由 1963 年的 35% 上升到 1980 年的 48.1%。

一般来说,恩格尔系数越小,表明生活越富裕;恩格尔系数越大,则表明生活水平越低。它是衡量一个国家、地区、城市的家庭生活水平高低的标准。按联合国划分富裕程度的标准:恩格尔系数在 60% 以上为贫穷,50%~60% 为温饱,40%~50% 为小康,30%~40% 为相对富裕,20%~30% 为富足,20% 以下为极其富裕[1]。2021 年 2 月 28 日,国家统计局发布

---

[1] 陈凯茵. 2017 年全国恩格尔系数 29.3% 已达联合国富足标准[EB/OL]. (2018-01-18)[2020-02-16]. http://www.xinhuanet.com/fortune/2018-01/18/c_129794235.htm.

的 2020 年国民经济和社会发展统计公报显示,2020 年全国居民恩格尔系数为 30.2%,其中城镇居民恩格尔系数为 29.2%,农村居民恩格尔系数为 32.7%。① 而在 1978 年,中国城镇居民恩格尔系数为 57.5%,中国农村居民恩格尔系数为 67.7%。企业可通过恩格系数了解市场的消费水平,也可以推知以后消费变化的趋势及其对企业营销活动的影响。

4. 消费者储蓄和信贷情况的变化

消费者的购买力还受储蓄和信贷的直接影响。大多数家庭都有一些流动资产,即货币及其他能迅速变现的资产,包括银行储蓄存款、债券、股票等。储蓄来源于消费者的货币收入,其最终目的还是为了消费。但是,在一定时期,储蓄的多少会影响消费者当期的购买力和消费支出。在一定时期货币收入不变的情况下,如果储蓄增加,当期的购买力和消费支出便减少;反之,如果储蓄减少,当期的购买力和消费支出便增加。了解这种规律对企业的营销活动有重要意义。例如,在 1979 年,日本电视机企业发现:尽管中国人可任意支配的收入不多,但中国人有储蓄的习惯,且人口众多。于是,他们决定开发黑白电视机,不久便在中国市场获得成功。当时,西欧某国电视机企业,虽然也来中国调查,却认为我国人均收入低,电视机市场潜力不大,结果贻误了商机。

在现代大多数国家,消费者不仅以其货币收入购买其需要的产品,而且可用贷款来购买产品,所以消费者信贷也是影响消费者购买力和支出的一个重要因素。所谓消费者信贷,就是消费者凭信用先取得产品使用权,然后按期归还货款。这实际上就是消费者提前支取未来的收入,提前消费。有的经济学家认为,消费者信贷允许人们购买超过自己现时购买力的产品,创造了更多的就业机会、更多的收入以及更多的需求,从而刺激了经济增长。

5. 产业结构

产业结构是指农业、工业和服务业在一国经济结构中所占的比重。产业结构的变化一方面为某些行业带来良好的市场机会,一方面也会对某些行业带来生存的威胁。通常随着经济的发展,服务业的重要性会与日俱增,服务业的比重会日益扩大,服务业从业者有较大的市场机会。

6. 经济政策

国家的经济政策究竟采取保护管制政策或自由开放政策,是鼓励消费的政策还是限制消费的政策,也是很重要的外在经济因素,营销人员应密切注意经济政策的变动趋向。例如,自 20 世纪 90 年代中期以来,我国的经济政策逐渐从保护管制迈向自由开放。

7. 经济发展水平

一个国家的经济发展水平是潜在市场的一项重要的环境指标。国民生产总额(GNP)是常用来衡量一个国家经济发展水平的统计指标之一,它是指在某一段期间所生产的所有产品与服务的市场价值。将 GNP 除以一个国家的总人口,即得人均国民生产总值,这个数字对营销人员更有意义。

世界银行以人均国民生产总值衡量各国的经济发展水平,将世界各国分成五类:① 前工业国家,人均国民生产总值 400 美元或以下;② 欠发达国家,人均国民生产总值 401~1635 美元;③ 发展中国家,人均国民生产总值 1636~5500 美元;④ 工业化国家,人均国民

---

① 国家统计局. 中华人民共和国 2020 年国民经济和社会发展统计公报[EB/OL]. (2021-02-28)[2021-05-10]. http://www.stats.gov.cn/ztjc/zthd/lhfw/2021/lh_hgjj/202103/t20210301_1814216.html.

生产总值 5501~10 000 美元；⑤ 后工业国家，人均国民生产总值 10 001 美元或以上。从事国际营销的人员应密切注意各国的经济发展水平。

四、科技环境

科技的进步产生了许多新产品和新技术，创造了新的市场和机会。每一种新科技都是一种创造性的毁坏（Creative Destructions）。例如，U 盘和移动硬盘的出现导致软盘的衰落，移动电话的普及导致固定电话的衰落，即时通信工具（QQ、微信等）和电子邮件（E-mail）的流行导致书信的衰落，新媒体的兴起导致报纸、杂志等传统媒体的衰落，等等。

1. 科技的快速进步

近百年来科技进步突飞猛进，今天许多看起来很平常的事物，都是近一百年内开发出来的。电视机、电灯、冰箱、清洁剂、洗碗机、空调设备、飞机、移动电话、计算机、互联网、物联网、大数据、云计算、区块链等都是一百多年前所没有的。近些年来，各种电信技术、数字技术、微电子技术、虚拟现实技术、人工智能技术等的发展更是一日千里。企业如果赶不上科技的发展，将很快丧失市场竞争力。

中国互联网络信息中心（CNNIC）2021 年 2 月公布的第 47 次《中国互联网络发展状况统计报告》显示，截至 2020 年 12 月，我国网民规模为 9.89 亿，互联网普及率达 70.4%，较 2020 年 3 月提升 5.9 个百分点。其中，农村网民规模为 3.09 亿，较 2020 年 3 月增长 5471 万；农村地区互联网普及率为 55.9%，较 2020 年 3 月提升 9.7 个百分点。

报告还显示，2020 年，我国网上零售额达 11.76 万亿元，较 2019 年增长 10.9%。其中，实物商品网上零售额 9.76 万亿元，占社会消费品零售总额的 24.9%。截至 2020 年 12 月，我国网络购物用户规模达 7.82 亿，较 2020 年 3 月增长 7215 万，占网民整体的 79.1%。随着以国内大循环为主体、国内国际双循环的新发展格局加快形成，网络零售不断培育消费市场新动能，通过助力消费"质""量"双升级，推动消费"双循环"。在国内消费循环方面，网络零售激活城乡消费循环；在国际国内双循环方面，跨境电商发挥稳外贸作用。此外，网络直播成为"线上引流＋实体消费"的数字经济新模式，实现蓬勃发展。直播电商成为广受用户喜爱的购物方式，66.2%的直播电商用户购买过直播商品。

尤为重要的是，报告显示，2020 年，面对突如其来的新冠肺炎疫情，互联网显示出强大力量，对打赢疫情防控阻击战起到关键作用。疫情期间，全国一体化政务服务平台推出"防疫健康码"，累计申领近 9 亿人，使用次数超过 400 亿人次，支撑全国绝大部分地区实现"一码通行"，大数据在疫情防控和复工复产中作用凸显。同时，各大在线教育平台面向学生群体推出各类免费直播课程，方便学生居家学习，用户规模迅速增长。受疫情影响，网民对在线医疗的需求量不断增长，进一步推动我国医疗行业的数字化转型。截至 2020 年 12 月，我国在线教育、在线医疗用户规模分别为 3.42 亿、2.15 亿，占网民整体的 34.6%、21.7%。未来，互联网将在促进经济复苏、保障社会运行、推动国际抗疫合作等方面进一步发挥重要作用。①

---

① 中国互联网络信息中心. 第 47 次《中国互联网络发展状况统计报告》[EB/OL]. (2021-02-03)[2021-05-10]. http://www.cac.gov.cn/2021-02/03/c_1613923423079314.htm.

2. 研究开发的经费和人力

研究开发是科技进步的动力,政府、学术研究机构和民间企业投入研究开发的经费和人力愈多,科技进步愈快,新产品的构想愈多,从产生新构想到开发出新产品所需的时间会愈短,从新产品开发成功到大量商业化所需的时间也会日益缩减。因此,企业必须留意政府、学术研究机构等在科技研究上所做的投入。

3. 对科技的管制

随着科技的进步,产品愈来愈复杂,如使用不当,对社会大众的危害将愈大。因此,为确保社会大众的安全,政府对新产品的生产和销售必须做适当的管制。例如,美国联邦食品药物管理局对新药物的检验有复杂的规定,消费者产品安全委员会也制定了消费品安全标准。又如,我国相关部门对食品与食品添加剂也有详细的规范。企业在开发新的科技产品时,应密切注意政府的相关规定。

4. 科技对营销组合的影响

科技环境的变化对产品、价格、分销、营销传播等各项营销组合决策都有很大的影响。

(1) 科技和产品决策。

科技对产品的影响最为明显,其影响可从两个方面来说:① 它改变了企业设计和制造产品的方法;② 它改变了产品本身,如许多企业使用电脑软件来设计产品,同时自动化的系统改变了制造工艺和流程。科技已创造了许多崭新的产品,如智能移动电话、数码摄像机、台式电脑、笔记本电脑和平板电脑,并创造了快速的市场成长;科技也促成产品的不断改进,这些改进的产品使购买者对原有产品的需求逐渐减少,如高性能塑胶可卖给汽车制造商作为钢的替代品,超导体材料将逐渐开始与用来制造电脑、医疗扫描器、雷达系统和其他高科技产品的材料相竞争。

(2) 科技和价格决策。

科技也改变了定价。营销管理人员可依据线上购物评论和大数据来从事定价工作;中间商(如零售商)也使用新的科技手段来管理定价工作,使定价工作更有效率,并可减少人为的错误。

(3) 科技和分销决策。

科技的进步使分销工作更为顺畅,有时更可创造出全新的分销渠道。

(4) 科技和营销传播决策。

笔记本电脑、平板电脑、智能手机和4G通信网络的出现大大地改变了药品、保险和食品等的人员推销工作。销售员去拜访客户时,可以利用随身携带的笔记本电脑、智能手机直接查询价格和订货情形,如某项物品已无存货,手机等移动智能终端可自动找出替代品,这样可大幅节省买卖双方的时间。科技的进步也创造了广告的新形式。如互联网科技等创造了新的广告媒体(如 Banner、Flash、Rich Media 等)。营销人员可使用科技手段来设计营销传播活动,使营销传播能集中针对特定的顾客。

五、政治法律环境

政治法律环境包括法律法规、政府机构、社会团体、国际条约和协定。这些外在的政治力量对营销决策有很大的影响力。

1. 法律法规

为了保护社会大众的利益、维护公平竞争的社会环境,国家制定了一些规范企业营销活动的法律法规,这些法律法规对企业的营销决策有重大的影响。影响营销的法律法规主要是促进竞争和保护消费者。促进竞争的法律是指为了反对垄断、防止差别定价和维护公平竞争而制定的法律,如《中华人民共和国反不正当竞争法》《中华人民共和国反垄断法》等。保护消费者的法律法规是指为了保护消费者的权益而制定的法律法规,如《中华人民共和国消费者权益保护法》《中华人民共和国产品质量法》《中华人民共和国食品安全法》《中华人民共和国价格法》《中华人民共和国广告法》《禁止价格欺诈行为的规定》《网络交易管理办法》等。营销人员必须知晓并遵守这些法律法规的规定。

2. 政府机构

除了相关法律之外,政府设立的一些管制性的机构可监督企业主体对国家法律法规的贯彻执行情况,同时也就相应地管制和规范了企业的营销行为。如环保、卫生、质量技术监督、食品药品监督等部门,它们都是与营销有密切关系的管制性机构。

3. 社会团体

在一些国家,社会团体对立法者和政府机构往往有很大的影响力。因此,社会团体可以通过对立法者和政府机构的游说而间接影响企业的营销决策。此外,社会团体也可以通过影响消费大众而影响企业的营销决策。社会团体主要包括游说者和消费者协会。

游说者主要是向立法者和政府官员进行游说工作,他们通常代表大的公司、大的同业组织或公共利益团体向立法者和政府官员陈述观点,希望立法者和政府官员支持他们。

4. 国际条约和协定

国家间的贸易与商业条约和协定,对国际营销有重大影响,国际营销人员应密切注意有关的国际协议。

六、社会文化环境

社会文化环境是指人们的价值观、休闲时间和对自然界、企业组织的态度等,这些社会文化力量会影响人们的生活和行为方式,进而影响人们的购买动机和行为。

1. 价值观

价值观有核心价值观和次级价值观。前者是代代相传,根深蒂固,很难改变的;后者则是相对比较容易改变的。营销人员或许有能力去影响人们的次级信念,但却没办法去改变人们的核心价值。计划生育管理人员(包括营销人员)要说服人们晚婚比说服他们根本不应结婚要容易得多。核心价值观虽然也逐渐在改变中,但改变的过程非常漫长,而且往往不是营销人员可以做到的。

人们的价值观虽不容易在短期间内改变,但是如果一旦改变,对消费者的购买动机和行为的影响将非常重大。例如,中国的消费者自21世纪以来,健康意识不断提高,使健康食品、健康饮料、健康俱乐部的市场不断扩大,许多商家纷纷推出健康产品,以健康作为诉求,争取市场。

2. 性别角色

社会对男女性别角色的普遍态度会影响男女消费行为的特征,进而影响企业营销的规划和决策。消费者对某些产品和服务的需求常因性别不同而有所不同。例如,女性消费者对化妆品、减肥美容服务、整形服务的需求比男性要多,而男性对烟、酒的需求比女性要多。传统的家庭主妇对日常家用产品的购买拥有较大的决定权,而职业女性的增多为高级服饰、化妆品、幼儿园服务、家庭冷冻食品、家庭清洁服务等的营销商带来较多的市场机会。

3. 风俗习惯

风俗是特定区域内人们代代相传的、共同遵守的生活方式、行为模式和道德规范。所谓"百里不同风,千里不同俗"恰当地反映了风俗因地而异的特性。风俗习惯是一种世代相袭的社会传统,但也会随着历史社会条件的变化而改变。风俗习惯对社会成员具有强烈的行为制约作用。

风俗习惯会在服饰、饮食、居住、节日、婚丧嫁娶、人际交往等方面对消费者产生重要影响。具有不同风俗习惯的民众对图案、数字、颜色、动植物等有不同的偏好。企业在营销工作中要特别关注不同国家、不同地区的消费者在风俗习惯方面的差异,如果忽视这些差异,将会给企业营销带来无法挽回的巨大损失。

4. 宗教信仰

宗教信仰会影响人们的生活方式和消费行为,所以企业的营销活动必须考虑到当地人们的宗教信仰。

5. 时间

人们的休闲时间和自由时间的长短,对营销活动也有相当的影响。休闲时间是指人们用于从事休闲活动的时间。自由时间是指扣除生活必需(如吃饭、睡觉等)和工作时间以后可以自由运用的时间。休闲时间和自由时间的长短会影响人们对产品和服务的需求。一般来说,休闲时间和自由时间愈长,人们对旅游、体育、娱乐、艺术、文娱等产品和服务的需求会愈大,当然也会使提供这些产品和服务的厂商获得较大的市场机会。

随着生产效率的提高和人们对家居与休闲生活的重视,现代社会中一部分人的工作时间已愈来愈短,休闲时间和自由时间逐渐增多,这为旅游业的发展提供了新的机会。

6. 对自然界的态度

人们对自然界的态度或观念是有不同的。有的人认为人可以主宰大自然;有的人认为人和大自然相比较是非常渺小的,不可违抗大自然。近些年来,人们愈来愈认识到大自然是非常脆弱的,地球资源是有限的,而且地球很容易受到人类活动的破坏,因此人类必须和大自然和谐共处,必须珍惜地球、爱护地球。

人们对自然界态度的改变也逐渐反映在消费动机和行为上。愈来愈多的消费者成为认同绿色消费、低碳生活的绿色消费者,也有愈来愈多的营销商开发出各种各样的绿色产品,如不含汞的绿色电池、不含磷酸盐的清洁剂等,以保护自然生态为诉求来争取市场。

7. 对企业组织的态度

人们对企业组织的态度有两种对立的观点,即利润伦理和社会伦理。利润伦理的观点认为企业的基本使命是有效结合各种生产要素,扩大生产,创造利润,企业应尽可能去创造最大的利润,而不必刻意去尽什么社会责任。社会伦理的观点则正好相反,它认为企业有义务,也有能力去履行更多的社会责任。

近些年来,人们对企业组织的态度已逐渐从利润伦理转向社会伦理。人们要求企业除了要创造合理的利润之外,也要求企业履行社会责任,成为好的企业公民(corporate citizens)。企业应认清这种变动的趋势,要设法通过各种营销组合决策塑造好企业公民的形象。

本章复习思考题:

1. 请简述宏观营销环境的概念。
2. 宏观营销环境的组成内容有哪些?
3. 针对特定的企业,请分析其面临的营销环境是怎样的。

第四章　消费需求与营销信息

本章学习要点

1. 消费需求的概念；
2. 营销信息系统的概念；
3. 营销信息系统的构成；
4. 营销调研的概念；
5. 营销调研的流程。

为了制定、执行和评估各项营销决策，营销人员需要准确地了解市场需求的状况并设法及时取得足够的营销信息。取得信息的途径很多，在过去市场范围小、市场客情简单的年代，营销人员可根据自己的直觉和经验来判断市场消费需求的状况，取得所需的营销信息。但在营销活动日趋繁杂、竞争日益激烈、市场地域和空间不断扩大的年代，营销人员必须借助于科学的、系统的手段和方法，才能真正了解市场需求和其他有关的营销信息。

4.1　消费需求

一、消费需求的含义

需求是人类商业活动的基础，早期的满足需求和现今的创造需求都是人类商业活动的使命。人类商业活动面对的需求可以分为两类：消费需求（Consumer Demand）和业务需求（Business Requirement）[①]。消费品营销活动是以应对消费需求为出发点和落脚点的。消费需求是个人和家庭生存和发展的必需品和衍生物。

---

① 业务需求是工业品营销所要应对的对象。

从心理学角度看,需求是指人们对某种客观事物或某种目标的渴求与欲望。消费需求是人类需求的表现形式之一。消费需求是指个人或家庭为了生存、享受和发展的目的而展现的对各种物质和精神文化产品的占有、消耗、体验的渴望。消费需求是随着人类生产力水平的不断提高、物质供给不断丰富而不断提升的。消费需求会受到诸如经济环境、社会文化、宗教信仰、风俗习惯、社会群体、价值取向、性格特征、心理状态、生长发育、特定情形等多种因素的影响而发展变化。

人类不仅仅具有生理方面的动物性需求,而且还具有精神方面的社会性需求,因而人类的消费需求是一种复杂的构成。消费需求主要由以下几个方面组成。

1. 对产品物理效用的需求

产品的物理效用是产品的物质特性,也就是产品的使用价值,是消费者购买行为所能获取的基本效用及核心利益,是消费需求的基础内容。粮食满足人们对食物的需求,自行车满足人们对近距离代步工具的需求。产品的物理效用需要通过某种物质载体来实现,一种物理效用的实现在不同的时代可以通过升级换代的物质载体予以完成。比如,人际间通话的物理效用就可以通过步话机、固定电话和移动电话等不同级别的物质载体来实现。

2. 对产品美学价值的需求

赏心悦目的事物更会受到人们的喜爱。人类对美的追求体现在生活的各个方面。在消费品营销中,一种产品如果在造型、款式、色彩、风格等方面美轮美奂,那么就会吸引大量的消费者。对于消费者来说,自己所购买的产品在满足实用性的前提下,也应具有美学价值。从一定意义上讲,消费者决定购买某产品,其实也是对其美学价值的肯定。

3. 对产品时尚性的需求

社会总是在不断发展变化着,人们的思想、观念和追求也在不断地变化,对美的欣赏和追求也在随之演变着,反映在消费需求上便是不断地追求新颖、新奇的物品。也就是说,人们的消费需求总是自觉或不自觉地体现着时代的特征。人们的消费观念和消费行为不断地发生着变化以适应时代的变迁,这一特点在消费活动中主要表现为:要求商品富于变化、新颖、奇特、能反映时代的最新思潮和流行意识。从某种意义上说,产品具有时代性特点意味着产品具有适销对路的可能。一般来说,一种产品一旦缺乏时代的特色,就会被市场所淘汰。因此,企业要使经营的产品不断更新换代,满足消费者对产品时尚性的追求。

4. 对产品社会象征性的需求

产品的社会象征性是社会大众赋予产品的某种社会性含义,即产品能够体现消费者性别、职业、财富、权力、价值观和生活方式等,消费者在拥有这种产品后便取得了社会大众眼中的某种社会身份,满足了消费者心理上的归属感。例如,成功的企业家想通过名贵的汽车和高档豪华的住宅表明自己的社会地位和身份;白领职员想通过自己对各种时尚奢侈品的爱慕和拥有显示自己处于社会的中产阶层,等等。对于营销管理人员来说,要全面深刻地把握消费者对产品社会象征性的需求,及时采取恰当的营销策略,满足某些消费者对产品社会象征性的要求。

5. 对优质售后服务的需求

进入 21 世纪以来,消费者物质文化消费水平迅速提高,产品市场供给极大丰富,优良的产品售后服务已成为产品不可或缺的构成要素。现阶段消费者不再只关注产品本身的质优价廉,在同类产品的质量与性能都相似的情况下,消费者更愿意选择那些拥有优质售后服务的企业。一定程度的免费售后服务也是企业提升市场竞争力和顾客满意度的举措。

4.2 营销信息系统

一、营销信息系统的角色

营销信息系统是指提供有用信息,供企业营销决策者制定规划和策略的,由人员设备和计算机程序所构成的一种相互作用的有组织的系统。这个定义指出建立营销信息系统的目的在于满足营销决策者的信息需要,营销信息系统具有资料整合功能,它不是要提供给营销决策者一堆杂乱无章的资料,而是要把各种相关的资料结合起来,提供给营销决策者整合的信息或报告。

大数据技术的出现为企业营销信息收集和分析提供了现代化的手段。我们无法在一定时间内用常规数据库软件工具对大数据进行获取、储存、管理和分析。大数据可以用来描述一个企业创造的大量非结构化数据和半结构化数据,将这些数据下载到关系型数据库进行分析会耗费过多时间和资源投入。大数据技术具有从各种类型的数据中快速获得有价值信息的能力。适用于大数据的技术包括大规模并行处理数据库、数据挖掘、分布式文件系统、分布式数据库、云计算平台、互联网和可扩展的存储系统。

营销信息系统应服务于营销决策系统,是针对营销决策者的需要而设计的。如图4-1所示,营销信息系统承担的是一种信息提供者的角色,营销决策者向信息系统提出要求,营销信息系统向营销决策者提供信息;同时,关于营销信息系统提供的信息是否适时、是否相关、是否过多或过少,营销决策者应随时反馈给营销信息系统,以便营销信息系统及时做出必要的调整。

图 4-1 营销信息系统承担的角色

营销信息系统的建立以协助营销决策者为目的,因此在设计营销信息系统之前,应先了解营销决策者的需要。营销决策者的信息需要通常取决于他所面临的营销问题以及他用以解决问题的决策结构这两个因素。一般而言,营销信息系统提供给营销决策者的信息可分为以下三类。

(1) 重复性的信息。

重复性的信息是指定期提供的信息。例如,各地区的市场占有率、顾客对企业广告的知晓程度、主要竞争者的价格、顾客对企业产品的满意度、顾客的购买意图等都是营销经理每周、每月、每季或每年定期要收到的信息。这些信息对营销决策者认清问题和机会特别有用,也有利于了解营销决策的效果,如定期的市场占有率报告可用来分析价格变动的影响。

重复性的信息可从内部取得,如会计记录和销售访问报告等;也可从外部信息源获得,如消费者调查、消费者固定样本和商店检查等。

(2) 监测的信息。

监测的信息是指定期扫描某些信息源而得到的信息。监测的信息主要来自外部信息源,如政府报告、专利、期刊、竞争者的年报、竞争者的公共活动等。监测的信息对提醒营销决策者注意潜在的问题(如新竞争者或现有竞争者的新营销活动)特别有用,它也可帮助营销决策者确认机会(如新的产品用途、新的市场和改进的产品特色)。

(3) 要求的信息。

要求的信息是指应营销决策者的特定要求而提供的信息。如果营销决策者没有提出要求的信息,系统将不会提供。例如,营销经理可能要求提供产品目前尚未进入的某一市场的大小,并预测在该市场中竞争者的强度和顾客对现有品牌的满意度。

营销信息系统的设计应处处顾及营销决策者的信息需要。一个营销信息系统的功效如何,一方面要看其资料收集、储存、分析及展示能力,另一方面要看系统本身与企业管理人员及环境之间的双向沟通能力。营销信息系统的建立和运用,各种信息处理的仪器设备(如计算机、数据硬盘、复印机、录音笔、摄像器、传真机等)及其使用的技术都是非常重要的,缺少这些现代化的处理设备和技术,营销信息系统的管理功能将大为弱化。

二、营销信息系统的内容

一个完善的营销信息系统包括四个子系统,即内部记录系统、营销情报系统、营销调研系统和营销决策支持系统[①],如图 4-2 所示。

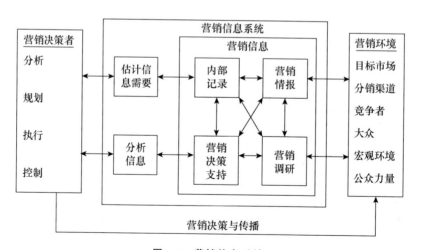

图 4-2 营销信息系统

---

① 菲利普·科特勒.营销管理[M].梅清豪,译.11 版.上海:上海人民出版社,2003:136.

1. 内部记录系统

内部记录系统是营销决策者使用的最基本的信息系统。内部记录系统提供订货、销货、价格、存货水准、应收项目与应付项目等报告,通过对这些信息的分析,营销决策者可以发现重要的机会与问题。

设计内部记录系统时要注意不要提供太多的信息,以免营销决策者花太多时间去读这些信息或无法提取有用的信息;也不要提供最新的信息,以免营销决策者会对销量的小幅减少做过度的反应。一个良好的内部记录系统并不是要随时给营销决策者提供大量而琐碎的信息,而是要能适时提供有意义的信息。

2. 营销情报系统

营销情报系统的任务是收集营销环境中各种相关部分发展的日常信息。营销情报系统与内部记录系统的区别主要在于后者提供事件发生后的结果资料,而前者则提供正在发生中的事件的资料。

大部分有关营销环境的信息都可以公开而合法的方式取得。例如,企业可以派人经常到各商店巡视,据以判断竞争者的货品是否畅销;通过访问消费者和中间商也可以获得许多有用的信息;企业的销售代表更是企业在市场中的耳目,常可收集到重要的市场动态信息,企业应明确责任,多加激励,赋予其收集信息的任务。

此外,企业也可向商业调查机构购买所需信息或通过互联网搜索相关信息。

3. 营销调研系统

除内部记录系统及营销情报系统所提供的信息之外,营销决策者还需要对特定问题及机会加以研究,他们或许需要做市场调查,或许需要进行产品偏好测验、各地区销售预测或广告效果研究,这些工作通常需要营销调研的专门人才。

4. 营销决策支持系统

营销决策支持系统包含许多分析营销资料与问题的数量工具和软件程序,其内容包括统计库和模式库。

统计库中有许多统计方法,用以从资料中获取有意义的信息,这些统计方法包含各种多变量统计技术。模式库中有许多可帮助营销决策者制定最佳营销决策的模式,如产品设计模式、定价模式、地点选择模式、媒体组合模式、广告预算模式等。

4.3 营销调研

一、营销调研的角色

营销调研的目的是适时向营销决策者提供其所需的信息,协助营销决策者制定合适的营销决策。营销调研在营销决策中扮演信息提供者的角色,其功能在于向营销决策者(信息使用者)提供其制定营销决策所需的信息(如图 4-3 所示)。所谓营销调研是指企业为解决特定的营销管理问题,系统地收集、加工、处理、分析并报告信息的活动、程序和方法。

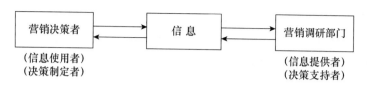

图 4-3 营销调研扮演的角色

从决策的角度来看,营销调研部门所扮演的是决策支持者的角色,而营销决策者则扮演决策制定者的角色。营销决策者提出营销决策问题送交营销调研部门进行研究,营销调研部门经过调研向营销决策者提供决策所需信息。营销决策者与营销调研部门的关系如图 4-4 所示。

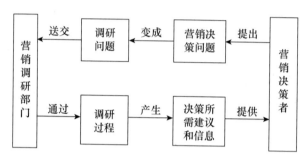

图 4-4 营销决策者与营销调研部门的关系

营销调研固然是营销决策者的一个重要信息来源,但并不是唯一的信息来源。例如,营销经理可凭借直觉、经验或通过权威人士获得大量的信息。不过,由于营销调研是利用系统的、科学的设计来收集营销信息,可靠程度还是比较高的。

二、营销调研的过程

营销调研的过程大致包括以下八个步骤:界定调研的问题→确定调研类型→选择资料来源→确定资料收集方法→设计抽样程序→收集资料→分析资料→提出调研报告。

1. 界定调研的问题

营销调研的第一个步骤是要清楚地界定调研的问题,确定调研的目的。明确界定调研的问题能够帮助调研人员为最终获得问题的解决方案搜寻正确的信息。清晰地界定调研工作需要解决的问题能够加快调研过程和提高调研结果的准确率。如果对问题的界定含糊不清,或对调研的目的做了错误的界定,则调研获得的结果将无法协助营销决策者制定正确的决策,因此在开始进行调研之前,应先界定调研的问题和目的。对问题和目的的界定并不是调研人员单方面的责任,营销决策者应积极参与,和调研人员共同界定调研的问题和调研的目的。

在界定调研的问题和目的时,常先进行环境分析:一方面收集和分析企业内部的记录以及各种有关的次级资料,另一方面访问企业内外对有关问题有丰富知识和经验的人士。环境分析通常可提供足够的信息,能协助调研人员和营销决策者共同界定调研的问题和目的。

2. 确定调研类型

营销调研的第二个步骤是依据调研的目的来确定调研类型。根据调研的基本目的,一般可将调研分为两大类型,即探讨性调研和结论性调研。探讨性调研是指企业对需要调研的问题还不清楚,无法确定应调研哪些内容,因此需要收集一些资料并进行分析,目的在于提出初步的见解,并提供进一步调研的空间。探讨性调研所要回答的问题主要是"是什么"。结论性调研又可分为叙述性调研和因果性调研两类,主要目的是帮助营销决策者选择合适的行动方案。其中,叙述性调研是指通过调研如实地记录并描述诸如某种产品的市场潜力、顾客态度和偏好等,它所要回答的问题主要是"何时"或"如何"等。因果性调研是为了测试假设的因果关系的正确性,及分析某一个因素对另一个因素的影响程度,也就是要弄清楚问题的原因与结果之间的有关变量关系。因果性调研所要回答的问题主要是"为什么"。一般是先进行探讨性调研,然后再进行结论性调研。

3. 选择资料来源

调研人员根据调研的目的,将所需的各种资料一一加以列举,然后根据资料清单选择资料来源。资料通常可分为一手资料(也称初级资料)与二手资料(也称次级资料)两类。前者为原始资料,即为了特定研究目的而直接收集的资料,后者为企业内外的现有资料。如有合适可用的二手资料,应优先使用,尤其要优先使用内部拥有的二手资料。

传统的二手资料的收集通常是很费力费时的。但是,在当今互联网技术迅猛发展的时代,在线数据库(Online Database)减少了收集二手资料的烦琐。在线数据库是一种任何人都可以付费或免费的方式通过电脑设备和网络进入的公共信息平台。在线数据库的规模庞大,几乎可以涵盖调查者感兴趣的任何问题。通过查询数据库收集资料需要一定的费用,非商业性的只收很少费用的数据库和完全商业化的数据库都存在,调研人员可以根据需要来选择。

4. 确定资料收集方法

营销调研的第四个步骤是确定收集一手资料的方法和设计收集资料的工具。

(1) 确定资料收集方法。

收集一手资料的方法主要有访问法、观察法及实验法。

① 访问法是指利用人员访问、电话访问、邮寄问卷和网上访问等方式进行调查,它是收集受访者的社会经济背景、态度、意见、动机及行为的有效方法。这些访问方式各有优缺点,各有适用情形。在选择访问方式时应就成本、时间、访问对象、调查时可能发生的偏差、问题的性质等因素加以比较。

② 观察法是指通过观察特定活动进行信息收集。观察法的优点是受观察人员的影响较小,对被观察者的外在行为的观察结果比较客观;观察法的缺点是无法观察被观察者的内在动机或企图,且成本可能较高,在时间及地点方面所受的限制也较大。

③ 访问法和观察法因未控制受访者或被观察者的行为及环境因素,因此无法证实各变量间的因果关系。实验法则可对行为及环境加以控制,以便了解各变量间的因果关系。

如采用访问法,则应确定要访问多少人、如何分配;如采用观察法,则应确定观察的次数、时间及地点;如采用实验法,则应确定实验的地点、时间长短以及实验单位的种类及数目。

(2) 设计收集资料的工具。

确定了资料收集方法之后,按着便应设计收集资料所需的各种工具。如果决定采用访问法来收集一手资料,应设计问卷(Questionnaire);如果决定采用观察法,应设计记录观察结果的登记表或记录表;如果决定采用实验法,应设计进行实验时所需的各种道具。研究人员在设计收集资料所需的工具时,必须考虑到受访者或参加实验者的知识背景、语言等因素。

5. 设计抽样程序

营销调研的第五个步骤是设计抽样程序。调研人员应根据调研目的确定调研的总体,明确抽样方式,然后决定样本的性质、大小及抽样方法。根据抽取样本的方式不同,抽样调研大致可分为两类:一类是概率抽样,或称随机抽样;另一类是非概率抽样。

抽样样本愈大,研究的结果愈可靠;样本过小,将影响结果的可靠程度。但样本过大也是一种浪费,故样本的大小应以适中为宜。确定样本大小时应考虑以下四个因素:

① 可投入的调研经费;
② 能被接受或被允许的统计误差;
③ 决策者愿意冒的风险的大小;
④ 所研究问题的基本性质。

在概率抽样的情况下,样本的大小应根据调研结果可以接受的误差来确定。在非概率抽样的情况下,一般有"样本的大小不能小于30"或"样本大小应当在总体1/10左右"的规则。

6. 收集资料

营销调研的第六个步骤是按照抽样程序进行抽样工作,并利用选定的资料收集方法实地去收集各种一手资料。在实地收集资料时,对访问员、观察员或实验员的选择、训练及监督应给予特别的重视,因为如果这些资料收集人员未能按照调研计划去实地收集资料,可能会使整个调研工作失去价值。无论调研计划多么周详细密,在实地收集资料时难免会发生一些预料不到的问题,因此在实地收集资料期间,调研人员必须经常查核、监督和训练资料收集人员,防止其在资料收集过程中出现偏差。

7. 分析资料

营销调研的第七个步骤是分析资料。资料分析工作包括处理一手资料、证实样本的有效性和统计分析等步骤。

(1) 处理一手资料。

查看一手资料,去除不合逻辑、可疑以及明显不正确的部分,然后加以编辑、归类和综合等,使之系统化、合理化。

(2) 证实样本的有效性。

营销决策者可能会怀疑样本的代表性,所以调研人员应证实样本的有效性或可靠性,增加营销决策者对调研结果的信心。

证实样本有效性的方法有好几种。如利用随机抽样,可估计样本本身的统计误差;如利用配额抽样方法,应先确定样本足够大,然后和其他来源相对照,以查看样本的代表性。如果是查核消费者样本,最常用的方法是将样本和普查的资料相比较,看看二者在性别、年龄、经济、阶层等重要特征的分布情形是否有显著的差异。如果是进行工业品营销调研,可比较样本和普查结果在厂商的规模、类型、地点分布等方面的情形。如果是核查中间商样本,则可比较样本和普查资料中有关商店大小、经销商品、商店类型的分布情形。如果比较之后发现样本和普查结果在重要变量或特征上并无显著的差异,则可推论样本具有代表性。

(3) 统计分析。

利用统计方法分析资料并解释结果。

8. 提出调研报告

营销调研的最后一步是提出调研报告,即提出有关解决营销问题的建议或结论。

调研报告可分为两种:一为技术性报告,其中强调使用的调研方法和基本的假定,并详细陈述调研的发现;二为管理性报告,其中尽量减少技术的细节,力求简明扼要。管理性报告主要用于向高层管理人员报告,应以简洁、明晰的语言说明调研的重点及结论;技术性报告主要用于向营销调研部门或参谋人员报告,内容应较丰富,除说明调研发现及结论外,还需详细说明调研方法和过程,提供参考性文件资料。

从图 4-5 来看,营销调研好像是后一个步骤紧接着前一个步骤逐步进行的,事实上并非如此。例如,在界定调研的问题后进入第二个步骤确定调研类型时,调研人员可能发现调研的问题界定得不够清楚,因此有必要再回到第一个步骤把问题界定得更清楚一点。又如,第四个步骤设计了抽样方法或样本大小之后进入第五个步骤,而实地收集资料时可能发现成本过高或无法执行,此时就必须再回到第四个步骤去重行考虑和修改抽样设计。所以,图 4-5 中才会出现许多回馈线。

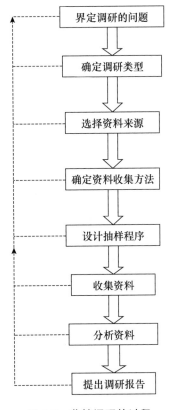

图 4-5 营销调研的过程

本章复习思考题：

1. 营销信息系统的概念是什么？
2. 营销信息系统由哪些部分组成？
3. 营销调研的含义是什么？
4. 营销调研的步骤有哪些？

第五章 消费品市场

> **本章学习要点**
>
> 1. 消费品市场的概念；
> 2. 消费者购买决策的类型和过程；
> 3. 影响消费者购买决策的因素；
> 4. 生活形态的概念。

消费品市场是由个人或家庭购买者组成的消费群体，其购买的目的是用于最终的个人或家庭消费，也称最终市场。早期的营销人员从日常的实践经验中即可大致了解这种市场的购买行为。但随着企业与市场的规模日益扩大，营销决策人员常无法直接与消费者接触，无法靠平时的接触去了解消费者的行为。因此，企业常常需要求助于消费者研究，投巨资来研究消费者，希望了解：谁会来购买？如何购买？购买多少数量？何时购买？到哪里去购买？为什么要购买？其中最核心的问题是：消费者对企业推出的不同营销活动与决策作何反应？如果企业能比较准确地掌握消费者的行为反应，包括对不同的产品特性、价格、渠道、广告等的反应，这家企业将可站在有利的竞争地位。

5.1 消费者的购买决策

了解消费者的购买角色和购买决策过程将有助于营销人员制定合适的营销策略，以获得市场上的胜利。

一、购买角色

消费者在购买决策中可能扮演下列六种角色。
① 发起者：率先建议要购买特定产品或服务的人。
② 影响者：其看法或忠告会影响做购买决策的人。

③ 决定者：决定是否购买、购买什么、如何购买或何处购买等决策的人。购买决策分为部分购买决策和全部购买决策。

④ 购买者：实际去购买的人。

⑤ 使用者：消费或使用产品或服务的人。

⑥ 评价者：对产品或服务消费效益做出最终评价的人。

对某些消费品的购买，可能一个人扮演所有的角色。例如，一位吸烟多年的消费者想起要买一包香烟(发起者)，自己影响自己(影响者)，自己决定要到便利商店去购买一包"××"牌香烟(决定者)，自己走到便利商店去购买(购买者)，自己抽完那包香烟(使用者)，抽完烟后对这个品牌的评价由他自己做。在某些情况下，不同的人扮演不同的角色，或者由若干人共同扮演某种角色。例如，有一个家庭要购买汽车，发起者可能是丈夫，影响者可能是妻子、夫妻两人的同事和亲友，决定者可能是丈夫(决定品牌)和妻子(决定外观)，使用者可能是丈夫居多，评价者也可能是丈夫。

企业需要辨认这些购买角色，因为辨认清角色对于产品的设计、广告媒体和信息的确定、渠道的选择以及营销预算的分配具有重大的意义。以张先生购买汽车为例，如果张先生是发起购买汽车和决定汽车品牌的人，汽车公司就应直接针对张先生做广告或派销售代表拜访张先生；如果张太太是决定汽车颜色和外观的人，汽车公司也须依据张太太的喜爱来设计车子的外观，并在张太太可能接触的媒体上做广告。认清主要的参与者及其在购买决策中所扮演的角色，将有助于营销人员制订适合的营销计划。

二、购买决策过程

1. 消费者的投入程度

消费者的购买决策过程可能相当复杂而费时，也可能非常简单而快速，这主要取决于消费者对产品的投入程度。投入是指消费者做购买决策时的身心投入程度。投入程度的高低取决于某一购买决策对消费者个人的重要程度或相关程度。消费者的投入程度愈高，其能否做出正确抉择的重要性就愈高。有研究指出，当产品对个人具有私人或象征意义时，当产品与中心价值观相关联时，当产品的购买或使用涉及风险时以及当产品有高的享乐价值时，消费者的投入程度是最高的。购买决策的高度投入与低度投入的区别如表 5-1 所示。

表 5-1 购买决策的高度投入与低度投入的区别①

购买决策的高度投入	购买决策的低度投入
① 消费者是信息处理者 ② 消费者是信息寻找者 ③ 消费者是主动的广告听众，因此广告对消费者的效果是微弱的 ④ 消费者在购买之前评价品牌 ⑤ 消费者努力使期望满意度极大化，消费者通过比较各品牌，以发现谁能提供与其需求相关的最大利益，并且根据多属性比较来做出购买决定 ⑥ 个性和生活方式特征十分重要，因为产品与消费者的身份及信仰密切相关 ⑦ 参考群体影响消费者行为，因为产品对群体的标准和价值很重要	① 消费者随机地获得信息 ② 消费者是信息收集者 ③ 消费者是被动的广告听众，因此广告对消费者的效果是强烈的 ④ 消费者首先购买，即使他们对品牌进行评价，也是在购买之后 ⑤ 消费者寻求可接受的满意水平。因此，消费者会购买最不可能给其带来问题的品牌并且几乎不利用属性比较来做购买决定 ⑥ 个性和生活方式特征并不重要，因为产品与消费者的身份和信仰的关系并不紧密 ⑦ 参考群体对消费者的产品选择无影响，因为产品与群体的标准和价值似乎并无关系

---

① 迈克尔·J.贝克.市场营销百科[M].李垣，译.沈阳：辽宁教育出版社，1998：117.

依据消费者的投入程度,可将购买行为分成三种类型,如表 5-2 所示。

表 5-2 消费者购买行为类型

项目	例行的问题解决	有限的问题解决	广泛的问题解决
投入程度	低	低到中等	高
时间	短	短到中等	长
成本	低	低到中等	高
信息搜寻	仅限内部	内部为主	内部和外部
可供选择数	一个	几个	很多

① 例行的问题解决:投入程度最低,如消费者购买他们常用的牙膏。消费者不会考虑其他方案,他们只是依习惯自动购买。

② 有限的问题解决:如果常买的品牌缺货,消费者只从货架上陈列的品牌中做选择。消费者的投入程度低,没有很偏好的品牌,只利用少数的属性做判断,从少数的品牌中做选择时,即属此种购买行为。

③ 广泛的问题解决:只有少数的购买行为(如购买新汽车)属于此种类型。消费者的投入程度高,并对一些方案做复杂的评估。

广泛的问题解决和有限的问题解决在购买决策各阶段的比较如表 5-3 所示。

表 5-3 广泛的问题解决和有限的问题解决的比较①

购买决策阶段	广泛的问题解决	有限的问题解决
需要确认	高投入和知觉风险	低投入和知觉风险
信息搜寻	① 强烈的搜寻动机 ② 使用多种来源,包括媒体、朋友和销售点传播 ③ 积极、严谨地处理信息	① 低的搜寻动机 ② 消极被动地接触广告,信息处理也不深入 ③ 可能作销售点的比较
方案评估	① 严谨的评估过程 ② 使用多种评估准则,有些准则较为重要 ③ 认为各方案有显著的不同 ④ 补偿策略,在特定属性上的缺点可由其他属性来抵消 ⑤ 坚持利益、态度和意图	① 不严谨的评估过程 ② 使用有限的评估准则,集中在最主要的准则上 ③ 认为各方案大致相似 ④ 非补偿策略,对重要属性达不到标准的方案予以剔除 ⑤ 不坚持利益、态度和意图 ⑥ 购买和试用可以是评估的主要方法
购买	① 坚持到许多零售据点去选购 ② 零售据点的选择可能需要决策过程 ③ 通常需要在销售点谈判和沟通	① 不想做广泛的选购 ② 通常偏爱自我服务 ③ 通常会由陈列和销售点诱因来促进选择
购买结果	① 购买之后的疑虑会引发对售后再保证的需要 ② 满意是重要的,而忠诚是结果 ③ 如有不满意之处,会去寻求补偿	① 由于惰性,而非忠诚,会使满意促成再购买 ② 不满意的后果是品牌转换

2. 决定消费者投入程度的因素

消费者在购买中的投入程度取决于五个因素:经验、兴趣、预期风险、情境、产品展露度。

---

① C. BOVEE,M. HOUSTON,J. THILL. Marketing[M]. 2nd ed. New York: McGraw-Hill,1995:110.

(1) 经验。

一般来说，消费者对某一产品或服务具有若干次消费经验时，投入程度会较低。在反复使用过该产品之后，一旦产生对该产品的需求，消费者就会迅速做出决策。因为消费者对该产品比较熟悉，并且知道它能否满足自己的需求，所以对该产品的购买决策投入程度较低。

(2) 兴趣。

投入程度与消费者的兴趣直接相关，如消费者对汽车、音乐、电脑和其他电子产品感兴趣，那么平时他就会耗费较多的精力和时间注意和收集这方面的资料与信息，并且会时常关注这类产品的市场行情以及各方面的消费反应。当然，对产品和服务的消费兴趣会因人而异。尽管年轻的父母们可能对少年宫不感兴趣，但望子成龙的心态及邻居的孩子在少年宫的良好学习业绩可能会使他们对少年宫的项目和价格非常感兴趣。

(3) 预期风险。

随着消费者对购买某项产品的预期风险的增加，消费者对消费决策的投入程度也会相应地提高。消费者所关心的风险类型包括财务风险、社会风险和心理风险。第一，财务风险会带来财富的减少和购买力的下降。显然，高价位会带来高风险，消费者对消费决策的投入程度会极大地提高。因此，价格与投入程度通常是直接相关的：即价格越高，投入程度越高。例如，购买商品房的消费者就会比购买福利房的消费者花更多的时间和精力去寻找在环境、质量、价格、地理位置等方面合适的楼盘或小区。第二，当消费者所购买的产品会引起其他人对他们的看法时，消费者就要承担社会风险。比如，出席亲朋好友聚会时的穿着，进行重大商业项目洽谈时乘坐的轿车。第三，如果消费者觉得做错了决策可能会导致焦虑，他们就会承担心理风险。

(4) 情境。

购买环境可能会暂时将一个低度投入决策变成一个高度投入决策。当消费者在特定的情境中预期到较大风险时，就会出现较高的投入程度。例如，一位平时对服装不太在意的男士与自己心爱的姑娘约会前，对服装的选购就会很慎重，这时，对这位男士而言，服装的购买行为就从一个低度投入的决策变成一个高度投入的决策。

(5) 产品展露度。

当一件产品的展露度增加时，消费者对购买决策的投入程度也就会提高。消费者参加社交活动能够展露出来的商品(如服装、手机、手表、汽车、珠宝、领带、手包等)或能够被别人看到的商品(如家具、家电、摆饰等)，这些产品往往展示在众目睽睽之下，容易受到别人的"评论"，是消费者的"面子"，这些商品对购买者来说是一种说明、一种象征、一种标志，因此这些商品带有社会风险。

3. 消费者的购买决策过程

消费者的购买决策过程包括需要确认、信息搜寻、方案评估、购买决定及购后行为五个阶段(如图 5-1 所示)。消费者在实际购买之前以及购买之后，可能会经历一段较长的时间。营销人员应了解整个购买过程，而不只是了解购买决定。不过，消费者并不是在购买每一样产品或服务时都会经历这五个阶段。事实上，消费者在购买日常用品时很可能连续跳过好几个阶段。例如，许多学生在购买铅笔时会从需要确认直接跳到购买决定，省略了信息搜寻与方案评估这两个阶段。

图 5-1　购买决策过程

(1) 需要确认。

购买过程开始于消费者对现状的不满足，即他们看到某个问题或感受到自己的某种需要。需要可能来自内在的刺激，如饥饿，当这些刺激达到某种强度时，就会变成驱动力。因为有过去的经验，人们懂得如何去应对这些驱动力，例如人们会根据经验去找一些食物来满足需要。

需要也可能来自外在的刺激。例如，张先生看到邻居的新汽车或看到电视中播放的汽车广告时，也想买一辆汽车，这就是他所看到的问题或感受到的需要。所以，营销人员应找出哪些情境会引发消费者看到问题或感受到需要，他们应找出：① 消费者会产生哪些需要或哪些问题？② 什么因素会促使消费者产生那些需要或问题？③ 如何让那些需要或问题引导消费者去购买某一产品？

(2) 信息搜寻。

受到刺激的消费者不一定会去搜寻更多的信息。如果消费者的驱动力够强，而且能满足他的产品就在眼前，消费者很可能会当场购买；否则，他可能会进行信息搜寻，或只是把这个需要留存在他的记忆中。消费者在此阶段有三种不同的态度：积极搜寻信息、加强注意、不搜寻信息。

加强注意是指提高对有关产品信息的注意力。例如，张先生可能特别留意有关汽车的信息，如汽车广告及有关汽车的话题。张先生也可能成为积极搜寻信息的消费者。例如，他可能会去阅读有关汽车的资料、打电话向朋友讨教或利用其他的方法来收集信息。

营销人员应注意：消费者的信息来源主要有哪些？这些来源对消费者购买决策的影响力有多大？消费者的信息来源有下列四类。

① 个人来源：家人、朋友、邻居、熟人。

② 商业来源：广告、销售员、经销商、包装、陈列。

③ 公共来源：大众传播媒介、消费者评价组织。

④ 经验来源：处理、检查、产品使用。

上述信息来源的影响力大小因产品类别及购买者的不同而不同。一般而言，消费者所得到的产品信息，大部分来自营销人员所掌握的商业来源。然而，个人来源却是最有效力的来源。每一类来源或多或少都有一些影响力。商业来源通常仅扮演告知的角色，个人来源则影响消费者是否接受产品或对产品的评估。例如，张先生可由商业来源获知有关某品牌新款汽车推出的信息，但会探询朋友或同事对该款汽车的评价。

经过信息搜寻，消费者对产品的品牌及其特性可获得进一步的认识。在未搜寻信息时，张先生可能只知道少数几家汽车品牌。实际上汽车品牌相当多，张先生所知道的那几家品牌称为知晓集合(Awareness Set)。当他对知晓集合中的各汽车品牌的特性有较多的了解时，就会剔除若干品牌不予考虑，剩下的品牌称为选择集合(Choice Set)。张先生最后的决策，就是在选择集合中加以抉择。

(3) 方案评估。

消费者利用各类信息决定其选择集合之后,接下来的问题就是消费者如何评估各品牌以及如何做最后的决策。

消费者购买产品是为了满足其需要,张先生之所以会购买某一品牌的汽车必然是因为该品牌的汽车能够提供给他某些利益,能使他的需求获得满足。消费者常将产品视为一组属性的组合,例如:

电脑的属性——内存容量、兼容性、价格、售后服务。

汽车的属性——引擎马力、外观、价格、操作难易、耗油量、安全性。

智能手机的属性——内存容量、操作系统、相机功能、价格。

旅馆的属性——清洁、气氛、价格、地点。

各种产品的属性被关注的程度因人而异。产品的属性愈能满足消费者的需要,在消费者评估时,受消费者重视的程度也就愈大。

假定张先生从不同的信息来源收集到有关汽车的信息之后,经过筛选后剩下四个候选的汽车品牌,这四个品牌的汽车就是他的选择集合。假定张先生在做选择时所考虑的汽车属性有四个,即耗油量、外观、安全性和价格。他对各品牌在这四个属性的评分如表5-4所示,评分标准从0到10,0代表最低评分,10代表最高评分,评分愈高表示张先生在该属性上的满意度愈高。

表5-4 张先生对各汽车品牌的评分

品牌	属性			
	耗油量	安全性	外观	价格
A	8	5	3	7
B	9	4	2	9
C	6	8	6	6
D	5	9	8	3

消费者对不同属性通常会给予不同的权重,即不同的属性对消费者的重要性常不尽相同。例如,张先生可能认为耗油量和安全性比外观和价格重要,他可能给耗油量20%的权重,给安全性40%的权重,给外观30%的权重,给价格10%的权重。将各品牌的评分乘以权重,即可得到张先生心目中各品牌汽车的价值:

$$A=0.2(8)+0.4(5)+0.3(3)+0.1(7)=5.2$$
$$B=0.2(9)+0.4(4)+0.3(2)+0.1(9)=4.9$$
$$C=0.2(6)+0.4(8)+0.3(6)+0.1(6)=6.8$$
$$D=0.2(5)+0.4(9)+0.3(8)+0.1(3)=7.3$$

依上述各品牌的价值分数,张先生最喜欢D品牌的汽车。

(4) 购买决策。

经过上述评估,消费者会在选择集合内排定各品牌的优先顺序。一般来说,消费者会购买他最偏好的品牌,但仍有两个因素会影响他的决定,以致与原来的购买意图相左(如图5-2所示)。

第一个因素为他人的态度。例如,张先生虽然比较倾向买丰田凯美瑞汽车,但他的父母坚决要他买大众帕萨特汽车,因此丰田汽车中选的可能性降低。消费者受他人态度影响的

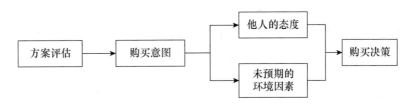

图 5-2　方案评估与购买决策间的步骤

程度取决于：他人反应的程度，消费者愿意顺从他人的程度。他人越反对，或消费者自己越愿意顺从他人，其购买决策越有可能改变。

第二个因素为未预期的情境因素。消费者原先的购买意图是根据其预期的收入来源、产品的价格及预期可获得来自产品的利益而定的，但是如果当消费者正要购买时出现了突发状况，则很可能会影响其原先的购买意图。例如，张先生的父母原来同意帮他支付部分购车费用，但却突然改变主意，决定不资助他这笔费用了，这使得张先生不得不延缓购车或退而求其次，改买较便宜的宝骏 530 汽车。由上可知，消费者的偏好或购买的意图，并不能完全决定其实际的购买行为，它们仅能指出消费者购买行为的方向。

(5) 购后行为。

购买行为结束后，消费者对所购买的产品可能会满意，也可能会不满意。如果消费者满意，再购的可能性就会提高；如消费者不满意，再购的可能性就下降。因此，营销人员应留意消费者的购后行为。

如何判定消费者购后是非常满意、满意、基本满意、不满意还是非常不满意？这要看消费者认为产品实际提供的功效与他原先对产品的期望是否吻合。如果吻合，消费者就会感到满意；如果超过消费者的期望，他就会非常满意；如果不符合，他就会不满意；如果远低于消费者的期望，他就会非常不满意。

广告、销售人员及朋友的说辞，还有其他信息，都会使消费者对产品产生一种期望。如果广告或销售人员夸大其词，使消费者的期望提高，则容易导致消费者的失望。产品的表现愈不符合原先的期望，消费者就会愈不满意。因此，销售人员应诚实叙述产品的利益或功能，避免夸大或不实的说辞，以免使消费者最后感到失望。

不管消费者是否满意，他都会采取某些行动。满意的消费者可能会再度购买或惠顾，或为产品做义务营销传播。从营销的角度来看，"顾客满意，就是最好的宣传"。不满意的消费者则可能更换品牌或商店，或做负面的宣传。不满意常常来自认知失调（Cognitive Dissonance），即消费者对选购产品与放弃产品进行比较，可能会发现：如果选购产品，在一些属性上会物超所值；如果放弃产品，则在另外一些属性上有意外收获，于是怀疑自己曾经做出的决策是否正确。他可能寻求肯定选购产品价值的信息，借以降低认知失调的程度，减低不满意的感觉。例如，张先生如果对其购买的汽车品牌不满意，他可能会收集对该汽车品牌有利的信息，使他对自己的购车决定在自我感觉上处于良好状态。

营销人员必须了解消费者在对产品不满意时的行为方式。对产品不满意时，消费者可能采取行动，也可能不采取行动。若是采取行动，他可能公开或私下进行：公开进行的方式包括向企业投诉、打官司、向工商管理部门或消费者协会提出抱怨；私下进行的方式包括本人停止再购买、说服亲朋好友停止购买等。以上行动均会使企业遭受损失。

营销人员可采取一些措施,帮助消费者肯定其购买决策。例如,汽车公司可寄一份感谢的信函给张先生,恭贺他选购如此美好的汽车;恳请张先生提出改进的意见,并给出各地售后服务中心的地址等。所有措施都是以提高消费者的满意程度或降低消费者的不满意程度为目标。

所以,企业要想取得营销的成功,必须对消费者的需求及其购买过程进行深入研究并了解透彻。营销人员应了解购买者如何经历需要确认、信息搜寻、方案评估、购买决策及购后行为等阶段,了解购买过程中的参与者及他们对购买行为的影响力,并据此制订一套有效的营销策划方案,最终争取市场上的胜利。

5.2 影响消费者行为的因素

消费者不是随意做出决策的。他们的购买决策深受文化因素、社会因素及个人因素的影响,其中大部分都是营销商无法控制,却又不可忽视的因素(如表5-5所示)。本节将逐一探讨其中三个主要因素对消费者行为的影响。

表5-5 影响消费者购买行为的主要因素

文化因素	社会因素	个人因素
文化	家庭	学习
亚文化	职业	动机
	参考群体	知觉
	社会阶层	信念与态度
		生活形态

一、文化因素

文化因素对消费者行为的影响最为根本、直接、广泛和深远。文化因素主要包括文化和亚文化(Subculture)。

1. 文化

文化是决定一个人的欲望与行为的最基本因素,社会对其个别成员行为的影响主要是经由它的文化。人类的行为大部分来自学习。在现代社会,人们从家庭到学校,再到社会,一直都在不停地学习,进而形成了基本的价值观、知觉、偏好与行为等,这些对于消费者的购买动机和行为都有非常大的影响。

每一个社会都有它的文化,不同的文化对消费者购买行为的影响程度不同。国际营销人员应特别注意不同文化的差异,根据文化的不同对营销策略做必要的调整,否则将会影响营销的效果。

2. 亚文化

每种文化都有数个较次级的亚文化形态。亚文化的群体基于共同的生活经验和生活环境而享有共同的价值系统,它们提供给成员更具体的认同与社会化对象。亚文化的种类主要有宗教群体、种族群体、地域。

消费者对不同产品的兴趣会受到他们的宗教、种族及地域等背景的影响。他们对食物和衣着的偏好以及对品牌和商店的选择,多少均会受到亚文化背景的影响。

二、社会因素

消费者行为亦受到社会因素的影响。社会因素包括消费者的家庭、职业、参考群体和社会阶层等。

1. 家庭

家庭是消费者个人所归属的最基本团体。一个人从小就从父母那里学习到有关价值观等的信念,也从父母那里学习到许多日常的消费模式。即使在长大离开家之后,父母的教导仍然有明显的影响。

(1) 夫妻的购买角色。

消费者在组成自己的家庭之后,家庭对消费者行为的影响更为明显和直接。许多购买决策都是整个家庭共同做出的,丈夫、妻子、子女在家庭购买决策中都扮演某种购买角色,并具有程度不等的相对影响力。美国有一项研究发现:在决定"何时去购买一部汽车"时,有68%的家庭主要受丈夫的影响,3%的家庭主要受妻子的影响,29%的家庭由丈夫和妻子共同决定。

(2) 家庭生命周期。

家庭生命周期是指从一个新家庭组建起至这个家庭解体消亡为止的整个历程。消费者行为深受家庭生命周期的影响,每一个生命周期阶段都有不同的购买或行为形态。营销人员要了解家庭生命周期不同阶段的消费特点,并针对不同的生命周期阶段制定不同的营销策略。

家庭生命周期的划分有多种方法,这里将其划分为九个阶段:① 单身;② 新婚夫妇;③ 满巢期Ⅰ(最小的孩子六岁以下);④ 满巢期Ⅱ(最小的孩子六岁或以上);⑤ 满巢期Ⅲ(较老的已婚夫妇,和孩子仍住在一起);⑥ 空巢期Ⅰ(和孩子不住在一起,家长仍在工作);⑦ 空巢期Ⅱ(家长已退休);⑧ 鳏寡独居Ⅰ(仍在工作);⑨ 鳏寡独居Ⅱ(已退休)。但现代社会还存在一些单亲家庭、离婚者、晚婚者,营销人员应注意非传统家庭的生命周期阶段。

2. 职业

消费者的消费行为也会受到其职业的影响。不同职业的消费者(如公务人员、军人、专业人员、教师、工人等)常有不同的购买行为。例如,蓝领工人、白领工人和高级经理购买的产品和品牌以及惠顾的商店类型常会有明显的差异。所以,营销人员有时也可以职业来界定其目标市场,并针对不同职业的群体制定不同的营销策略。

3. 参考群体

一个人的消费行为受到许多参考群体的影响。参考群体是指所有能直接(面对面)或间接影响一个人的态度或行为的群体。直接影响的群体称为成员群体,包括家庭、朋友、邻居、同事等主要群体和宗教组织、专业组织和同业公会等次要群体。成员群体为消费者个人所属,且个人与群体内的其他人能彼此互动,但这些个体也会受到非其所属群体的影响。

崇拜群体是另一种参考群体,它并非消费者个人所属的会员群体,但消费者个人希望能成为其中一分子。例如,玩足球的青少年梦想有朝一日能加入职业足球队,他们并没有和职业足球队队员接触过,但对足球队队员群体比较认同。

参考群体影响消费者行为的方式包括报道、推荐、邀请、要求、提示、命令、承诺、强制、批评、称赞、取笑等。

参考群体影响力的大小要视产品及品牌而定，有些产品和品牌深受参考群体的影响，有的产品和品牌则很少受到参考群体的影响。例如，有研究发现，消费者在购买汽车时，对产品和品牌选择均受到参考群体的强烈影响；在购买家具和服饰时，只有对品牌选择受到参考群体的强烈影响。对那些深受参考群体影响的产品和品牌，营销人员必须设法去接触相关参考群体的"意见领袖"，并设法把相关的信息传递给他们。

4. 社会阶层

消费者的购买行为亦与其社会阶层有关联。社会阶层是指在具有阶层分化的社会中所分成的数个较具同质性和持久性的群体，同一阶层的成员有相似的价值观、兴趣和行为。

社会阶层不是由单一因素（如收入）决定的，而是由职业、收入、教育、财产和其他变量共同决定的。在有些社会形态中，社会阶层是非常"僵硬"的，人们不容易从一个社会阶层移动至另一个阶层；但在许多社会形态中，社会阶层的移动是比较容易的，人们有可能从一个社会阶层向上或向下移动至另一个阶层。

属于同一社会阶层的消费者往往会有相同的购买行为，呈现出独特的产品和品牌偏好；而分属不同社会阶层的消费者则往往会有不同的购买行为。

三、个人因素

消费者的购买决策亦受到若干个人因素的影响。这些个人因素包括学习、动机、知觉、信念与态度、生活形态等。

1. 学习

人们从行动中学习，大多数的人类行为是学习而来。学习理论家认为学习是经由驱动力、刺激、暗示、反应和强化之相互作用而产生的。例如，张先生有强烈的驱动力（驱动力是指促使一个人采取行动的强大内在刺激）。当此驱动力导致张先生去追求某一可减弱驱动力的刺激物（在此指汽车）时，它就成为一种动机。然而，张先生对购买汽车这个想法的反应，也受其周围暗示的影响（暗示是较微弱的刺激，它决定消费者何时、何地及如何反应）。看到网站上的汽车广告和车展现场中的汽车、听（看）到汽车优惠活动的消息以及朋友的鼓动，都是影响张先生对购买汽车这个动机如何反应的暗示。假如张先生买了丰田汉兰达汽车，而且事后证明是值得的，则他对丰田汉兰达汽车的反应就获得了强化，以后再买丰田汽车或建议亲朋好友购买丰田汽车的可能性就愈大。

2. 动机

一个人在任何时刻都有一些需求，其中某些需求是生理需求，另外一些是心理需求，这些需求会使人处于紧张状态，当上述的需求达到某一强度后，即可变成一种动机或驱动力。动机是一种被刺激的需求，它足以促使一个人采取行动以满足其需求。需求满足之后，人的紧张状态即可解除。消费者的购买行为常受其动机所左右，如张先生为什么想买一部汽车？他追求的是什么？他想满足何种需求？这些都是营销人员要设法去了解的。

了解动机的方法之一是将人类的需求加以分类。心理学家马斯洛将需求分为五类。他的需求层次理论将人类需求依等级排列：最基本的是生理的需求，然后是安全、爱和归属、受尊敬及自我实现的需求（如表5-6所示），每类代表一组需求。

表 5-6 马斯洛的需求层次

需求层次	需求类别	需求的主要内容
5	自我实现的需求	对未来取得最高成就的需求(能力的需求,成功的需求等)
4	受到尊敬的需求	对获得尊敬的需求(荣誉的需求,支配力及地位的需求。得到承认的需求)
3	爱和归属的需求	希望得到朋友、恋人、配偶、孩子等爱的需求,在自己所属群体内占有一定地位的需求等
2	安全的需求	对安全、安定的需求(避免事故、战乱、疾病、经济拮据、痛苦、受胁迫等的需求)
1	生理的需求	对日常衣、食、住的需求(吃、喝、穿、休息、睡觉等的需求)

3.知觉

人们受动机激发之后将准备行动,但是被激发的人将如何行动,须根据其对情境的知觉而定。具有相同动机并面对相同情境的两个人,可能因为对情境的知觉不同而产生不同的行为。例如,面对一位滔滔不绝的汽车推销员,张先生认为推销员不诚恳,但是他的朋友李先生认为这位推销员是一位有知识、热情且乐意帮助顾客的人。

人们对于相同的刺激物可能会有不同的知觉,主要是因为下列三种知觉的过程所造成的:选择性注意、选择性曲解及选择性记忆。

(1) 选择性注意。

每个人每天都暴露在大量的刺激下,一个人要完全注意到所有的刺激是不可能的,大部分的刺激皆会被过滤掉。有关研究发现:人们倾向关注与当前需要有关的刺激(如张先生有意购买汽车,他会多去注意有关汽车的广告),人们倾向关注他们所期望的刺激(如张先生在报纸杂志上可能注意到汽车的广告,而非其他产品的广告),人们倾向关注某些偏离正常状况很多的刺激(如张先生更容易注意到免费维修三年的汽车广告,而不是只免费维修一年的汽车广告)。

选择性注意让营销人员了解到必须特别用心才能吸引消费者的注意,因为他们所传递的信息会被大多数无意购买产品的人所忽略,甚至有意购买产品的人也会遗漏该信息,除非该信息在众多刺激中显得特别突出。那些篇幅较大的广告,或在黑白广告中的彩色广告,或较为新奇并有强烈对比效果的广告,更有可能引起消费者的注意。

(2) 选择性曲解。

有时候,即使刺激已被消费者注意到,但并不一定能如预期般表达出刺激所要传达的意思。每个人都想将自己现有的心境与外来的信息相调和。选择性曲解是指人们有将信息扭曲成与自己想法相同的倾向。人们习惯于以先入为主的观念来解释外来的刺激,而非改变他们已有的观念。例如,张先生对丰田汉兰达汽车有较强的偏好,当他听说有关丰田汉兰达汽车的缺点时,他可能会曲解他所听到的缺点,而坚持原有的对丰田汉兰达汽车的看法。

(3) 选择性记忆。

人们会忘掉许多学习过的事物,而仅记住与他们态度与信念相吻合的信息,这就是选择性记忆。例如,张先生可能会记住丰田汉兰达汽车的优点,而忘掉其他汽车品牌的优点。

因为存在上述三种知觉的因素——选择性注意、选择性曲解及选择性记忆,所以营销人员必须特别用心才能使其信息被人接受。这也说明了营销人员为何要利用戏剧性、艺术性手法和重复出现的方式来将信息传送给目标市场。

4．信念与态度

经过行动与学习过程之后，消费者即形成某些信念及态度，这些信念与态度将影响他们的购买行为。信念是指一个人对某些事物所持有的一种描述性想法。态度是指一个人对某一事物或观念所持有的较一贯的概括性评价、情感和倾向。

所以，一方面营销人员应了解消费者对其产品与服务的信念是怎样的，如果发现消费者有错误的信念，则应设法改正他们的信念；另一方面，营销人员也要知道，有时人们的态度是难以改变的，因此除了设法了解消费者对其产品与服务的态度，也应尽可能使其产品与服务符合消费者既有的态度，而不是要改变消费者的态度。

5．生活形态

生活形态是人们所遵循的一种生活方式，包括使用时间和花费金钱的方式。一个人的生活形态通常是通过他的活动（Activity）、兴趣（Interest）和意见（Opinion）（简称 AIO）表现出来的。表 5-7 是 AIO 涉及的主要元素和人口统计资料的举例。

表 5-7　AIO 涉及的主要元素和人口统计资料举例

活动	兴趣	意见	人口统计资料
工作	家庭	自我	年龄
嗜好	家事	社会	教育
社会活动	职业	政治	收入
旅游度假	娱乐	商业	职业
会员	流行	教育	居住环境
娱乐	休闲	经济	家庭人口
社区	食物	产品	地理区域
逛街购物	媒体	未来	城市大小
	运动	文化	生命周期阶段

人们即使来自相同的亚文化、社会阶层或是职业群体，也可能有不同的生活形态。例如，张先生可以选择努力工作追求成就的生活形态，也可以选择游山玩水悠闲自在的生活形态。假如他选择了悠闲自在的生活形态，他可能会腾出许多时间去观赏电影、逛街或到各地旅游观光。所以，营销人员应设法了解消费者的生活形态，并使其产品或品牌形象能够与消费者的生活形态相吻合。

本章复习思考题：

1. 消费品市场的含义是什么？
2. 消费者购买决策的类型有哪几种？消费者购买决策的过程是怎样的？
3. 影响消费者购买决策的因素有哪些？

第六章　工业品市场

本章学习要点

1. 工业品市场的概念；
2. 工业品市场的分类和特性；
3. 影响工业品采购的类型和过程；
4. 影响工业品采购的因素。

工业品(Business Goods)市场是由工商企业、政府机构、个体经营者(Individual Unit)和其他各类非营利性组织等购买者组成的市场。工业品购买者经常购买大量的机器设备、原料、零配件、物料、办公设备、办公用品、商业咨询与其他服务等。工业品购买者以实现业务绩效或赚取利润为目的,与消费者为了满足个人或家庭需要而购买消费品是不同的。由于购买的目的不同(个人与家庭满足—业务运作绩效)、购买的主体不同(个人与家庭—组织与个体经营者),工业品的购买行为与消费者个人或家庭的购买行为有很多不同之处。成功的工业品营销商必须深入了解工业品购买者的购买决策与影响工业品市场购买行为的主要因素。

6.1　工业品市场的类别与特性

一、工业品购买者的分类

工业品购买者包括工业用户、中间商、政府机构、非营利性组织、个体经营者。

1. 工业用户

工业用户是指购入产品与服务来生产制造其他产品与服务以供销售、租赁或供应他人的商家。工业用户是最大的工业品购买者,涉及制造、建筑、运输、通信、银行、金融、保险、农、林、渔、矿、电力等行业。工业用户可分为以下三大类：

① 原设备制造厂（Original Equipment Manufacturer，OEM）：这一类厂商是将购入的工业品装配或整合在其所制造的产品内，再将产品卖到消费品市场或工业品市场。例如，汽车制造厂是汽车零件供应商的原设备制造厂，电视机制造厂是显像管制造厂的原设备制造厂。

② 产品最后使用者：这一类厂商购买工业品是用来执行业务或生产作业，并不是将购入之工业品整合或装配在自己的产品内。例如，汽车制造厂是工具和机器人制造厂的产品最后使用者。

③ 产品中间使用者：这一类厂商购买原料、物料、零件等半成品作为生产的投入，目的在于再生产其他的产品。

2. 中间商

中间商是指那些将购入的产品再销售或租赁以获取利润的商家，如经销商、批发商和零售商。他们创造时间、地点及所有权效用。中间商为其顾客扮演采购代理人的角色，购买各种产品来转售给顾客。

3. 政府机构

政府机构包括中央及地方各级政府机构，这些机构购买或租赁设备以履行政府的主要功能。

4. 非营利性组织

除了营利性企业和政府机构之外，工业品市场还包括医院、大学、宗教组织、军队、社会团体等非营利性组织。

5. 个体经营者

工业品购买者除了组织之外，还有一部分个体经营者，比如个体农场、个体开办的作坊、个体摆放的摊点等，他们个人购买货物是为了出售或业务的运作或未来的产出，而不是为了自己的消费，因此他们购买的货物也是工业品，他们也是工业品市场的组成部分。

个体经营者在整个工业品购买者中所占比重很少，组织类采购者占了绝大部分。因此，一般来讲，工业品营销中的购买者（也就是客户）大多是指组织类顾买者。

二、工业品市场的特性

工业品市场与消费品市场有一些显著的不同点，分别说明如下：

1. 购买者较少

工业品市场的购买者数目通常比消费品市场少。例如，盐业公司所生产的盐，在工业品市场上主要是卖给以盐为生产原料和辅料的企业（如食品工厂），而在消费品市场上则是卖给所有的家庭或个人，消费品市场上的购买者数目远比工业品市场多。在某些情况下，工业品制造厂可能只有一位购买者。

2. 购买量较大

工业品市场中即使有许多企业，通常少数几家企业的购买量就占了市场的一大部分。有时，一个购买者就能买下一个企业较长时期内生产的全部产品；有时，一张订单的金额就能达到数千万元甚至数亿元。

3. 供应商与客户间的关系较密切

由于购买者较少,而购买量较大,所以供应商必须密切注意与其客户之间的配合,甚至必须依照特定客户的需要来提供产品与服务。因此,在工业品市场中供应商与客户间的关系通常是较密切的。

4. 购买者的分布集中

工业品市场的购买者常集中于某些地区,这就好比消费者市场集中在人口众多的区域一样。例如,中国许多重要的制造厂商主要集中在北京、广州、上海、深圳、成都、西安等城市。

5. 衍生的需求

工业品的需求是由消费品的需求衍生而来的。例如,工业用户购买皮革的原因是消费者购买皮鞋、皮包及其他皮制品。如果消费品市场不景气,那么工业品市场也会随着不景气。

6. 无弹性的需求

许多工业品总的需求价格弹性并不大,也就是价格的变动对其总需求量的影响不大。例如,皮包制造厂不曾因塑胶皮价格下跌而增加对塑胶皮的购买量,除非:① 塑胶皮占皮包制造成本的很大部分;② 皮包的价格将来可能会大幅降低;③ 皮包降价后皮包销售量将大量增加。皮包制造厂也不会因为塑胶皮价格上升而减少购买量,除非:① 可以改变生产方式,减少每个皮包使用塑胶皮的数量;② 发现更便宜的皮革代替品。至于占总成本甚小的工业品,更是缺乏弹性。例如皮包上的扣子,价格即使上涨,其需求量也不会有多大变化,不过生产者在选择供货商时仍然会考虑价格因素。

7. 需求的波动性较大

工业品的需求比消费品的需求更容易波动,新厂房及设备的需求尤其是如此。当消费者的需求增加时,生产厂商对新厂房及设备的需求会增加得更快,这种现象即经济学家所说的加速原理。有时,消费品需求上升10%,下一阶段工业品需求就会上升200%;消费品需求下跌10%,就可能导致工业品需求的全面暴跌。

8. 专业购买

工业品的购买通常由具备专业知识的人员担任。工业品的购买作业越复杂,则参与购买决策的人越多。在购买重要商品时,组成购买小组是常见的方式,购买小组通常由专业人员及高层管理人员所组成。面对具有专业知识的购买人员,工业品营销人员通常也必须具有良好的专业素质。

9. 直接购买

很多工业品的购买者是直接向生产者购买,而不是通过中间商购买,在购买比较昂贵、技术较复杂或需要较多售后服务的产品(例如飞机等)时更是如此。

10. 互惠购买

有时,工业品的购买者会要求其供应商也向他们购买一些商品,使供应商成为他们的客户,买卖双方形成互惠购买的关系。"你买我的产品,我就买你的产品"是较常见的现象。

11. 通过互联网购买

工业品购买者大多通过互联网寻找商品信息,比较不同制造商的产品状况,了解产品性能,咨询有关的问题,提出各种疑问,最终进行产品交易。工业品购买者通过应用互联网工具,不仅增加了商业活动的便利性,还大大缩短了每次交易的时间,简化了交易的复杂性,降低了采购成本。近年来,通过互联网进行的 BtoB 交易额在迅速增长。

6.2 工业品购买的角色与类型

一、工业品购买的角色

在工业品购买过程中,必须要有人去扮演以下六种角色。

① 使用者。使用者是指使用产品或服务的人。在很多情况下,使用者往往是最初提议购买的人,也是协助制定产品规格的人。

② 影响者。影响者是指影响购买决策的人。他们通常协助制定产品规格,并且提供评估方案的信息。技术人员是特别重要的影响者。

③ 决定者。决定者是指决定产品需求或供应商的人。

④ 批准者。批准者是指批准决定者或购买者所建议之行动的人。

⑤ 购买者。购买者是指拥有正式职权去选择供应商及安排购买条件的人。购买者可能会协助修订产品规格,但他们主要负责选择供应商及进行谈判。在较复杂的采购中,购买者可能包括参与谈判的高层主管。

⑥ 守门者。守门者是指有权阻止卖方去接触或把信息传送给购买中心成员的人(购买中心是指购买组织的决策单位)。例如,采购代理商、接待员皆可能阻止推销人员去会见使用者或决定者。

二、工业品购买的类型

根据购买情境,工业品购买分为三种购买类型,即直接再购、修正再购及新购买。这三种购买类型的特征如表 6-1 所示。

表 6-1 三种工业品购买类型的特征

特征项目	直接再购	修正再购	新购买
所需时间	少	普通	多
购买中心的规模	少	中等	大
信息需要	最少	中等	最多
考虑的个案	无	很少	许多
新奇	无	普通	高
决策复杂性	低	中等	中—高
频率	经常	重复	不常

1. 直接再购

直接再购是指购买者根据惯例再次订购的一种购买情境（如购买办公室用品等）。购买者从"批准的供应商名单"中选择供应商，并根据过去购买的满意程度给予各供应商不同的权数。"入选的供应商"努力维持产品与服务的品质；他们通常提议采用自动再订购系统（Automatic Reordering System），以节省购买者的再订购时间。至于落选的供应商则应设法提供新的产品，或者探讨购买者不满意的原因，争取购买者重新考虑向他们购买的机会。

2. 修正再购

修正再购是指购买者欲修正产品的规格、价格、交货要求或其他交易条件的购买情境。买方与卖方的决策参与者通常会参与修正再购。这时，之前入选的供应商会感到紧张，因而会尽力保住此客户；之前落选的供应商则会视此为一个机会，因此会提供较优惠的报价，希望能获得新的订单。

3. 新购买

新购买是指购买者首次购买产品或服务（如购买办公大楼、新信息安全系统等）的购买情境。新购买所涉及的成本或风险愈高，决策参与者的人数愈多，所搜寻的信息愈多，完成决策所需要的时间也就愈长。这种新购买的情境是营销人员最大的机会，也是最大的挑战。营销人员应设法尽可能多地去接触那些能影响购买决策的人，并提供有用的信息与协助。由于新购买会涉及复杂的决策问题，因此许多企业会指派最好的采购人员组成采购小组来负责新购买的任务。

新购买会历经数个阶段，如从创新扩散的角度来看，新购买包括知晓、兴趣、评估、试用及采用等阶段。营销传播工具在每个阶段都有不同的作用。在知晓阶段，大众媒体是最重要的沟通工具；在兴趣阶段，销售人员的影响力最大；在评估阶段，技术人员则是比较重要的影响因素。所以，营销人员在新购买过程中的各个阶段应根据需要采用不同的营销传播工具。

6.3 工业品购买的决策过程

研究工业品营销的学者大都将工业品购买行为看作是一连串的决策过程，通过这个过程，工业品市场的购买者确定其对产品的需求，寻找可能的供应来源，评估并选定品牌与供应商，最后进行一般的采购业务。

工业品用户的购买过程分为八个步骤，分别是问题确认、一般需要描述、产品规格、供应商搜寻、报价征求、供应商选择、签订订购合约、绩效评估。如表6-2所示，新购买情境涉及所有步骤，而其他两种购买情境则只涉及其中的某些步骤。

表 6-2 购买情境(购买类别)与主要购买步骤

购买步骤	新购买	修正购买	直接购买
1. 问题确认	是	可能	否
2. 一般需要描述	是	可能	否
3. 产品规格	是	是	是
4. 供应商搜寻	是	可能	否
5. 报价征求	是	可能	否
6. 供应商选择	是	可能	否
7. 签订订购合约	是	可能	否
8. 绩效评估	是	是	是

一、问题确认

购买过程始于企业内有人认识到某个问题可能需要取得某一产品或服务才能获得解决。问题的确认可由企业内部或外部刺激而引发。从内部刺激来说,最常引发问题确认的事件如下:

① 企业决定开发一种新产品,需要新设备与材料来生产该产品。
② 机器故障,需要更换或换装新零件。
③ 已购材料不适用,企业决定另找供应商。
④ 采购经理发现有获得较低价格或较佳品质的机会。

外部刺激会更多,如购买者在展览会中获得新构想,或看到广告,或接到推销员来电话说可以提供较佳的产品或较低的价格。所以,工业品营销人员可利用广告、拜访等方式来引发潜在客户的问题确认。

二、一般需要描述

确认某种需要之后,购买者将确定所需产品的特性及需要的数量。就标准产品而言,这项工作并不难。但就复杂的产品而言,购买者将与他人(如工程师、使用者等)共同来确定产品的一般特性,设定可靠度、耐用性、价格及其他产品属性的重要性。营销人员可以在此阶段协助购买者,向其提供各种参考的标准。

三、产品规格

购买者接着要明确该项产品的技术规格,这项工作可委托产品价值分析(Product-Value Analysis,PVA)工程小组来负责。产品价值分析是指通过对产品属性的审慎研究来决定是重新设计还是标准化,或以较低成本的生产方法来制造。通过产品价值分析可以找到降低成本的方法。产品价值分析工程小组将检视产品中那些成本高的部件,同时也要找出设计过度的产品零件,以防止零件的寿命超过产品寿命的情况出现,最终确定最合适的产品特性,出具严谨的书面分析报告,使购买者在采购产品时有可依据的标准。

供应商也可使用产品价值分析作为定位的工具,以争取客户。通过早介入及影响购买者确定产品规格,供应商可以争取更大的被选中的概率。

四、供应商搜寻

在此步骤,购买者会通过各种途径去找寻最合适的供应商,如查询工商名录、利用互联网搜索、请其他企业推荐、注意商业广告以及参加展览会等。这时,供应商的工作是要把自己的名字列在主要的名录中,开发有力的广告及促销方案,并在市场上建立良好的信誉。对初审合格的供应商,购买者可能会去考察他们的制造设施,与他们的技术人员沟通,等等。最后,购买者会列出一份合格的供应商名单。

五、报价征求

在此步骤,购买者将邀请合格的供应商提出报价。有些供应商可能只寄来一份目录或派一位销售代表与购买者接洽。当产品较复杂或较昂贵时,购买者将要求供应商提供详细的书面报价,并根据书面报价剔除一些供应商,然后要求余下的供应商作正式的简报。

因此,营销人员在研究、撰写及陈述报价等方面都必须要有技巧。营销人员提出的报价单应该是营销性文件,而非仅是技术性文件。另外,在做口头简报时,营销人员应着力展现企业的能力及资源,让购买者信服。

六、供应商选择

在此步骤,采购中心将列出供应商的属性及各属性的相对重要性。采购中心将根据这些属性来对比入选的供应商,以便找出最具价值的供应商。

采购中心可能会在最后选择之前与其所中意的供应商谈判,希望能够取得优惠的价格和更好的交易条件。营销人员会在许多方面受到要求降低价格的压力,这时营销人员可强调购买者所收到的服务的价值,特别是那些优于竞争者的服务。例如,营销人员可以向购买者说明使用其产品的"生命周期成本"低于竞争者,即使价格较高也划算。

采购中心也必须决定要选用多少家供应商。许多购买者喜欢面对多家供应商,以免过分依赖某一家,而且这样也便于比较各供应商的价格与绩效。购买者通常会将大部分订单交给一家供应商,而把剩下的订单交给其他的供应商。例如,某家公司向主要的供应商购买60%的商品,而另外30%与10%的商品则分别向另外两家供应商购买。在这种情况下,主要供应商将会努力保护其主要的地位,而次要供应商则将设法扩大其供应占有率。同时,落选的供应商亦将设法以更低的价格争得一席之地,然后再努力扩充其占有率。

七、签订订购合约

在此步骤,购买者要和选中的供应商洽谈订单事宜,包括产品的技术性规格、所需数量、预期交货时间、退货政策、保证等条件。对于维护、修理与营运项目,购买者逐渐采用"一揽子合约"(Blanket Contracts)的方式,而不是"周期性的采购订单"。一揽子合约是指购买者和供应商建立一种长期的关系,供应商承诺在一段特定时间内按协议的价格和条件向购买者提供所需数量的货物或服务,这样可以避免按期重复签约的麻烦。而且,在这种情况下,存货由供应商持有,因此一揽子合约又有"零库存采购计划"之称。当需要货物时,购买者的管理系统会自动发送订单给供应商。

八、绩效评估

最后,购买者将考核特定供应商的绩效。一般可采用以下三种考核方法:① 购买者要求使用者做评估;② 购买者采用加权点数法,根据若干评估标准来评估供应商;③ 购买者也可累计绩效不佳成本来调整采购成本(包括价格)。绩效评估的结果可能导致购买者继续、修正或中止与某位供应商的关系。供应商应注意购买者与使用者所使用的评估标准。

6.4 影响工业品购买决策的因素

工业品购买者的购买决策受许多因素的影响。许多营销人员认为最重要的影响因素是经济利益,他们认为工业品购买者偏好那些价格低、品质好或服务佳的供应商,所以应提供给工业品购买者足够的经济利益。但事实上,工业品购买者在做购买决策时,除了考虑经济因素之外,往往也会考虑一些非经济因素。例如,为了引起别人的重视,或为了避免风险,工业品购买者有时会做出不符合经济效益的采购决策。工业品购买人员同样有其人性的一些特点,他们也会凭某种感情和印象来做决策,向那些关系较亲密或较尊重自己的供应商采购,而不考虑那些在询价时反馈较慢的供应商。因此,营销人员应注意组织购买情境中的人性因素与社会因素。

工业品购买人员对于经济因素和非经济因素都会有所反应。如果各供应商所提供的条件大致相同,购买人员就无法完全从理性的角度去做选择,不论他选择哪家供应商都能符合组织的目标,此时他自然就考虑人际关系了。相反,当不同供应商的产品差异很大时,购买人员就会更加注意经济因素。

一般而言,影响工业品购买决策的因素可分为四大类,包括环境因素、组织因素、人际因素和个人因素(如表6-3所示)。

表6-3 影响工业品购买决策的因素

环境因素	组织因素	人际因素	个人因素
经济环境	目标	地位	年龄
科技环境	政策	权威	收入
政治环境	作业程序	权力关系	教育水平
竞争环境	组织结构	群体关系	工作职位
文化环境			人格

一、环境因素

影响工业品购买决策的环境因素包括经济环境、科技环境、政治环境、竞争环境、文化环境等,环境因素的变动常会带来新的购买机会和威胁。

工业品购买者深受目前与预期未来经济环境的影响,如主要需求水平、预期的经济增长、资金成本等。经济不确定性的提高常导致工业品购买者暂停进行厂房设备的新投资,降低库存,在这种情况下营销人员很难刺激销售。对于稀有的原材料,工业用户通常会储存较多的存货以免缺货,甚至会与供应商签订长期契约以保障其供应来源。

工业品购买者也受科技、政治和竞争、文化环境等环境因素的影响,在国际营销中尤其如此。营销人员应随时注意这些环境因素的变动对工业品购买者的影响,才有可能抓住环境变动带来的机会,也才有可能将环境变动带来的威胁转变为机会。

二、组织因素

每个工业品购买中心都有其目标、政策、操作程序和组织结构。这些组织因素对购买中心的购买决策常会有很大的影响,营销人员应尽可能去了解这些组织因素,诸如:① 购买中心的管理层级有多少?② 有多少人参与购买决策?是哪些人?③ 购买中心成员间的互动程度如何?④ 购买中心的选择或评估标准是什么?⑤ 购买中心的具体购买政策是怎样的?对购买者有哪些限制?

三、人际因素

人际因素是指购买中心成员间的关系。购买中心通常有许多位成员,他们的地位、权威和彼此间的权力关系与群体关系各有不同,彼此互相影响,营销人员应尽可能去了解购买中心在购买过程中的实际运作方式。职位高的成员并不一定有较大的人际影响力。

购买中心的人际因素往往很微妙,如果营销人员能了解购买中心在购买决策过程中所涉及的人际因素,对营销决策将会很有意义。

四、个人因素

个人因素是指购买中心成员的个人特征,包括年龄、收入、教育水平、工作职位和人格等。每个参与组织购买决策的人在购买决策过程中,难免会掺杂个人的动机与偏好。不同的购买人员常有不同的购买形态,例如有的购买人员通常在选择供应商之前会做较深入的分析;有的购买人员喜欢让供应商互相杀价;有的购买人员则只要供应商品质下降或无法准时交货,就断然采取惩罚行动。营销人员应了解这些个人因素的影响,根据不同购买人员的特征和偏好,采取适当的营销策略,在工业品市场中争取有利的竞争地位。

本章复习思考题：

1. 工业品市场的含义是什么？工业品市场的特性是怎样的？
2. 工业品购买决策的过程和类型是怎样的？
3. 影响工业品购买决策的因素有哪些？

第七章　营销定位

本章学习要点

1. 目标市场营销的步骤；
2. 市场细分的概念和变量；
3. 目标市场的概念、策略以及形成因素；
4. 营销定位的概念、方法和策略。

福特汽车公司只开发一种汽车的车型，希望用这种单一车型来满足所有购车的人。相反，通用汽车公司则开发出若干种车型，每一种车型都用来满足某一特定的顾客群体。通用汽车公司的这种策略使其成为美国最大的汽车厂商。在消费需求已经呈现在企业面前时，为了给顾客提供更有效的服务，提高企业在市场上的竞争力，营销人员有时须确定有效的细分市场（Segmenting），选择合适的目标市场（Target Market），并设计有感染力的营销定位（Marketing Positioning）。然而，当消费需求是被首次开发时，企业面对的是没有任何可借鉴的历史消费行为数据资料的市场环境，此时企业须通过营销定位策略寻求目标市场和激发市场需求。在企业营销管理活动中，尤其是消费品的营销管理中，营销定位战略是至关重要的，它对后续的营销组合 4P 策略起着统领性和指导性的作用，营销组合[①] 4P 策略执行着营销定位战略的意图，4P 策略与营销定位战略之间高度有机的协调及匹配称为整合营销。甚至可以说，营销定位的"P"和营销组合的"4P"联合构成的"5P"是消费品营销管理活动的主体内涵。

---

① 营销组合（Marketing Mix）是指市场需求或多或少在某种程度上受到所谓"营销变量"或"营销要素"的影响。

7.1 目标市场营销的演进与步骤

企业在从事营销活动时,不论营销的对象是消费品购买者还是工业品采购商,也不论是满足现有市场的顾客需求还是开发新产品的市场需求,都应该清楚其营销活动不可能涵盖市场中的全部购买者。因为购买者为数太多,分布太散,购买偏好又各有不同,因此不同的企业都只能在某一或某些细分市场中占据较佳的竞争地位,服务特定的顾客群体。换句话说,无论企业多么努力,它不可能让所有的购买者都满意,企业应选择能有效争取且具吸引力的一部分细分市场作为它的营销对象,这就是所谓的目标市场营销的理念。

一、目标市场营销的演进

企业通常不是一开始就奉行目标市场营销的理念和做法的。一般而言,企业的经营理念和运作方法大致经历以下四个阶段。

① 大量营销:企业只对一种产品作大量生产、大量分销及大量推广,以期"一网打尽"所有的消费者。例如,可口可乐公司一度只生产一种饮料供应整个市场,希望这一种饮料能成为人人喜爱的饮料。大量营销的优点在于企业可以最低的成本及价格,谋求最大的消费市场。

② 产品多样化营销:企业生产两种或两种以上的产品,各种产品都有不同的特性、式样、质量和型号等。例如,可口可乐公司后来生产不同分量和包装的冷饮,但是这样的多样化并非是为了吸引不同的细分市场,而是为了向消费者提供多样化的选择。采取产品多样化营销的依据是消费者有不同的嗜好,且嗜好随时在改变,消费者寻求多样和变化。

③ 目标市场营销:通过一定程序和方法,企业可以找出若干不同的细分市场,从中选定一个或数个细分市场,针对各细分市场的不同需要,设计出不同的产品及营销组合。例如,可口可乐公司针对加糖可乐的细分市场、减肥饮料的细分市场、无咖啡因饮料的细分市场和非可乐的细分市场设计出不同的饮料。

④ 定制化营销:也称个人化营销或个性化营销,是指企业针对单独的消费者或客户设计独特的营销组合。在人类进入信息时代以后,随着科学技术的发展,营销人员已经能够精确地掌握单个消费者的需求状况、需求特性和以往的消费行为数据。例如,支付宝、微信支付、POS系统等电子支付系统的推广普及,使得消费者的数据库更齐全,通过对消费者数据库的分析,营销人员可以较为全面地掌握消费者的消费偏好和购买习性,因此定制化营销亦称数据库营销(Database Marketing)。另外,现代的生产技术与运作方式也使制造商在某些行业或某些产品上能够生产出符合单个消费者需求的产品。

对大多数消费品来讲,定制化营销在现阶段尚处于萌芽和起步阶段,它的进一步发展需要科学技术水平的进一步提高相配合。而对大多数工业品和服务来讲,定制化营销的发展已有一段时期了。目前来看,定制化营销更适合于工业品和服务。

在产品丰富的现代社会中,竞争激烈,大量营销愈来愈难进行,大部分市场正遭受"反大量化"(De-Massification)的冲击。例如,自 20 世纪 90 年代以来,我国的电视观众已不再满足于只看几个无线电视频道,他们喜欢新闻频道、电影频道、音乐频道、文艺频道、少儿频道、体育频道、财经频道、教育频道、生活频道、购物频道、卡通频道等,并可以自由地选择。

目前,在美国等国家,实行大量营销、产品差异营销、目标市场营销和定制化营销的企业都存在,但是越来越多的企业由实行大量营销、产品差异营销转向实行目标市场营销和定制化营销。通过目标市场营销和定制化营销,企业可以针对特定目标市场的需要开发适当的产品,制定合适的价格、渠道和推广策略,能更有效地打入目标市场。在目标市场营销策略下,企业不是用散弹枪的方式,而是用机关枪的方式,集中营销力量来争取和服务特定的消费者群体,而定制化营销更是针对单个消费者的需求确定具有其个性的营销方案。

二、目标市场营销的步骤

目标市场营销主要包括以下三个步骤(如图 7-1 所示)。

① 市场细分。第一个步骤是将一个异质性的市场划分为若干个比较同质性的市场。

② 目标市场的选择。第二个步骤是评估各细分市场的吸引力,并选定一个或数个细分市场作为营销的主要对象。

③ 营销定位。第三个步骤是为每一个目标市场设计出具有"诱惑力"的定位并制定详细的营销组合策略。

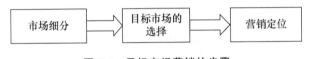

图 7-1 目标市场营销的步骤

7.2 市场细分

市场是由消费者构成的,而消费者在某些方面可能彼此各有不同。不同的消费者可能有不同的需求、不同的资源、不同的购买态度或不同的购买利益。这许许多多的差异,都可以作为市场细分的依据。

所谓市场细分,就是根据消费者明显的不同特征把总体市场划分为若干个次级消费者群体,每个次级消费者群体便是一个细分市场,每个细分市场的消费者对产品具有相似的认知与评价,购买行为相仿,使用行为相近。不同细分市场之间的消费者行为具有明显差异性。

市场细分策略具有客观的依据,因而是科学的。

首先,消费者的需求客观上存在差异性。由于人们所处的地理环境、社会环境不同,所接受的教育、思想熏陶不同,自身所特有的心理素质、价值观念不同,因而他们对商品和服务的品种、价格、款式、规格、色彩,以及购买时间和购买地点的要求都会有所不同。

其次，消费者的需求客观上存在着相似性。在一定的地理环境和社会环境下，总有一些人具有相似的心理特征和价值观念，因此市场上总有一些人对商品和服务的品种、价格、款式，甚至在购买时间和购买地点上都表现出大致相同的偏好。

消费者的需求差异是绝对的，就跟世界上没有两片完全相同的叶子一样，世界上也没有两个完全相同的消费者。消费者需求的差异为市场细分提供了可能。然而，消费者需求差异不是市场细分的全部依据，因为在大多数情况下，企业不可能一个一个地面对消费者。消费者需求的相似性是相对的，即这种相似只是大体的相似，但这种相对的相似使市场细分从可能变为现实。正是需求上的相似性使消费者在市场上聚合成一个个不同的群体。这样也使得市场细分不仅是一个总体市场分割的过程，而且是一个同类需求的消费者集聚的过程。

一、 消费品市场细分的变量

在进行市场细分时，最重要的工作是寻找市场细分的变量。市场细分的方式并没有一套最佳的模式，无法用一种标准来细分市场，因此必须试着运用不同的变量，单独或组合起来作为市场细分的变量，以便能将某一总体市场做有效的细分。经常用来细分消费品市场的变量有地理变量、人口统计变量、心理变量和行为变量等四类。

1. 地理变量

地理变量细分是指根据市场的地理位置来细分市场。例如，从事国际市场营销的企业可以将全球市场细分为北美市场、东北亚市场、东南亚市场、西欧市场、中南美市场、非洲市场等；以中国为主要市场的企业可将市场细分为华北、西北、西南、华中、华南和华东市场。

企业也常根据市场的人口密度或都市化程度将市场细分为都市、市郊和乡村市场。

2. 人口统计变量

人口统计变量细分是指以各项人口统计变量为基础，将市场细分为若干部分。人口统计变量包括年龄、性别、家庭大小、家庭生命周期、收入、职业、教育、宗教、种族及国籍等。

人口统计变量是细分消费者群体最常用的变量。因为消费者的欲望、心理与行为常与人口统计变量高度相关，而且人口统计变量通常较其他变量更容易对消费者的特点进行衡量。即使市场并非根据人口统计变量来细分，最后也要与人口特性相关联，才能够掌握目标市场的大小，设计有效的营销策略。下面举例说明年龄、性别和收入这三个常用的人口统计变量在市场细分中的应用。

（1）年龄。

消费者对产品的需求及其购买能力常因年龄而有所不同，因此年龄常常是一个重要的市场细分变量。例如，年轻人是自行车的主要消费市场，自行车公司为争取年轻人的市场，在产品外形设计、产品命名上都有年轻化的趋势，如产品外形讲求流线型设计，色彩鲜艳，命名新潮等，都是为了迎合年轻人的需求。

又如，通用食品公司曾以宠物狗年龄作为细分变量来设计其产品——宠物狗罐头。宠物狗对食物的需求因年龄而不同，因此通用食品公司设计了四种狗食罐头：Cycle1 是给小狗吃的，Cycle2 是给成年狗吃的，Cycle3 是为体重过重的狗设计的，Cycle4 是为较老的狗设计的。通用食品公司通过这种年龄细分策略而获得了较大的市场占有率。

(2) 性别。

男女在购买动机和行为上常有很大的差异,因此性别也是很重要的细分变量。例如,对服饰、化妆品、杂志等产品进行市场细分时常要考虑性别因素。在传统的汽车市场和香烟市场上,男性常被视为主要的销售对象,但随着社会的发展,市场上开始出现以女性为主要销售对象的香烟品牌。

(3) 收入。

对汽车、住宅、服饰、化妆品、旅游等产品和服务而言,收入是一个重要的市场细分变量。以汽车为例,有针对高收入家庭的,如奔驰 GLS 等;也有针对一般中上收入家庭的,如帕萨特等;还有对中等左右收入家庭的,如捷达等。

3. 心理变量

心理变量包括社会阶层、生活形态及人格特征等。以生活形态为例,根据新生代市场监测机构发布的 2000 年中国内地城市青少年生活方式相关信息,城市青少年生活方式可以划分为如下五种类型:追求时尚型、现代科技型、学习为主型、娇生惯养型和性格孤僻型等。营销人员可据此细分青少年市场。

4. 行为变量

行为变量包括使用场合、追求的利益、使用率、品牌忠诚度、对产品的态度等。以下举例说明使用场合、追求的利益、使用率这三个常用的行为变数在市场细分上的应用。

(1) 使用场合。

消费者在哪些场合形成需要并购买或使用某一产品,那么这些场合就可作为市场细分的变量。例如,根据使用场合,对旅馆的需求可划分为商务、度假或家庭旅行等。例如,进行商务旅行的消费者讲究交通方便,对价格不太敏感;进行家庭旅行的消费者则希望住宿空间要大,服务要好,同时对价格也较敏感。旅馆经营者可针对不同的使用场合策划其营销方案,以吸引消费者。此外,经营糖果、鲜花、礼品等产品的商家,常利用一些特殊的节日(如春节、中秋节、母亲节、父亲节、情人节等)推广其产品,刺激需求,也是用场合作为市场细分变量的应用。

(2) 追求的利益。

虽然是同样的产品,但是不同的消费者对产品所期望的利益并不一定相同,因此商家可以消费者追求的利益作为变量来细分市场。例如,同样是购买手表,有人因为价格低廉而购买(第一个细分市场),有人因为经久耐用及较佳的品质而购买(第二个细分市场),也有人是为了显示自己的身份而购买(第三个细分市场)。有些名表厂商为了争取第三个细分市场,于是推出了高价的手表,强调声誉与款式,如劳力士表、江诗丹顿表等。

(3) 使用率。

根据产品的使用频率可将消费者细分为轻度使用者、中度使用者和大量使用者。其中大量使用者的人数虽然不多,但是占全部消费量的百分比可能相当大。不同使用频率的消费者在人口统计变量、心理变量或媒体使用习惯上可能有所不同;同时,由于使用频率不同,对产品的需求和价格敏感程度也有所不同。企业可以使用率作为细分变量,依据消费者的差异设计不同的营销策略。例如,10~12 包装卫生纸、家庭用大罐装可口可乐等都是以容量大、价格低的诉求来吸引大量使用者。

二、工业品市场细分的变量

工业品营销人员可依据地理位置、组织类型、组织规模和产品用途等来细分工业品市场。

1. 地理位置

工业品市场对产品的需求会依地理位置的不同而不同。例如,某些木材的生产者将其市场根据地区进行划分,因为其顾客的需求因地区而异。

2. 组织类型

工业品营销人员也可以根据组织类型将其市场进行细分。不同的组织类型通常需要不同的产品特色、分销系统、价格结构和销售策略。商家可采取集中策略,以一种营销组合集中针对某一单一细分市场进行营销;或采取多市场细分策略,以不同的营销组合来争取若干顾客群体。例如,一家地毯制造厂可能将潜在顾客细分成若干群体,如汽车制造厂、公寓住宅区开发公司、地毯批发商和大型地毯零售商等。

3. 组织规模

组织的规模会影响它的采购程序和它需要的产品类型与数量,因此组织规模是工业品营销人员细分工业品市场的一个有效变量。针对特定规模的市场,营销人员可能有必要调整其营销组合。例如,对大量采购的顾客有时可给予折扣;对较大规模的工业品购买者,营销人员通常也必须加强人员推销工作。由于较大和较小规模的购买者的需求往往有很大的不同,营销人员通常要采取不同的营销策略来争取不同规模的顾客群体。

4. 产品用途

某些产品,特别是像钢铁、石油、塑胶和木材等基本的原料,有多种用途。组织使用产品的方式会影响其采购产品的类别和数量,也会影响其采购方法。例如,计算机可用于工程设计、基本的科学研究和企业管理,由于组织对计算机硬件和软件的需要依计算机的用途而定,因此计算机制造商可根据计算机的用途来细分计算机市场。

三、市场细分的条件

市场细分有多种不同的细分方法,但并非所有的细分都是有效的。细分市场必须具备以下的特性,这个市场细分才可能是有效的。

(1) 可衡量性。

细分后的市场的大小、购买力和一般特征应能加以衡量。某些细分变量难以衡量。例如,在美国有很多人是左撇子,但极少产品是针对左撇子的市场,主要问题可能是这个细分市场难以认定和衡量,人口普查部门和民间调查公司都没有调查左撇子的资料。

(2) 可进入性。

对细分后的市场,企业应能有效地接触和提供服务。例如,某一香水公司发现其消费者中很多是喜爱夜生活的单身男女,但是除非这个群体居住在某特定地区或经常在某些地方购物,并特别注意某些传媒,否则这家香水公司就很难接触并进入此细分市场。

(3) 足量性。

细分市场要足够大或有利可图。一个细分市场应该是一个足够大的同质性群体,值得营销人员制订具有针对性的营销方案并向他们提供产品和服务。

(4) 可行动性。

要能够设计有效的方案去吸引和服务细分市场。例如,一家小航空公司虽然找出七个细分市场,但由于其员工人数太少,无法为每一个细分市场设计出有针对性的营销方案。

7.3 目标市场的选择

目标市场选择是指企业在市场细分之后,应评估各细分市场的潜力,再根据自身的条件和经营目标,选择特定细分市场作为服务的对象。目标市场营销是指在实施市场细分之后,企业选择一个或若干个细分市场,并为其设计、实施、维持营销组合策略,以满足这个或这些细分市场上消费者群体的需求,最终实现相互满意的交换。

一般而言,选择目标市场时应遵循以下原则:

① 对于企业所提供的产品或服务,目标市场应具有足够的潜在购买量。

② 目标市场的需求变化趋向应和企业的产品开发能力的演进方向一致,以便企业能随着市场需求或购买方向的变化而保持长期持续的经营能力。

③ 目标市场中竞争者的数量较少或是竞争激烈程度相对较弱,即在有足够的选择空间的情况下,尽量选择那些竞争强度弱的细分市场作为目标市场。

④ 企业有可利用的分销渠道或可以独自建立新分销渠道的现实条件。这样,企业的产品或服务才能进入或以较合理的成本进入目标市场。

⑤ 企业营销活动所需资源的取得相对比较容易,或企业可在行业的平均成本水平以下取得所需资源。否则,企业可能会由于无法"消化"高昂的营销成本而陷入经营困境。

一、目标市场营销策略

目标市场营销策略所考虑的是企业要服务多少个细分市场的问题。企业对所选择的一个或若干个目标细分市场,可采用的目标市场营销策略有三种,即无差异营销策略、差异营销策略和集中性营销策略(如图7-2所示)。

1. 无差异营销策略

无差异营销策略是指企业忽视不同细分市场的差异性,将整个市场视为一个同质性市场,提供单一的产品和服务。它强调的是消费者共同的需要,而非其差异性。企业只设计一种产品和一套营销组合方案,依靠大量的分销渠道与大量的广告,希望能吸引最大数量的消费者。采取无差异营销策略的一个例子是可口可乐公司:其拥有国际性专利,在很长的时期内不仅生产一种口味且一种瓶装的单一饮料,甚至连广告词也只有一种——"请喝可乐",希望能适合所有人的需要。

采取无差异营销策略最主要的优点在于成本的经济性。企业只生产单一产品,因而能使生产成本、存货成本、运输成本等降至最低,无差异的广告方案也能降低广告成本;由于无

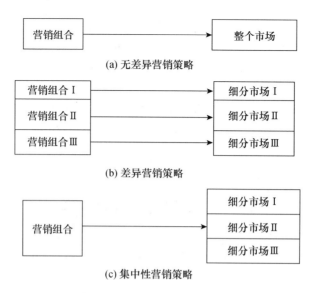

图 7-2 三种不同的目标市场营销策略

须做市场细分化的营销研究和规划,所以营销研究及产品管理的成本也得以降低,最终能实现以低价争取最广泛的消费者。

但是,由于不同消费者群体的需求往往有所不同,所以无差异营销策略其实只适合某一个最大的细分市场的需求而已。因此,如果同时有数家公司选择同样的策略,其结果将是加剧这个最大细分市场的竞争程度,而较小细分市场的需求则未能获得满足。美国的汽车企业曾经有一段时间都只生产大型轿车,造成大型轿车市场竞争激烈,但却忽略了对小型轿车有强烈需求的另一个细分市场,而使日本汽车企业生产的小型汽车有可乘之机。同时,无差异营销策略缺乏弹性,难以适应市场的频繁变化。

通常,当较大细分市场内的竞争日益激烈时,许多企业将转而追求其他较小的细分市场,不再继续采取无差异营销策略。

2. 差异营销策略

差异营销策略是指企业根据消费者需求的异质性,在两个或两个以上的细分市场内经营,分别为不同的细分市场开发不同的产品和设计不同的营销方案。例如,通用汽车公司曾提出"为每一个钱包、目的和人格分别生产一种汽车"的口号。采取差异营销策略的企业希望能通过不同的产品和不同的营销方案来实现更高的销售额,并在每一细分市场中占据更有利的地位。企业期望能在每一个细分市场上均占有举足轻重的地位,因而强化消费者对企业所有产品的认同,最终获得消费者更多的重复购买。

差异营销策略是企业目前普遍采用的策略。前述的美国可口可乐公司后来也采用了这一策略。他们现在不仅继续生产销售可口可乐,还针对不喜欢可乐型饮料的消费者推出了芬达、雪碧等各种口味的饮料。产品包装不仅有玻璃瓶装,还有塑料瓶装以及罐装;不仅有小瓶装,而且还有大瓶装,甚至还推出水壶式的包装以迎合儿童的需要。

差异营销策略具有明显的优点:① 因为面对多个细分市场,企业经营多样产品,适应能力和应变能力提高,从而大大降低了经营风险;② 由于企业能较好地满足消费者不同的需求,这就有利于对市场的发掘,通常能比采取无差异营销策略创造更高的销售额。不过,采取差异营销策略的企业由于目标市场多,经营的产品品种多,往往会导致成本增加,例如产品改进成本、生产成本、存货成本、管理成本、销售成本等都可能会相应提高。同时,实施差异营销策略还可能会导致企业经营注意力的分散,使其顾此失彼。

3．集中性营销策略

当企业的资源有限时,可考虑采取第三种策略——集中性营销策略(又称密集性营销策略)。企业与其在一个大的细分市场中追求较小的占有率,不如选定某一个或几个较小的细分市场作为目标市场,制订一套营销方案,集中力量在这个或这些较小细分市场中追求较高的占有率。

集中性营销策略有许多优点：① 企业对少数几个甚至一个细分市场进行"精工细作",对这些或这个细分市场的需求有较深入的认识,更能建立特殊的声誉;且由于生产、分销及推广的专业化,企业能享受许多经营上的规模经济性;只要目标市场选择适当,常能获得较高的投资报酬率。② 目标市场少,可以使企业的特点与市场的特征尽可能达到一致,从而有利于将企业自身的特点与目标市场需求充分结合。③ 企业将资源集中于较少的市场范围,可以达到积聚力量与竞争对手抗衡的目的。

但是,采取集中性营销策略的风险也较高。企业所选定的目标市场可能一夜之间发生变化,或者突然出现一家新的竞争对手打进同一细分市场,企业可能会因为缺少回旋余地而遭受严重损失。正是由于存在这些原因,许多企业宁愿采取差异营销策略,在几个细分市场中作多样性的投资,以分散风险。

二、选择目标市场营销策略的考虑因素

前述三种目标市场营销策略各有其适用的状况,企业在选择时需考虑自身的资源、产品的差异性、产品的市场生命周期阶段、市场的差异性和竞争者的营销策略等因素。

1．自身的资源

当企业的资源有限时,采取集中性营销策略较具意义。采取集中性营销策略的企业可集中有限的力量在单一目标市场上,以取得竞争优势。如果企业本身具有大规模的单一生产线,拥有广泛的分销渠道,产品标准化程度高、内在质量好、品牌商誉高,则可以采用无差异营销策略。如果企业的资源雄厚,则可根据资源情况采用差异营销策略,同时针对两个或两个以上的目标市场进行有针对性的营销。

2．产品的差异性

对于需求弹性比较小的初级产品,同质性比较大的加工产品,如农副产品、钢材、石油,企业可以采用无差异营销策略。对于一些虽然事实上存在品质差异,但多数消费者并不了解或无必要加以区分的产品,如食糖、食盐、建筑用沙石等,企业也可以采用无差异营销策略。对于一些需求弹性比较大,尤其是一些产品差异比较大的选购品,异质性较大的产品,如汽车等,企业宜采用差异营销策略或集中性营销策略。

3．产品的市场生命周期阶段

当企业推出一种新产品时,一方面,由于产品在市场上处于产品市场生命周期的投入期,企业面临的主要问题是开发初始的产品需求,而不是产品差异的选择性需求,这时只要推出一种式样即可;另一方面,企业难以一下子推出多种产品,而且由于消费者初步接触此种产品,对其不甚了解,这部分消费需求还停留在较浅的层次,因此采取无差异营销策略或

集中性营销策略对企业来说是最适当的选择。但如果产品已处于市场生命周期的成熟期,产品已经定型,消费者也已经成熟,其需求向深层次多样化发展,同时市场竞争也十分剧烈,这时企业宜采取差异营销策略或集中性营销策略(有关产品市场生命周期的概念请参照本书第九章)。

4. 市场的差异性

如果大多数消费者的需求和偏好比较接近,而且每个时期内购买商品的数量变化不大,对营销刺激的反应不明显,对企业的营销努力也均有相同的反应,在这种情况下企业宜采取无差异营销策略。如果市场内各个消费群体差异比较大,则企业宜采取差异营销策略或集中性营销策略。

5. 竞争者的营销策略

一般而言,在市场竞争中可供企业采取的竞争策略大致有两种:针锋相对或避实就虚。若竞争对手采取差异营销策略或集中性营销策略,企业如果此时仍采取无差异营销策略,则很有可能在竞争中失败。反之,竞争对手若采取无差异营销策略,则企业既可以采用无差异营销策略,与竞争对手在相同的市场上抢地盘、争份额;也可以采用差异营销策略或集中性营销策略,向市场的深度进军,在更高的层次上满足消费者的需求。

7.4 营销定位

一、营销定位的概念

在战略性营销规划中,一方面针对现有消费需求的满足和争夺,企业在确定目标市场之后,接下来的一项重要决策就是在目标市场上为自己的产品设计营销定位策略;另一方面,针对隐形消费需求的激发和创造,企业需要为自己的产品精心设计富有想象力的营销定位策略,以探求和开发目标市场。

在消费品营销活动中,营销定位策略显得格外重要。从某种意义上讲,营销定位是消费品营销策略的神经中枢和灵魂。其目的是打动和抓住目标消费者的心,唤起、激发目标消费者强烈的购买欲望和激情,让目标消费者牢牢记住企业产品的诉求并树立对企业品牌的积极情感,建立目标消费者人群的心智壁垒,有效地将企业产品与竞争对手的产品区别开来。

定位理论的创始人里斯和特劳特认为:定位要从一个产品开始。那产品也许是一种商品、一项服务、一个机构,甚至是一个人,也许就是你自己。但是,定位不是你对产品要做的事。换句话讲,你要在预期消费者头脑里给产品定位。菲利普·科特勒认为:定位就是对企业的产品和形象进行设计,从而使其能在目标消费者心中占有一个独特位置的行动。

所谓营销定位,是指为了在市场上塑造企业或产品某种特色的形象,在消费者心目中占据一定的位置,争取目标消费者认同的活动。企业通过营销定位向目标市场说明将要为消费者提供什么样的独特利益,以使目标消费者理解和正确认识企业有别于其竞争者的符号象征和概念象征。所以,营销定位就是企业对其产品或服务进行策划和设计,使其在目标市场的消费者心目中占据一个与众不同的、独特的、有价值的位置。

现实中,消费者对企业产品的心理感知和认知是多维度的。企业对产品进行营销定位时不能单一化,需要从多个角度设计定位的构成要素。这样一来,我们可以把营销定位看作是企业为其产品在目标市场的消费者心目中建立一种有价值的心理图像的行动。这种心理图像是由多个因素构成的,包括理性因素和感性因素。例如,上海通用汽车公司对 2006 年上市的 LaCROSSE 君越汽车的定位设计是:在理性方面,动感洗练的创新设计,高效节能动力,豪华先进配备,全球领先科技平台;在感性方面,激情超越加上完美的驾乘体验。又如,中国消费者认为麦当劳是快餐、针对年轻人或儿童的、对抗肯德基快餐并与中式快餐相抗衡……显然,某一产品在消费者心中的形象不是单一的维度,而是丰富多彩的多面体。某一产品或服务市场定位选用何种及多少个理性因素和感性因素取决于营销管理人员对目标消费者需求的理解程度。一般来讲,依据产品或服务的复杂程度或消费者的投入度选取 3~8 个因素是比较恰当的。在此基础上,企业还要提炼出一种价值主张,这种价值主张是要向目标消费者说明某种无法抗拒的购买其产品或服务的理由,如"味道好极了"(雀巢咖啡)。

营销定位与产品构成要素有着密切关系。在消费品营销过程中,营销定位是通过企业为自己的产品创立鲜明的个性、清晰的诉求,从而在消费者心目中塑造鲜明或独特的市场形象来实现的。一项产品是多个要素的综合反映,包括性能、构造、成分、包装、色彩、形状、质量等,营销定位就是要强化或放大某个(某些)有意义的产品构成要素,从而既可以拨动消费者的心弦,引发消费者的情感共鸣,让消费者对企业的产品诉求和价值主张心驰神往,又可以创造出别具一格的独特市场形象,让消费者有耳目一新之感,使产品轻而易举地与竞争对手的产品有效地区分开来。因此,强化或放大产品构成要素是实现市场定位的基本手段。

值得注意的是,产品差异化也是产品定位的重要基础和手段之一。通过产品差异化,企业可以在目标消费者心中确定相对于竞争对手产品更具优势的产品定位,建立心智区隔,从而使本企业的产品或品牌胜出,赢得目标消费者的优先选择,以达到黏吸消费者的目的。但产品差异化并不能与营销定位活动完全等同起来。营销定位不仅强调产品差异,而且可以通过产品差异建立独特的、有价值乃至艺术化的市场形象,赢得消费者的认同、喜爱,为消费者创造卓越的消费价值。

营销定位概念提出以后,受到营销实践者们的广泛重视。处于激烈竞争中的企业愈来愈重视在消费品营销活动中设计规划营销定位策略,以达到扩大市场占有率的目的。总的来看,营销定位有利于建立企业及产品的市场特色,是参与现代市场竞争的有力武器。同时,营销定位策略是企业制定营销组合策略的前提和基础。一个清晰明确的营销定位策略能够确保营销计划各要素的一致性和相互支持。

成功的营销定位是企业取得良好市场业绩的关键,但是要取得成功的营销定位是很艰难的。一般来讲,制定营销定位策略时应关注以下四个因素。

(1) 清晰度。

企业一定要让消费者准确无误地认知企业的定位诉求,让目标消费者完整清晰地感知企业为其规划的心理图像,让目标消费者对企业提出的价值主张过目不忘。在现代紧张忙碌的社会中,复杂模糊的营销定位诉求难以让消费者记住。正因为如此,有学者提出定位要坚持"独特的销售主张"(Unique Selling Proposition, USP)或"第一"营销定位诉求。

(2) 一致性。

营销定位所阐述的诉求在一定的阶段内要始终一致,这样消费者才有可能记住些许相关信息。如果企业的营销定位诉求朝令夕改,消费者就不会记住信息或对信息印象不深。

(3) 可信度。

企业针对产品提出的各种营销定位诉求尤其是价值主张,一定要达到让目标消费者深信不疑的程度。当讲到本企业与竞争对手的差异能够给消费者带来什么好处时,一定要使消费者确信不疑,否则就会弄巧成拙,得不偿失。

(4) 吸引性。

企业所宣传的关于产品的各种利益点尤其是卖点一定要能打动消费者,对消费者具有吸引性。这种吸引性有时体现在企业能够为目标消费者提供竞争对手无法提供的有价值的利益。

二、营销定位的方法

企业在进行营销定位或产品定位时,应先分析竞争对手在目标市场中的定位,了解竞争对手在知觉图(Perceptual Map)中的位置,然后再来决定自己的定位。

现以轿车为例说明产品定位的选择。假设目标市场的消费者主要注重轿车的两种属性——价格与造型。汽车公司针对这两种属性调查各竞争对手的轿车在潜在消费者心目中的地位,得出如图7-3所示的竞争品牌知觉图。图中 A 品牌为经济/新潮的轿车,B 品牌为中间型的轿车,C 品牌为经济/古典的轿车,D 品牌为豪华/古典的轿车;圆圈的大小代表各品牌的销售额占市场同类产品总销售额的比例。

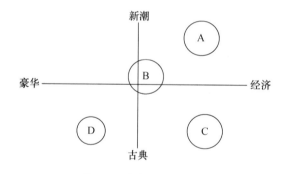

图 7-3 竞争品牌知觉图

了解竞争对手的位置后,该汽车公司接着要决定将本企业的产品定位于何处?它主要有两种选择:一种是定位在竞争对手产品附近,竭力争取市场占有率。假如:该公司可以制造出比竞争对手更优质的轿车,目标市场足够容纳两个竞争者并存,该公司的资源和实力比竞争对手强,所选的定位与公司的优势能相互配合的话,那么该公司便可作此选择。假如公司认为生产经济/新潮的轿车(与 A 品牌相竞争)可能有较多的潜在利润与较低的风险,则公司需对 A 品牌轿车加以研究,设法从产品的特色、款式、品质与价格等方面选择有利的竞争性定位。

另一种选择是生产目前市场上没有的轿车,如豪华/新潮的轿车。由于竞争对手尚未提供此类轿车,该公司若成功开发此类轿车,将能吸引有此需求的消费者。不过,在做此决定之前,该公司必须先确定:生产豪华/新潮的轿车,在技术上可行;在预期的售价水平内,生产豪华/新潮的轿车是经济可行的;有足够多的消费者欲购买此种轿车。如果该公司符合上述条件,则可以说它发现了市场上尚未被满足的需求空隙,该公司可考虑采取行动来填补此空隙。

企业确定其产品定位后，接下来便要研究制定详细的营销组合策略。如果企业决定采取高价位/高品质的定位，则产品的特色与品质就须胜人一筹，零售商的服务信誉要能赢得消费者的口碑，市场推广活动的声势要高，并要能吸引购买力强的消费者。

三、营销定位的策略

营销定位的理念应该与消费者的价值偏好相联系。这一理念可以是功能性的、象征性的或体验性的。功能性理念用来定位满足来自外部消费需求的、解决与消费相关问题的产品，如佳洁士牙膏的防蛀牙；象征性理念与消费者的内部需求相关，如对自强、角色定位、群体关系或自我评价的需求，如劳力士手表就是一种高档品的象征性定位；体验性理念用来定位感觉愉快的、多种多样的或刺激认知的产品，如奔驰汽车就用了强调驾驶体验的体验性定位。

营销人员应依据产品的特色与优点、组织拥有的资源、目标市场的反应和竞争对手的定位等因素，选择有效的定位策略。常用的定位策略有以下几种。

1. 以产品差异定位

以产品差异定位，即根据企业产品拥有而竞争对手的产品没有的某些产品特色或特色的组合来定位。产品差异须是真正的差异，同时这种差异对消费者而言是有意义的。例如，某套房旅馆将其旅馆定位为以一般旅馆单一房间的价格提供有两个房间的套房，有两个房间的套房就是使该旅馆不同于其竞争对手的重要特色。

2. 以产品利益定位

以产品利益定位，即先找出对消费者有意义的一种产品属性或利益，然后根据此属性或利益来定位。例如，金宝汤公司（Campbell Soup）将其 Home Cookin 罐装汤定位为可立即食用、无防腐剂，此定位迎合两种需要——便利和健康。

3. 以产品使用者定位

以产品使用者定位，即明确指出目标市场。河北衡水老白干酿酒（集团）有限公司生产的衡水老白干在 1915 年荣获首届巴拿马太平洋万国博览会最高荣誉——Grand Prize（甲等大奖章），此酒始于汉代，知名于唐代，正式定名于明代，有着悠久的历史和耀眼的荣誉，其广告主题是"衡水老白干，喝出男人味"，显然定位于男性饮用的白酒。

4. 以产品用途定位

产品的用途也可提供定位的角度。例如，艾禾美公司（Arm & Hammer）数十年来持续将其烘烤用小苏打定位为冰箱除臭剂、牙膏替代品，还具有其他多种用途。

5. 以对抗竞争者定位

以对抗竞争者定位，即把自己和一知名的竞争对手相比较，并说明自己比竞争对手好，这也是进入潜在消费者心中的有效方法。在感冒药市场，美国的泰诺击败占领导地位的阿司匹林，也是采用这一定位策略。由于阿司匹林有潜在的引发肠胃微量出血的可能，泰诺就宣称"为了千千万万不宜使用阿司匹林的人们，请大家选用泰诺"[①]。泰诺感冒药成功地运用

---

① 吕巍，周颖.战略营销：谋局胜于夺势[M].北京：机械工业出版社，2007：125.

了对抗竞争者的定位策略,获得了巨大市场优势。不过,在应用对抗竞争者的定位策略时要注意所在国家和地区的相关法律要求或限制。

6. 以对抗整个产品类别定位

以对抗整个产品类别定位,即把企业的产品传递给目标市场的价值诉求与其他产品类别对立区别开来。在实践中,营销人员有时会发现他们在和整个产品类别相竞争,特别是当他们的产品可用来帮助消费者解决某一问题,而对此问题消费者仍习惯用其他产品类别来解决。例如,美国的七喜汽水以"非可乐"价值诉求吸引市场需求。

7. 以结合定位

以结合定位,即企业将自己的产品和其他实体相结合,希望那个实体的某些正面形象会转移到本企业产品身上。

四、重定位

营销定位确定之后,并非一成不变。如果市场环境或目标消费者偏好发生变化,致使原营销定位的价值基本丧失,此时营销人员必须为产品或组织本身进行重新定位(Repositioning),以改变产品或组织本身在消费者心目中的形象或地位。重新定位常常是扩大潜在市场的良好策略。

万宝路香烟的重新定位是著名的代表案例。万宝路刚推向市场时,是以女性作为目标市场的,它的口味也特意为女性消费者而设计:淡而柔和。它推出的价值主张是:像五月的天气一样温和。从产品的包装设计到广告宣传,万宝路都致力于目标消费者——女性烟民。然而,尽管当时美国吸烟人数年年都在上升,万宝路的销售业绩却始终平平。20世纪40年代初,莫里斯公司被迫停止生产万宝路香烟。后来,广告大师李奥贝纳为其做广告策划时决定沿用万宝路品牌名称,但要对其进行重新定位。他将万宝路重新定位为男子汉香烟,并将它与最具男子汉气概的西部牛仔形象联系起来,打动了所有喜爱、欣赏和追求这种气概的消费者。通过这一重新定位,万宝路树立了自由、野性与冒险的形象,在众多的香烟品牌中脱颖而出。

本章复习思考题:

1. 目标市场的含义是什么?目标市场营销的演进阶段是怎样的?
2. 市场细分的概念是什么?市场细分的变量有哪些?
3. 目标市场策略有哪些?
4. 营销定位的概念是什么?营销定位的方法有哪些?营销定位的策略有哪些?

第八章 产品策略

> **本章学习要点**
>
> 1. 产品的概念和层次;
> 2. 产品的分类、产品组合的分析方法、产品线分析方法;
> 3. 品牌的概念和类型;
> 4. 服务营销的概念和特性。

当你逛街逛累了,需要找一个清凉的地方休息和用餐时;当你要赶一场电影,需要很快地填饱肚子时;当你和朋友相约,需要找一个有显眼地标的地方见面用餐时……各种不同的理由都可能使你选择麦当劳。

从麦当劳的角度来看,它所销售的不仅仅是汉堡包、薯条和可乐等有形的实体产品,还包括一个干净舒适的用餐场所,一个能够快速供应食物和饮料的用餐场所,一个方便和朋友约见交谈的地点,甚至还是一种生活消费方式。

所以,产品是一个很复杂的概念,我们不能单纯地从实体角度去看待产品。实体产品只是一项媒介,帮助消费者满足需要,解决问题。

8.1 产品的意义

一本书、一辆汽车、一瓶饮料、一趟"新马泰"的旅游,都是单个的产品项目(Product Item),简称产品。产品可以这样定义:产品是提供给市场的任何可供欣赏、购买、使用或消费,以满足某种欲望或需要的东西。也可以这样定义:产品是一整套解决消费者存在的问题的方案。

从广义的角度看,产品不只是实体产品(如空调机、面包等),还包括服务(如美术展览、金融服务、理发等)、人物(如政治人物、演艺人员等)、地点(如广州、东京等)、组织(如消费者团体、环保团体、大学、慈善基金会等)和思想(如男女平等、禁烟禁毒、低碳生活等)。

一、产品的价值层级

产品不只是外观上的形式而已,更重要的是它带给消费者的消费价值。在这样的理解下,我们再认识产品的五个层次:核心产品、实体产品、期望产品、延伸产品和潜在产品(如图 8-1 所示)。每个层次都在为消费价值的增值做贡献,这五个层次构成了消费价值等级体。

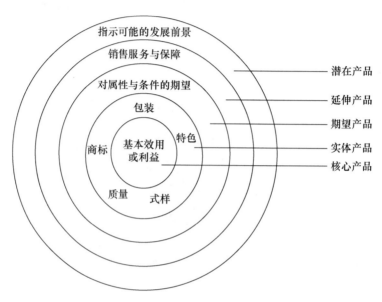

图 8-1　产品的五个层次

1. 核心产品

核心产品是指消费者购买产品真正所需要的效用和利益。核心产品是产品最基本的层次。有些企业以很明确的广告语标示出其核心产品。营销人员的任务是要挖掘隐藏在产品背后的真正需要。企业卖给消费者的是产品带给他们的利益,而不只是产品的功能或特色。例如,捷安特卖的是休闲和运动的器材、大孩子的玩具,而不只是自行车;永久牌、飞鸽牌自行车则是代步的工具。当然,由于对核心产品的界定不同,企业的营销策略(如广告、渠道设计等)也不相同。

2. 实体产品

产品设计人员必须把核心产品转变成一种有形的东西,以便卖给消费者,这个层次的产品称为实体产品,也称有形产品。实体产品是对某一需求的特定满足形式。产品的基本效用必须通过特定的形式才能实现,企业应努力寻求更加完善的外在形式以满足消费者的需求。实体产品一般包括五种特征:品质水准、功能特色、设计、品牌名称及包装。

3. 期望产品

期望产品是指消费者在购买该产品时期望得到的与产品密切相关的一整套属性和条件。旅馆的消费者在购买住宿商品时除了期望得到休息的场所之外,还期望得到清洁的床位、干净的浴巾、明亮的台灯、安静的环境等。因为大多数旅馆均能满足消费者这些期望,所以消费者在选择档次相同的旅馆时,一般不是根据哪家旅馆能提供期望产品,而是根据哪家旅馆附近的交通更方便而定。

4. 延伸产品

产品开发必须依据核心产品和实体产品为消费者提供附加的服务和利益,或满足消费者贪图额外或意外收获的需求,开发出一种延伸产品。戴尔公司成功的很大原因在于它能很有技巧地从实体产品身上发展出延伸产品,当其他电脑公司忙于向潜在消费者说明其产品的功能特色时,戴尔公司已注意到消费者要买的是解决问题的服务,而非电脑硬件。消费者需要电脑使用说明、软件程序、程序设计、快速服务以及使用保证等,因此国际商业机器公司(IBM)营销的重点放在整体信息系统上,而非只是实际产品的电脑硬件。

企业之间的竞争越来越激烈。不同的竞争产品可能在核心产品或实际产品的层次上都有相似的地方。但是如果能够设计出更切合消费者需要的延伸产品,正如 IBM 将营销重点放在整体信息系统而非有形的电脑硬件上一样,将有助于企业从激烈的竞争中脱颖而出。美国哈佛大学的李维特教授认为,新的竞争并不是企业生产出来的产品之间的竞争,而是企业在生产出来的产品上加入包装、服务、广告、顾客咨询、财务融资、运送安排、仓储和人们认为有价值的其他事物之间的竞争。能够开发出合适的延伸产品,将有助于企业取得市场上的竞争优势。

5. 潜在产品

潜在产品是指包括所有附加品在内的现有产品可能发展成为未来最终产品的潜在状态的产品。潜在产品概念指出了现有产品的可能的演变趋势和前景。

二、产品的美学价值

在消费品营销中,实体产品的美学价值对诱发消费者的购买欲望有着不容忽视的意义。愉悦的感官体验能创造一种让消费者无法抵御的吸引力。一个强有力的、以美学为基础的实体产品,其美学价值是赢得并留住顾客的起点。例如,美国企业家乔布斯参与设计的 iPhone 手机展示的是技术美学和器物美学的结合,赢得了很多消费者的喜爱。

8.2 产品的分类

在现代社会中,市场上销售的产品形形色色。由于产品的分类不同、特性不同,购买者的期望不同,企业所采取的营销策略也就有所差异。本节将介绍两种主要的产品分类方式。

一、耐久物、非耐久物与服务

产品可按其耐久性或有形性分为耐久物、非耐久物和服务三类。

1. 耐久物

耐久物是指有形的实体物品，通常可以多次使用，也可以使用一段时间，如冰箱、衣服、飞机、建材等都属耐久物。耐久物通常需要较多的售后服务、销售员推销等，利润往往也较高。例如，汽车由于使用时间长，消费者购买时对售后服务往往会有较多的要求，因此汽车经销商对于售后服务要多加注意。

2. 非耐久物

非耐久物也是有形的实体物品，它通常仅能使用一次或少数几次，如汽油、啤酒、办公文具等。非耐久物因为消耗快，购买较频繁，因此较适合采用多设销售网点、采用大量频繁的广告宣传等营销策略来吸引消费者试用和购买，以期能使消费者产生品牌偏好，出现重复性购买行为。

3. 服务

服务是可供出售的活动、利益或满足感，如理发、保险、汽车修理等。服务是非实体产品，它不可分割且易变化、易消逝。因此，提供服务的企业需要做好服务的质量管理，建立并维护企业的良好信誉。

二、消费品与工业品

根据消费者的购买目的，产品可分为消费品和工业品（如图 8-2 所示）。消费品是用来满足个人或家庭需要的产品或服务，工业品是组织或个体用来制造消费品、工业品或维持运营使用的商品或服务。

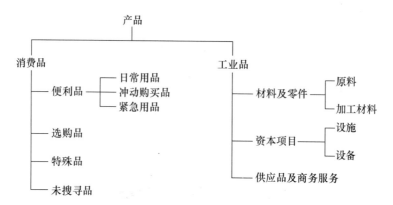

图 8-2 产品的分类：根据购买目的划分

消费品与工业品的区分是根据购买产品的目的而定的。如果张先生购买一部汽车是为了个人上下班和家人假日旅游之用，则这部汽车属于消费品；如果张先生是为了运货或载客之用而购买，则这部汽车就属于工业品。

1. 消费品的分类

消费者购买许许多多的产品，根据消费者的购物习惯对这些产品予以分类，对企业来说是一种有意义的分类方式，因为购物习惯对制定营销策略具有实际意义。根据消费者的购买习惯分类，消费品可分为便利品、选购品、特殊品和未搜寻品。

(1) 便利品。

便利品是指那些消费者频繁购买、随时购买且不曾花太多精力去比较选购的消费品，如香烟、肥皂、报纸、口香糖、卫生纸等。便利品还可细分为日常用品、冲动购买品和紧急用品。

① 日常用品是指消费者例行购买的便利品，如牙膏、洗衣粉、纸巾、牛奶等。品牌忠诚度是帮助消费者迅速选购日常用品的因素，例如张先生平常习惯购用"黑人"牌牙膏、"立白"牌洗衣粉、"清风""洁柔"牌纸巾等。

② 冲动购买品是指消费者事先未计划而临时想起购买的便利品。由于消费者未刻意去寻求这些冲动购买品，因此这类商品的销售地点要多且广，而且要摆在消费者容易见到的地方，并让消费者看到这类商品时能产生购买的欲望。例如，口香糖和棒棒糖通常放在商店收款台的旁边。

③ 紧急用品是指当消费者紧急需要时所购买的便利品，如下大雨时购买的雨伞。紧急用品的营销商也需要有较多的销售地点，以免消费者想购买时买不到。

(2) 选购品。

选购品是指消费者在选购时会在质量、价格与式样等方面经过一番比较以后才决定购买的产品，如家具、服装、汽车、家用电器和人寿保险等。选购品可分为同质品与异质品。

同质品是消费者觉得品质差异不大，但价格有差异，值得花点精力去选购的产品。假如各种品牌的洗衣机和烤面包机品质差不多时，消费者会先比较几种品牌的价格，然后购买价格最划算的品牌。

异质品是消费者觉得品质存在差异或未标准化的选购品。消费者在购买珠宝、住宅、家具或其他异质的产品时，产品的品质因素常远比价格来得重要。例如，一位女性消费者想要购买一件外出时穿的服装，对她来说，衣服的款式时不时兴、合不合身与好不好看可能比价格上的一些差异更重要。

(3) 特殊品。

特殊品是指具有特色或特定品牌的产品。某些消费者对这类特殊品有特殊偏好，愿意花费更多的时间和精力去购买。特定品牌及款式的装饰品、汽车、音响组合、摄影器材等均属特殊品。例如，对于那些只想要先锋牌音响的消费者而言，他们愿意到先锋牌音响专门店购买，这时先锋牌音响就是特殊品。有些律师有忠实的客户，他们所提供的服务也是一种特殊品。消费者购买特殊品时不会货比三家，他们愿意花时间去寻找销售此种特殊品的商店。

(4) 未搜寻品。

未搜寻品是消费者目前不知道或者虽然知道但尚无兴趣购买的产品。例如，消防器材等新产品在未做广告之前，消费者并不知道有这种产品，这就属未搜寻品。另外，消费者已经知道但尚未有兴趣去购买的产品也属未搜寻品，如律师提供的鉴定遗嘱服务等。营销商对未搜寻品通常需要投入较大的营销力量，包括广告和人员推销，以激发消费者的购买意愿。

便利品、选购品、特殊品和未搜寻品在消费者的购买习惯、价格、分销、营销传播等营销变量上的比较如表 8-1 所示。

表 8-1 消费品各营销变量的比较

营销变量	消费品的类型			
	便利品	选购品	特殊品	未搜寻品
消费者的购买习惯	经常购买,极少计划,极少费心比较选购,低投入	购买次数少,费心计划和选购,就各品牌的价格、质量、款式进行比较	强的品牌偏好和忠诚度,特别的购买努力,极少做品牌比较,价格敏感性低	产品知晓和认识程度低,或即使知晓也没什么兴趣(或负面的兴趣)
价格	低价	较高价格	高价	高低不一
分销	广泛的分销,便利的地点	选择性分销,零售店较少	独家分销,每个市场地区只有一家或少数零售店	方式不一
营销传播	由制造商做大量广告和推广	由制造商和中间商做广告和人员推销	由制造商和中间商针对慎重选择的市场进行推广	由制造商和中间商做攻击性广告和人员推销

2．工业品的分类

有效地将工业品加以分类有助于企业制定工业品市场的营销策略。但工业品不宜像消费品那样按照购买习惯分类,因为工业品购买者购买产品的方式和消费者购买消费品的方式并不相同。工业品通常可依其进入生产过程的方式以及它们的相对成本来加以划分,分为原料和加工材料及零件、资本项目、供应品及商务服务三类(如图 8-2 所示)。

(1) 原料和加工材料及零件。

原料和加工材料及零件是指完全成为产品一部分的物品。

① 原料包括农产品(如小麦、棉花、家畜、水果及蔬菜)和天然产品(如鱼、原木、原油和铁矿)两种,它们的营销方式不同。农产品由许多生产者供应,由中间商提供集散、分级、储藏、运送及销售等服务。农产品的生产量在短期内不可能增加,由于它们易腐且具季节性,所以在营销操作上有其特殊之处。农产品的商品特性也使得它们较少利用广告及促销活动。

天然产品的供应量非常有限,它们通常体积大、单价低,需要庞大的运输工具从生产者处运送至使用者处。天然产品的生产者较少,生产规模较大,生产者通常把产品直接卖给工业品用户。由于工业品用户依赖这些原料,因此一般都签订长期合约。天然产品具有同质性,无须太多创造需求的活动,价格和送货的可靠性是影响购买者选择的主要因素。

② 一般来说,加工材料及零件是指成分材料(如铁、纱、水泥、电线)和组合零件(如小马达、轮胎、铸件)。成分材料通常需要再进一步的加工,如纱织成布。成分材料相当标准化,所以价格和供应商的可靠性是购买时最重要的考虑因素。组合零件通常无须做进一步的加工,可直接用于产品制造中,如把轮胎装在汽车上。绝大多数的加工材料及零件是由生产者直接卖给工业客户,一般是提前下好订单,价格和服务是营销工作的主要考虑因素,品牌和广告不甚重要。

(2) 资本项目。

资本项目是指用于开发或管理制成品活动的固定资产,它分为设施和设备两类。

① 设施。

设施包括建筑物(如厂房、办公室)和固定设备(如发电机、钻床、电脑、电梯)。企业通常向生产者直接购买设施,在成交前买卖双方会有较长期的谈判和交涉,生产者的销售人员中常包括销售工程师。生产者必须按特殊规格设计产品,并提供售后服务。商品推广活动有时会用到广告,但人员推销显得更重要。

② 设备。

设备包括可移动的工厂设备及工具(如千斤顶)和办公设备(如复印机)。这些设备不会成为制成品的一部分,它们只是帮助完成生产作业流程,且寿命比设施短,但比一般材料长。虽然有些设备的生产者采取直接销售的方式,不过由于市场地区分散、客户多以及订单小等原因,通常都通过中间商销售。品质、功能、特色、价格和服务是顾客选购的主要考虑因素。商品推广活动中,人员推销仍然比广告重要,但是有时候有效地运用广告也能收到较好的效果。

(3) 供应品及商务服务。

供应品及商务服务是指用于开发或管理制成品活动的短期物品和服务。这里的供应品是指物料。

① 物料分为一般材料(如润滑油、煤)和维修材料(如油漆、钉子)。工业品中的物料就如同消费品中的便利品,使用者通常是直接重购,购买时不会花太多的精力。由于顾客数目多、地区分散及产品单价低,这类产品一般都通过中间商销售。因为物料一般是标准化的,购买者品牌偏好不高,所以价格和服务是其选购时的主要考虑因素。

② 商务服务包括维护、修理服务和商务咨询服务(如法律顾问、管理顾问、广告)。维护服务通常订有合约,由小公司包办;维修服务通常由原设备之制造厂商提供。商务咨询服务通常出现在新购买情境中,工业品客户会依据咨询服务提供者的名气及其拥有的人力资源水平来选择。

8.3 产品的品牌与包装

一、品牌的内涵

首先我们要了解几个与品牌命名有关的名词。

(1) 品牌。

品牌是产品的名称、术语、标志、符号、设计或者其某种组合,主要用以人们对一家企业或企业产品的识别,以便和竞争者有所区分。

(2) 品牌名称。

品牌名称是品牌中可以口头表达的一部分,包括字母、文字或数字。例如,奔驰、奥迪、海尔、联想、IBM、美的等都属于品牌名称。

(3) 品牌标志。

品牌标志是品牌中可以辨认但无法用口头表达的部分,包括符号、图案或明显的色彩或字体。例如,黑人牙膏中的黑人半身像、麦当劳的"金拱门"等都属于品牌标志。

(4) 商标。

商标是企业对其产品所使用的标志,一般由文字、图形或其组合构成。商标经国家商标管理部门核准注册,称为注册商标,注册人取得专用权,受到法律保护。商标可能是品牌的一部分,也可能是品牌的全部。

对品牌的解释,许多学者提出了不同看法,这里列举两种有代表性的观点。

第一种:品牌是一种可辨识的名称或符号(比如标识语、商标或者包装样式),用于辨别某一销售者或某群销售者的商品或服务,并使之与竞争者的商品和服务区别开来。因此,品牌就是一种让消费者了解相关产品来源的信号,它保护了消费者和产品制造者不受那些企图销售类似产品的竞争对手的干扰。

第二种:品牌是一种接触不到但却是一个组织拥有的至关重要的组成要素。它代表着与消费者的一种契约关系,传递出商品或服务所具有的质量和价值水平。消费者不可能与某种商品或服务一直保持联系,但却能够与某一品牌保持联系。

品牌是一种资产。品牌是一系列可靠的承诺。它意味着信任、始终如一和已明确的期望。品牌让消费者更加确信自己所做的购买决定是正确的。

现代意义上的品牌已远不是传统的区分符号的含义了。在当今的商业规则下,品牌是一种心理概念,是一种基于消费者内心的期待,由厂商通过产品表现而建立的稳定的符号象征;它在很大程度上可以说是消费者情感价值的转换替代符号。

二、 品牌的功能

产品最早有品牌的迹象是在中世纪,当时的同业组织要求工匠在他们的产品上打上标志,以保护商人和消费者,万一发现品质不良时,可以由此标记知道是哪个工匠制造的。在艺术品方面,一些名家或作者也会在他们自己的作品上签名,这也可算是品牌的雏形。

在现代商业社会,品牌的发展非常惊人,很少有产品没有品牌。例如,螺丝和螺帽以贴有分销商标签的玻璃纸包装,汽车的许多零件(如火星塞、轮胎、滤油器等)上也都可看到不同制造厂的品牌。但是,也有一些产品特意以无品牌的方式出售。例如,在国外某些百货公司出售的商品,在这些商品上看不到制造商的标记,其主要目的除了标新立异以吸引消费者的注意之外,还在于节省包装及广告费用,降低成本。

品牌究竟有什么功能呢?我们可分别从购买者、销售者和社会三个方面来说明。

(1) 购买者方面。

有人认为企业建立品牌完全是为了自身的利益。事实上购买者也很需要品牌,因为品牌是一个很重要的信息来源,它带给购买者很多利益:

① 品牌可以告诉购买者产品的品质。假设张先生要选购电视机,如果电视机都没有品牌,那么他就很难分辨出哪一种品质较好、较可靠。但是当电视机有了长虹、康佳、创维、TCL等品牌之后,由于它们在品质和可靠性方面具有不同的形象,购买者可根据电视机的品牌来判断其品质与特点,从而选择自己偏好的那一种。

② 品牌可以节省购买者购物的时间。假设张太太(一位家庭主妇)去一家大百货公司购物,我们可以想象,面对成千上万没有品牌的产品,如果要确定它们的品质,她势必要一个一个地去检查;如果她要请家人或朋友去帮忙买些东西,就必须告诉家人或朋友她对每一个产品所要求的品质,这是非常浪费时间的。而以品牌来代替对产品的描述,就会有效率多了。

③ 品牌有助于吸引购买者注意那些可能带给他们利益的新产品。有了品牌,新产品及其品质才容易广为流传,吸引购买者的注意。

(2) 销售者方面。

建立品牌意味着要在包装、标志、广告及法律保障上耗费大量的资金投入,但为什么企业愿意花钱去建立品牌呢？这是因为品牌能给企业带来巨大的利益。

① 有了品牌,销售者比较容易处理订单及其他有关的业务。例如,佳丽宝化妆品有限公司接到专柜的订货单,上面标明要五十打印有"化妆调色板 L6"的化妆盒。在同样的情况下,如果没有品牌,则只能含糊地说"要一些长方形盒内装有粉饼、口红、腮红等的白色化妆盒"。同时,有了品牌,销售者对订单和消费者反馈比较容易追踪。

② 如果产品具有特色,广受欢迎,品牌和注册商标可以给企业法律上的保障,以免竞争者仿制。

③ 品牌可以吸引品牌忠诚的顾客,从而保持销售额稳定,带给企业长期的利润。

(3) 社会方面。

品牌对整个社会而言是否有利？是否所有的产品都要有品牌呢？赞成建立品牌的人认为:

① 品牌可以保证产品品质的稳定。可以说品牌是企业对消费者的品质保证,由于消费者对有品牌的产品常存有某些预期的要求,企业为了长期发展,不会轻易破坏品牌的声誉或者不关心产品的品质。

② 品牌可以促进企业创新。没有品牌,就无法保障企业的产品不被竞争者所模仿,企业就会缺乏创新的意愿。而建立品牌可以鼓励企业寻求独特的产品功能和特色,使产品多样化,让消费者有更多的选择。

③ 品牌有利于消费者了解产品,并快速知晓去何处购买该产品,从而提升消费者的购物效率,减少社会交易费用。

但也有人认为社会上品牌过度泛滥对社会不一定有利,他们认为:

① 品牌会使一些同质性的产品做不必要的、脱离实际的区分。

② 品牌会使消费者付出较高的价格,因为建立品牌需要有大量的广告、包装和其他成本的支持,而这些成本终会转嫁给消费者。

③ 品牌增加了某些人的地位意识,他们以购买某种品牌来向别人证明自己具有某种身份地位,最终造成不必要的浪费。

总之,建立品牌对购买者、销售者和社会而言,都有其价值和功能；但是对某些产品而言,过分强调品牌,运用品牌来对产品做勉强的区分,往往会造成浪费。

三、品牌资产

何谓品牌资产(Brand Equity)[①]？目前在理论界尚无统一的解释。大致上,我们可以把对品牌资产的定义划分为三个流派。

(1) 从财务的角度定义品牌资产。

有学者认为：品牌资产是财务人员发明的词汇,用来反映品牌的财务价值。在财务价值的背后是品牌特许权(Brand Franchise)、品牌忠诚等概念。品牌资产是品牌给产品或服务带来的资金流。

---

① Brand Equity 的中文译法有多种,有的翻译为"品牌权益",有的翻译为"品牌产权",本书中采用较为通行的一种译法,即"品牌资产"。

(2) 从市场业绩的角度定义品牌资产。

有学者认为：品牌资产包括品牌强度(Brand Strength)和品牌价值(Brand Value)。品牌强度是指品牌的顾客、渠道成员、母公司对于品牌的联想和行为，它们使得品牌可以享有持久的、差异性的优势。品牌价值是指品牌的拥有者通过战术和战略行为来提升品牌强度，以提供非同一般的当前及未来提高利润和降低风险的能力。

(3) 从消费者的角度定义品牌资产。

美国品牌资产委员会认为：拥有品牌资产的品牌给消费者提供了一个能够拥有的、值得信赖的、有关联的特别承诺。

不难看出，品牌资产是一种超过产品或服务本身利益以外的价值。在消费者心目中知名度高、质量好并且品牌忠诚度高的品牌，其品牌资产价值就高。品牌资产通过为消费者和企业提供附加利益来体现其价值，并与某一特定的品牌紧密联系着。品牌资产价值的增大在消费者层面的效果可能是态度、知名度、品牌形象、品牌知识等方面的提升；在企业层面的效果可能是价格、市场份额、收益、现金流等方面的改进。某品牌给消费者提供的超过产品或服务本身以外的附加利益越多，则该品牌对消费者的吸引力就越大，品牌资产价值也就越高。如果该品牌的名称或标志发生变更，则附着在该品牌上的财产也将部分或全部丧失。表 8-2 是 2020 年度全球最有价值品牌的排名及与 2019 年度相比的变化情况，表 8-3 是 2019 年中国最佳品牌排行榜①。

表 8-2　Interbrand 全球最有价值品牌排行榜

品牌	排名 2020 年(2019 年)	品牌资产/10 亿美元 (2020 年)	增长率/%
苹果	1(1)	3229.99	38
亚马逊	2(3)	2006.67	60
微软	3(4)	1660.01	53
谷歌	4(2)	1654.44	−1
三星电子	5(6)	622.89	2
可口可乐	6(5)	568.94	−10
丰田汽车	7(7)	515.95	−8
梅赛德斯奔驰	8(8)	492.68	−3
麦当劳	9(9)	428.16	−6
迪士尼	10(10)	407.73	−8

美国学者戴维·阿克认为，品牌资产是一个系统概念，由一系列因素构成，包括：① 品牌知名度，即品牌被公众或目标消费者知晓、了解的程度，反映的是顾客关系的广度；② 品牌美誉度，即品牌获得公众信任、支持和赞许的程度；③ 品牌忠诚度，即消费者重复购买使用某一品牌的消费行为；④ 品牌联想，即消费者想到某一品牌时能记忆起的与该品牌相联系的信息，如所消费的社会阶层、使用场合、产品质量、品牌个性等。

---

① 根据品牌咨询公司 Interbrand 发布的 2020 年度全球最有价值品牌排行榜和中国最佳品牌排行榜整理。

表 8-3　Interbrand 2019 年中国最佳品牌排行榜

品牌	行业	品牌价值/亿元人民币
腾讯	科技	3943
阿里巴巴	科技	3290
中国建设银行	金融服务	1474
中国平安	金融服务	1352
中国工商银行	金融服务	1313
中国移动	通信	1141
中国银行	金融服务	991
中国农业银行	金融服务	759
中国人寿	金融服务	700
招商银行	金融服务	525

四、品牌的类型

如前所述，有些产品以无品牌的方式出售，称为同类产品（Generic Products）或同类品牌（Generic Brand）。这些产品没有品牌，只以产品类别来命名，如"纸巾""大白菜""维生素""花生酱"等。无品牌的产品通常成本较低，价格较低，但也常被消费者视为次等品。

除了无品牌的产品之外，品牌可以大致依所有权区分为制造商品牌和私人品牌两类。制造商品牌又称全国性品牌，是制造商拥有的品牌，如康师傅、联想等，都属制造者品牌。私人品牌又称商店品牌或中间商品牌，是中间商拥有的品牌。随着市场竞争日趋激烈和品牌作用为人们所认知，中间商对品牌的拥有欲望越来越强烈，近年来，中间商品牌呈明显的快速发展趋势。许多市场信誉较好的中间商（包括百货公司、超级商场、服装商店等）都争相设计并使用自己的品牌。

一般而言，与制造商品牌相比，私人品牌不太容易建立。但是私人品牌具有较低的进货价格，可以让中间商获得较高的利润，并拥有该品牌的独家经销权。中间商也可根据其市场所需的规格订购产品，不必受制于制造商的产品规格，从而可以更有效地满足特定市场的需要。

制造商品牌和私人品牌之间有时会有相互抢夺市场的竞争情形发生，这种竞争称为品牌战争。私人品牌在品牌竞争中有许多优势：中间商可决定要购进什么产品、要把产品放在货架上的什么地方、要为哪些产品做什么促销活动，零售商可以向私人品牌的厂商收取较低的上货架费（Slotting Fees），使私人品牌的价格较低。为了在与私人品牌的竞争中获胜，制造商品牌的厂家必须加强研究开发工作，不断开发新的产品品种，改进产品的品质，同时也要加强广告和促销，以维持消费者对制造者品牌的忠诚和偏好。

五、品牌名称的选择

一个良好的品牌名称对产品的成功有很大的帮助，但品牌名称的选择或改变是一件费时费钱的事。美国新泽西州的标准石油公司将名称改为 Exxon 前，曾花费 1.2 亿美金的经费进行各项搜寻、测试和选择品牌名称的工作，先后调查了 55 个国家和地区的风俗习惯，对约 1 万个预选方案进行筛选，才最终确定下来。

制造商决定建立自有品牌时,有以下几种品牌名称策略可供选择。

(1) 个别品牌名称。

每种产品都使用不同的品牌名称。例如,美国宝洁公司的产品分别采用汰渍、碧浪、佳洁士等品牌名称。

使用不同品牌名称的优点在于某一种产品的品质较差或销售情形不佳时,不至于使整个企业的声誉或形象受到不利的影响。例如,高级音响或家电用品的制造商推出较低品质的音响或家电用品时,在采用个别品牌名称的策略下,制造商原有的高级别产品的形象不会受到伤害。此外,实施个别品牌名称策略的企业可以根据目标市场和产品的特性为每一种产品找到合适而有吸引力的品牌名称。

(2) 家族品牌名称。

家族品牌名称策略有以下两种形式。

① 单一家族品牌名称(也称伞状品牌名称或统一品牌名称),即企业的所有产品均使用同一家族品牌。如四川长虹公司的所有产品(电视机、空调、电池、洗衣机、吸油烟机、手机等)都以"长虹"为品牌名称。

② 数个家族品牌名称,即企业有多条产品线,不同的产品线分别采用不同的家族品牌名称。

使用家族品牌名称时,可降低新产品投入市场的成本,如果企业的品牌名称响亮,则可以较低的推广成本,在较短的时间内建立新产品的知名度,并容易取得消费者的认可。

(3) 混合品牌名称。

企业也可采取企业名称加上个别产品名称的策略,即在每一个个别产品名称之前一律冠上企业名称。

混合品牌名称策略的优点是可利用企业名称告知消费者产品的制造商,而个别产品名称则可用来塑造个别产品的特色或个性。

企业一旦决定其品牌名称策略之后,接着就要为其产品选择一个特定的品牌名称。一个好的品牌名称应具有以下七个特质:① 品牌名称应与产品和企业的形象相一致;② 品牌名称应是法律所允许的,品牌名称不应侵犯其他企业的注册商标;③ 品牌名称应考虑对目标市场的适合性;④ 品牌名称应表现或暗示产品的利益;⑤ 品牌名称应表现或暗示产品的品质;⑥ 品牌名称应简短有力,容易发音和记忆;⑦ 品牌名称应别具匠心,引人注意。

六、包装设计

包装设计是指产品容器和包装材料之设计与制造。对许多产品而言(如化妆品),包装可能是成功营销的关键之一。产品包装的目的有以下三种。

① 包装是功能性的。许多产品,如洗衣粉、润滑油等必须装在某种容器中。而且,消费者也可根据包装上完整的封印,判断包装未被开封过。

② 包装可用来促销产品。色彩和外形有吸引力的包装有助于突出产品。包装上的标签所提供的信息可帮助消费者辨识品牌。

③ 独特的包装也是一种产品特色,可增加产品的竞争力。

营销人员在制定包装决策时,必须考虑产品的特性。如果产品是易碎的,则包装的保护功能特别重要。如果产品属于便利品,则包装应力求醒目,引人注意,使消费者容易在商店中发现此产品。使包装一方面具有保护产品的功能,另一方面又方便使用,且具有吸引力,自然最为理想,但可能会使包装成本提高。因此,营销人员在制定包装决策时,应就包装带来的利益和成本增加之间作一均衡的考虑。

包装的角色日益重要,下列因素已使包装日益成为一种营销工具。

① 自助服务:愈来愈多的产品以自助服务的方式陈列在超级市场及折扣商店(Discount Store)中出售。这种情形下,包装必须执行许多销售任务,它必须能吸引消费者的注意,能描述产品的特色,能给消费者以信心以及建立一个美好的整体印象。

② 消费者富足:消费者逐渐富裕,他们愿意为较好的包装所带来的便利、美观、可靠性等多付一些钱。

③ 企业与品牌形象:许多企业认识到设计良好的包装具有瞬间辨认企业或品牌的力量。可口可乐公司的包装使消费者一眼便能认出与其他品牌的差异。

④ 创新机会:创新的包装可带给消费者许多利益,也会带给企业大量的利润。

标签是包装的一部分,它可能是附在产品上的简单签条,也可能是经过精心设计的图案。标签具有若干功能:标签可帮助消费者辨识产品或品牌;标签也可将产品划分等级,如罐装桃子分别以 A、B、C 三种标签来分等级;标签也可以用来描述有关产品的一些信息,如产品的制造者、生产地、制造日期、成分、使用方法等;标签也可凭借其具有诱惑力的图案来达到促销产品的效果。

8.4 产品组合决策

一、产品组合的意义

由于市场竞争激烈,营销费用的投入相当庞大,为了有效地分摊不断上涨的营销费用,企业往往倾向于销售多种产品项目或若干条产品线。

产品组合(Product Mix)也称产品搭配(Product Assortment),是指某一特定企业所销售的所有产品线或产品项目。如创维集团有限公司生活家电产品组合(如图 8-3 所示)。

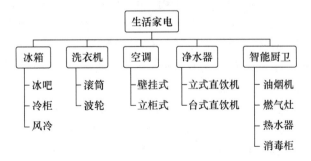

图 8-3 创维集团有限公司生活家电产品组合①

---

① 此图来源于创维集团有限公司官网。

产品线是指产品组合中一群关系密切的产品,这群产品或功能相似,或卖给同一消费者群体,或通过同一分销渠道,或在相同的价格范围之内。产品项目是指某一产品线中的一项特定产品,它可依大小、价格、外观或其他特征而与产品线中的其他产品有所区分。

以创维集团有限公司为例,它的生活家电产品组合中包括冰箱、洗衣机、空调、净水器、智能厨卫等多条产品线;而每一条产品线中又包括多种产品项目,如空调产品线中包括壁挂式和立柜式。

二、产品组合的要素

当我们考察一家企业的产品组合时,可以从广度、长度、深度及关联度四个重要的维度对其进行描述。

(1) 广(宽)度。

产品组合的广度是指企业拥有的产品线数目。例如,东菱音响公司只有音响一条产品线;而夏普公司有彩色电视机、洗衣机、音响、电冰箱及微波炉等多条产品线。图 8-3 所示的创维集团有限公司的生活家电有冰箱、洗衣机、空调、净水器、智能厨卫等主要产品线。较大的产品组合广度增强了制造商对其经销商的谈判议价能力,也增强了制造商对经销商的控制力。

(2) 长度。

产品组合的长度是指企业所生产之产品项目的总数。例如,图 8-3 所示的创维集团有限公司的冰箱产品线有三个产品项目,洗衣机产品线有两个产品项目,空调产品线有两个产品项目,智能厨卫产品线有四个产品项目。

(3) 深度。

产品组合的深度是指产品线中每一产品有多少种变形。例如,宝洁公司的佳洁士牌牙膏有三种尺寸和两种形式(软膏和冻胶),则其深度为 6(3×2)。计算企业各品牌内的变形数目,便可算出该企业产品组合的平均深度。

(4) 关联度。

产品组合的关联度是指企业产品组合中各产品线在最终用途、生产技术、分销渠道或其他方面的关联程度。最终用途是指各个产品线的产品所提供的使用价值,也就是产品的核心内容。生产技术是指产品的生产、工艺流程、加工技术等。以统一企业为例,其大多数产品线均属日常食品和饮料,通过相同的分销渠道(食品大盘批发商、中盘批发商、零售商)卖给类似的消费者群体,具有很强的渠道关联与市场关联;而饲料与其他产品线之间既缺乏市场关联(牲畜与人不同),也缺乏渠道关联(饲料行与食品店、超级市场不同),但其有技术关联,因为饲料是色拉油生产过程中的副产品。企业走向多角化,扩充其产品组合的广度时,一致性较低的扩张通常是事倍功半。反过来说,一致性较强的多角化则常事半功倍。例如,美国一家著名的烟草公司摩理斯(Morris),收购了啤酒公司(顾客关联、渠道关联)、刮胡刀片公司(顾客关联、渠道关联)与口香糖公司(渠道关联),可充分发挥营销渠道、广告投资的规模经济,产生整合效应。

产品组合的这四个因素有助于企业制定有效的产品策略。企业可从四个方面来扩展其业务:① 企业可增加新产品线,因而增加产品组合的广度,使新产品线借助企业其他产品线的声誉而有可能兴盛;② 企业可以加长目前的产品线,成为产品线更完整的企业;③ 企业可增加各产品的变形,以加深其产品组合的深度;④ 企业可追求较关联或较不关联的产品线,这要根据企业是否要在单一领域或在若干领域中建立强有力的声誉而定。

三、产品组合状态分析

由于市场需求和竞争形势的变化,原来选择的产品组合中的每个产品项目,可能会随着市场环境的变化而发生变化:一部分产品获得较快成长,一部分产品继续取得较高的利润,也有一部分产品日趋衰落。因此,企业需要经常分析产品组合中各个产品项目或产品线的销售增长率、利润率和市场占有率,判断各产品项目或产品线的潜力或发展趋势,以确定企业资金的投放方向,做出开发新产品和剔除衰退产品的决策,以调整其产品组合。

所以,所谓产品组合动态分析是指企业根据市场环境和资源条件变动的前景,适时增加应开发的新产品和淘汰应退出的衰退产品,从而实现随着时间的推移,仍能保持取得最大利润的产品组合。

西方营销学经常使用以下两种分析方法来实施产品组合动态管理,以求达到最佳产品组合。

1. 波士顿矩阵法

波士顿矩阵法是 20 世纪 70 年代初由美国著名的管理咨询公司——波士顿咨询集团创立的。这种方法利用"市场增长率-相对市场占有率矩阵"(简称波士顿矩阵)对企业经营的所有产品进行分类(如图 8-4 所示)。

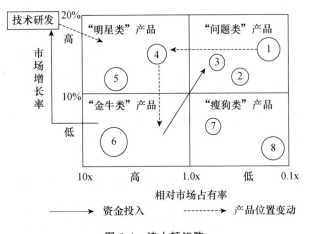

图 8-4 波士顿矩阵

图 8-4 所示的波士顿矩阵中,纵坐标表示市场增长率,一般以 10% 为分界线,10% 以上为高市场增长率,10% 以下为低市场增长率;横坐标表示相对市场占有率,即本企业的某产品与同行业中最大竞争对手的市场占有率之比,它以 1.0 为界,分为高、低两部分。如果产品的相对市场占有率为 0.2,表示该产品的市场占有率为同行业中最大竞争对手产品的市场占有率的 20%;如果产品的相对市场占有率为 2.0,表示企业的该产品是市场领先者,它的市场占有率为最大竞争对手产品的市场占有率的 2 倍。

用以上指标分割矩阵后,可将产品的市场地位分为四种类型。图 8-4 所示的矩阵中,8 个圆圈的圆心在矩阵中的位置是由该产品的市场增长率和相对市场占有率的值确定的;圆圈的直径(图上反映为圆圈的大小)代表该产品的市场销售额。下面就这四种类型的产品特征进行分析。

(1)"问题类"产品。

这类产品的特点是具有较高的市场增长率,但其相对市场占有率很小。之所以出现"问题类"产品,一般来说有两种原因:一是这类产品现在的市场需求发展较快,而企业在这个产品项目上,过去的投资额较少,因而其市场占有率低;二是企业经营的这类产品与竞争对手经营的相同产品相比,可能缺乏竞争优势,所以属"问题类"产品。对于企业来说,如果要进一步发展,需要进行大量的资金投入,决策时应考虑:如果在这些产品上继续增大投资,而最终不能使企业获得一个有力的市场竞争地位的话,资金的投入将无法收回或者不能达到预期的投资回报率。所以,企业需要认真地考虑是投入大量的资金来增强其竞争实力抑或是立即放弃这类产品。

(2)"明星类"产品。

"明星类"产品是企业在当前经营得比较成功,具有市场领先地位的产品。这类产品有很高的市场需求,因而具有很高的市场增长率。但是,"明星类"产品需要企业投入大量的资金来保持其高速增长和巩固其市场竞争地位,以击败可能的"进攻者"。所以,"明星类"产品是企业的现金消耗者而不是现金生产者,需要占用或投入较多的资金。当"明星类"产品的地位稳固后,就可以成为企业的高赢利项目。如果企业没有适量的"明星类"产品,即企业缺乏后劲,其发展前景堪忧。

(3)"金牛类"产品。

"金牛类"产品的市场增长率已不高,表明这类产品所处的市场内可能新进的消费者数量不多了,产品进入了成熟期。但是,这类产品有较强的市场竞争地位,拥有较大的市场份额,又被称为"现金牛",即这类产品已不需要企业再对其投入大量的资金,而是会产生大量的回流现金。通过"金牛类"产品收入的现金,或是用于企业当前的现金开支所需,或是用于对"明星类"产品和需要发展的"问题类"产品的资金投入。如果企业的"金牛类"产品过少或者是"现金牛"较"瘦",说明企业的产品组合是不健康的。如果市场对这类产品的需求发生突然的变化(减少),将使企业面临危机。

(4)"瘦狗类"产品。

这类产品的市场增长率很低,相对市场占有率也很低。一般来说,"瘦狗类"产品是进入市场衰退期的产品,或者是企业在营销中基本上不成功的产品,或者是企业的这类产品不具有和竞争对手竞争的实力。由于"瘦狗类"产品占用了企业的资金而又没有发展前途,因此需要决策者下决心放弃这类产品,尤其是当"瘦狗类"产品太多时,必须坚决地加以清理。

把企业经营的各项产品在矩阵图上定位后,需要对企业的产品组合是否正常、其状态是否健康进行分析。一般来说,我们主要从两个方面进行分析:① 从静态上看,在波士顿矩阵的产品组合分布中,如果有太多的"瘦狗类"和"问题类"产品,而"明星类"和"金牛类"产品太少,则说明企业现有的产品组合是不健康的。尤其是当"金牛类"产品过少且又较"瘦"时,说明企业当前处于不利的状态。图 8-4 反映的正是一个不太健康的经营投资组合业务情况。② 从动态上看,当前所形成的波士顿矩阵图,实际上只是一个静态图。成功的产品也有生命周期,它们从"问题类"产品开始,继而成为"明星类"产品,然后成为"金牛类"产品,最后变成"瘦狗类"产品。所以,企业应将当期的矩阵图与过去的矩阵图进行比较,同时还要对各类产品在未来的矩阵图中的可能的变化做出预计,才能做出正确的投资决策。例如,某项产品现在处于"问题类"位置,如果在上期是处于"明星类"位置,而上期企业又对其进行过较大的投资,说明这一产品并没有按企业预期的那样取得更大的发展,这或是反映出投资的失误,或是反映出竞争对手的营销策略更为有效。因此,企业应就失误的方面进行检查,以便纠正投资错误或避免在本战略周期内再出现同样的错误。

企业可以根据波士顿矩阵图中所反映的产品的现有发展情况进行投资决策,决定对哪些产品增加投资,对哪些产品不再投资,甚至需要收回投资。使用波士顿矩阵法后企业可能采用的营销战略有以下四种。

第一,发展战略。发展战略意味着要对某项产品进行追加投资,主要的目的是为了扩大该产品的市场占有率,提高其市场竞争力,甚至不惜放弃短期收入和赢利来达到这一目的。发展战略主要适用于确有市场需求增长潜力和竞争实力的"明星类"产品。

第二,维持战略。维持战略是指保持某一产品的现有市场占有率,既不缩减其规模,也不再扩大其规模。维持战略主要适用于强大的"金牛类"产品,使之继续产生大量的回流现金。

第三,收割战略。收割战略的目的是增加短期的现金流量,而不考虑对某项产品的长期地位的影响。这一战略适用于较弱的"金牛类"产品和那些目前还有利可图的"问题类"与"瘦狗类"产品。

第四,放弃战略。放弃战略意味着对一项产品立即进行清理,并将其占用的非现金资源(如设备、生产线或产成品的存货)进行出售或拍卖,目的是收回该产品所占有的全部资金。

2. 通用电器公司法

通用电器公司法简称 GE 法,是对波士顿矩阵法的一种改进。由于波士顿矩阵法仅仅根据销售增长率和相对市场占有率就给企业的各类产品规定出适当的目标,在某些情况下,这种方法显得过于粗略。如果再考虑一些其他因素,则企业可能会做出更为缜密的决策。这种方法由通用电器公司首先采用,并运用了更详细的产品组合规划的工具——多因素投资组合矩阵,又称九象限分析法(如图 8-5 所示)。

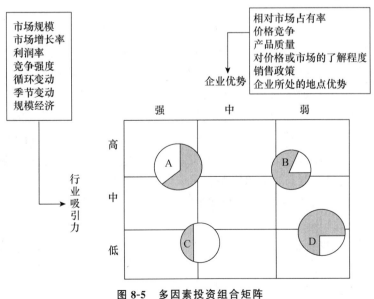

图 8-5 多因素投资组合矩阵

在图8-5中，纵轴表示行业吸引力，除市场增长率外，还考虑了市场规模、利润率等影响行业吸引力的因素。企业也可给上述因素以不同的权数，然后就企业现有的产品行业，评出一定的分数，以判定企业的优势，企业优势分为强、中、弱，如图8-5所示的横轴。

多因素投资组合矩阵共划分为9个方格，并分为3个区。落在左上方3个方格的产品具有高行业吸引力及高企业优势，因此企业应对它增加投资以寻求成长；落在左下到右上对角线的3个方格的产品具有中度行业吸引力与中度企业优势，企业应维持该产品的市场占有率，不必考虑予以增减；落在右下方3个方格的产品具有低行业吸引力和低企业优势，企业应对该产品慎重考虑，对其采取"收获"或"放弃"的策略。

图8-5中的4个圈代表企业现有的产品行业，各圆圈的面积与它们所属的行业市场的大小成正比，圆圈内的阴影部分表示市场占有率。例如，A圆圈表示A产品行业，其市场最大，吸引力高，企业在该行业优势强，市场占有率为65%，企业应对其增加投资以寻求发展。又如D圆圈表示D产品行业，尽管处于右下角，但其市场占有率大，企业可采取收获策略。

8.5 产品线决策

产品组合中的每一条产品线都要有其特定的营销策略，许多企业分别指派专人负责管理每一条产品线，称之为"产品线经理"。产品线经理应分析产品线中每一个产品项目的销售额、利润及竞争状况，并负责有关产品线长度和产品线延伸的决策。

一、产品线长度

产品线经理的首要课题是要决定产品线的长度。产品线长度是指产品线中产品项目的多少。如果增加一些产品项目可以提高整条产品线的利润，可能表示产品线太短；如果减少一些产品项目可以提高整条产品线的利润，可能表示产品线太长。

产品线的适宜长度要依据企业的目标来定。如果企业想要产品线齐全，或者要求较高的市场占有率和市场成长率，那么产品线的长度通常就应长一点，即使有些产品项目未达到适当的利润水平。如果企业比较重视短期获利率，或较不在乎企业在产业中的市场占有率，那么产品线就可短一点，通常只要那些较赚钱的产品项目就可以了。

另外，产品线长度也常会因产品生命周期的演进而有所变化。在产品成长阶段，市场成长快速，但竞争逐渐激烈，为扩大市场占有率，企业往往需要增加产品项目，使产品线长度增加；一直到产品的成熟期、衰退期，由于市场饱和，利润减少，产品项目会逐渐减少，企业往往会减少产品项目，使产品线长度愈来愈短。

对产品线长度的调整主要有增加和减少两种方式。

（1）增加产品线的长度。

增加产品线的长度时企业应综合考虑生产的变化和竞争状况、资金的合理利用、生产技术的充分发挥等。

① 增加产品线长度的理由如表8-4所示。

表 8-4 增加产品线长度的理由

增加及稳定企业的收益	有效地利用企业的经营资源	提高营销效果
● 避免季节上的波动 ● 避免周期性的波动 ● 减少需求衰退的危险 ● 降低成本及总体管理费用	● 灵活并充分利用技术部门的偶然或有意识的发明 ● 充分利用过剩的生产能力 ● 填补被遗漏的市场需求 ● 充分发挥企业拥有的独特技术 ● 合理利用副产品 ● 充分发掘现有的人力资源	● 吸引新的分销渠道及提高现有渠道的经销产品的积极性 ● 满足消费者需求及增加商标的价值 ● 通过销售额的增加使销售费用率下降,实现规模经济

② 增加产品线长度的方法有以下几种。

增加一种产品的规格。这时往往以不改变产品的品质及价格为最常见。

增加同一种产品的价格档次。这是经营小汽车、钢琴等产品的企业经常使用的方法,即拉开产品的档次。

向产品项目定位图中的空档发展。增加项目数可以通过发掘尚未被满足的那一部分需求来进行。由于不存在竞争对手,产品抢先占领市场的可能性较大。

向产品项目定位图中的薄弱环节扩展。寻找竞争对手不稳定的产品,然后"对症下药",开发新的产品。

(2) 缩短产品线的长度。

有时候,缩短产品线的长度反而会使产品线的总利润上升,这是因为企业削减了占利润比重很小的项目可以节约成本,集中优势发展占利润比重较大的项目。

削减产品线主要针对以下两种产品:① 削减利润很低或者即将亏损的项目,这是为了集中精力经营好利润高的项目;② 削减竞争中处于劣势的产品项目,这是因为竞争对手在相同的项目中占有很大的优势,而本企业经营的项目不断地走下坡路,并且无法通过努力与之抗衡,削减该产品项目可以避免无益的投入。

二、产品线延伸

企业的产品线通常只在某个范围内扩展。产品线延伸是指加长产品线,使其超出现有的范围。

产品线延伸有向下延伸、向上延伸和双向延伸三种不同的方式。

(1) 向下延伸。

许多企业往往先发展较高端的产品,然后渐渐增加低端的产品。企业决定将其产品线向下延伸,在市场上推出比较低端的产品,其原因包括:① 高端产品受到攻击,因此决定发展较低端的产品;② 发现较低端产品的成长速度较快,因此决定将产品线向下延伸;③ 企业原先发展高端产品只是要树立品质优良的形象,因此一旦时机成熟就向下延伸产品线;④ 企业增加一些较低端的产品,以弥补市场防线上的漏洞,避免吸引新的竞争者进入市场。

但是,向下延伸会使企业面临一些风险:① 推出较低端的产品可能会使原来高端产品的市场缩小;② 推出较低端的产品可能迫使竞争者转向高端产品或开发新产品;③ 中间商可能不愿意经营低端产品。

(2) 向上延伸。

原来经营较低端产品的企业也可能会朝较高端的产品发展。企业将产品线向上延伸的原因如下：① 较高端产品的成长率或边际利润较高；② 企业希望其产品线能涵盖低、中、高端的产品，使企业具有完整的产品线；③ 企业为了提高现有产品的声誉而将产品线向上延伸。

向上延伸产品线会使企业面临一些风险：① 发展高端产品可能促使原来生产经营高端产品的企业采取向下延伸的策略，反而增加了自己的竞争压力；② 消费者可能对企业生产经营高端产品的能力缺乏信任；③ 原有的推销人员和经销商可能没有足够的推销高端产品的技能和经验。

(3) 双向延伸。

经营中端产品的企业在一定的条件下可以向高端和低端两个方向延伸，采取双向延伸的策略。这种策略的目的是加强企业的竞争力，取得市场的领先地位。德州仪器公司曾在掌上型计算机市场上采取双向延伸的策略。在德州仪器公司进入此市场之前，鲍玛公司在低价格、低品质的产品上居支配地位，惠普公司则在高价格、高品质的产品上居支配地位。德州仪器公司的第一台计算机是以中等价格、中等品质进入市场，然后逐渐朝上、下两个方向延伸。它以和鲍玛产品相同甚至较低的价格出售比鲍玛产品品质更好的计算机，最后将鲍玛打得一败涂地。然后，它又设计出一批高品质的计算机，以比惠普产品要低的价格出售，抢走了一大片市场。德州仪器公司利用这种双向延伸策略，在掌上型计算机市场上取得领导者的地位。

8.6 服务营销

除了有形的商品之外，无形的服务也是营销的对象。服务也需要营销。

一、服务的性质与分类

服务业涵盖的范围很广。例如，政府部门的司法机构、就业服务机构、金融监管机构、医疗机构、警察及消防机构、邮政机构、立法机构以及学校等都属服务业。民间的非营利事业，如博物馆、慈善机构、宗教团体、大学、基金会及医院等也均属服务业。在营利性企业中也有相当大的一部分，如航空公司、银行、家政服务公司、旅馆酒店、保险公司、会计师事务所、律师事务所、管理咨询公司、医院、广告公司、电子商务网站、地方中介公司以及物业公司等，也属服务业。

服务业不但包括许多传统的行业，随着社会的进步和人们对于生活品质要求的提高，许多新兴的服务业也不断涌现出来。

服务业提供的不是有形的产品，而是无形的服务产品。服务是指一项行动或一项利益，由一方向他方提供，在本质上它是无形的，也不产生任何所有权的转移。服务是一方向另一方提供的、基本上无形的任何活动或利益，其中涉及顾客、员工与服务系统之间的互动过程。① 服务的产生可能与某一实体产品有关,也可能无关。诸如住旅馆或酒店、在银行理财、搭乘火车、理发、修理汽车等,都是在购买一项服务。

服务通常可分为设备基础的服务和人员基础的服务。设备基础的服务是指需要以设备为主的服务,如自动售货机、自动洗车服务等。人员基础的服务是指主要由非技术工人、技术工人或专业人员提供的服务,如理发、美容、理财服务、法律服务等。

二、服务的特性

服务有四个特性,即无形性、不可分割性、可变性和不可储存性。营销人员在制订营销方案时必须考虑这四个特性。

1. 无形性

服务是无形的。在购买之前,服务是看不见、摸不着、听不到,也嗅不出来的。例如,一位病人前往医院看病,事先也不知道医疗服务的结果。因此,消费者通常会寻找证明服务质量好的证据,从而构建对服务提供者的信心,然后才会去购买服务。

为了增强消费者对服务提供者的信心,减少购买服务的不确定性,服务提供者可采取以下一些做法。

① 设法将无形的服务有形化,通过证据和展示体现服务质量。例如,减肥中心常常以顾客接受减肥服务前后身材的变化作为广告的基本题材。

② 强调服务产生的利益,而不仅是介绍服务的内容。例如,大学的招生广告不能只是介绍学校的师资、课程和校园生活,还应介绍毕业校友的成就。

③ 对所提供的服务冠上品牌名称,以建立消费者的品牌忠诚度。

2. 不可分割性

服务与服务的提供者大多是无法分割的,不论提供者是人或是机器。服务提供者与顾客在服务过程中的相互作用会影响到服务质量,这种相互作用构成了服务接触,对服务接触的管理具有重要意义。有时,某项服务虽然广受大众欢迎,但却因服务提供者的时间限制而无法大量供应,此种限制可以通过以下两种方式来改善。

① 复制服务。例如,将现场演唱会"搬"到网上同步播出,可以打破现场位置有限的限制,将"位置"扩展到网上,可达到大量销售的目的。

② 加快服务速度,以提高供应数量。不过这种做法或多或少会降低服务的质量。

3. 可变性

服务具有高度的可变性是指服务的构成成分及质量不是恒定的。同一项服务,不但会因服务由"何人"提供而不同,也会因服务于"何时"及"何处"提供而变化。由于服务的质量具有高度的变化性,因此服务的提供者应加强对服务质量的控制,通常可采用以下三个步骤来控制服务的质量。

① 对人力资源选用和训练进行投资。航空公司、银行和旅馆、酒店常耗费巨资对员工进行培训,希望能提高员工服务的稳定性。

② 将整个组织的服务过程予以标准化。

---

① 王永贵.市场营销[M].北京:中国人民大学出版社,2019:239.

③ 调查顾客满意度。通过建议制度、抱怨申诉制度、顾客调查等来发现问题，改正不良的服务。

4. 不可储存性

服务不像实体产品一样可以储存起来供今后售卖或使用，服务是不能储存的。定期或定时的各项交通运输工具不会因为非高峰时段乘客人数少而将多余的座位储存起来，供高峰时段使用。旅馆、演播厅、电影院也不会在顾客人数较少的季节或时段减少其房间或座位的供应。因此，市场需求量变化大对服务业来说是一项非常严峻的挑战。如果依据平均需求量来安排生产能力，将造成高峰时段的供应不足；如果依据高峰需求量来规划生产能力将会造成非高峰时段的生产能力的过剩。因此，通过营销手段减少高峰和谷底需求水平的差距是服务提供者经常采用的策略。促进供需平衡的做法通常表现在以下两个方面。

（1）需求方面。

① 运用差别定价将高峰时段的部分需求转移到谷底或非高峰时段。例如，电影院可降低早场票价，租车公司在周末时实施价格折扣。

② 开发非高峰时段的需求。

③ 在高峰时段增设辅助性的服务，使消费者在等待时间可参加其他的活动。例如，餐厅内设置酒吧间以方便等候用餐者。

④ 预约制度是管理需求水平的一种方法。航空公司、旅馆及医院常用这种方法。

（2）供给方面。

① 在高峰时段聘用兼职人员以满足高峰需求。例如，餐厅在高峰时段招募临时服务员。

② 在高峰时段使用高效率的服务方式。例如，在高峰时段内仅提供必要的服务。

③ 增加消费者参与。例如，消费者将采购的货物自行装袋。

④ 建立共享服务。例如，若干家医院共同采购某些医疗设备。

⑤ 建设服务设施时预留出未来扩充的余地。

本章复习思考题：

1. 营销学中的产品是指什么？产品分为几个层次？
2. 产品的分类是怎样的？如何分析产品组合？如何分析产品线？
3. 什么是品牌？什么是品牌资产？品牌的功能有哪些？品牌的名称有哪些？
4. 什么是服务？服务有何特性？如何进行服务营销？

第九章　新产品开发与产品市场生命周期

本章学习要点

1. 新产品的概念；
2. 新产品开发过程及采用过程；
3. 产品市场生命周期的概念；
4. 产品市场生命周期的阶段和策略。

为了维持在市场上的竞争力和获利能力，企业必须不断开发新产品。在那些市场动态性高的产业，如时装、电脑软件、移动电话等产业，新产品开发显得尤为重要。新产品一旦开发上市之后，如同人的一生有婴幼儿、少年、青年、壮年和老年阶段一样，该产品也会随着在市场上被接受的程度、竞争者的加入和消费者的使用情况等因素的不断变化，呈现出销售量和利润的阶段性的变化，这就是所谓的产品市场生命周期（Product Life Cycle，PLC）现象。

9.1　新产品开发过程

营销学意义上的新产品是指企业首次开发的或市场上首次出现的产品，能给目标消费者带来新的利益或新的效用且被消费者认可接受的产品。不过，新产品开发的风险是很大的，因为新产品的失败率较高。

为何新产品的失败率高呢？有若干因素可能造成新产品的失败：虽然营销调研对新产品是否定的，但高层管理者仍坚持将新产品创意开发上市；虽然新产品创意不错，但企业却高估了市场规模；新产品的市场生命周期较短；新产品的创意虽好，但其设计并不好；新产品在市场上的定位错误、广告无效或定价过高；新产品开发的成本比预期的高；新产品上市后，竞争者的反击比预期的更为激烈，等等。

新产品开发过程是指一项新产品在正式进入市场前所经历的过程。新产品开发过程包括创意产生、创意筛选、概念开发与测试、商业分析、产品开发、试销和商品化(如图 9-1 所示)。

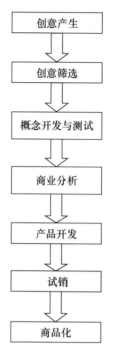

图 9-1　新产品开发过程

一、创意产生

新产品开发过程的第一个步骤是用系统的方法来产生新产品的创意,并将新产品创意告知有关部门和人员。新创意的来源有内部来源,也有外部来源。内部来源主要包括研发部门、销售部门、生产及工程部门和其他主管。外部来源则包括消费者、科学家、学术研究机构、竞争者、经销商、专利代理人、政府机构、广告公司、供应商等。市场导向(而非纯技术导向)的企业通常在新产品发展的早期即让消费者参与到新产品的开发过程中来。互联网时代的企业更广泛地利用众包或开放式创新做法。[①]

好的新产品创意往往是灵感、努力与技术的结晶。一些方法可协助个人或群体产生较好的新产品创意。这些方法包括:[②]

① 属性列举法:将某个产品的属性一一列举出来,然后修正每一个属性,找出新的产品款式创意。

② 强迫关联法:列出若干创意,然后找出每一创意与其他创意之间的关系,以找出新产品的创意。

---

　① 加里·阿姆斯特朗,菲利普·科特勒,王永贵.市场营销学[M].王永贵,郑孝莹,等译.12 版.北京:中国人民大学出版社,2017:241.

　② 菲利普·科特勒,凯文·莱恩·凯勒.营销管理[M].何佳讯,于洪彦,等译.15 版.上海:格致出版社/上海人民出版社,2016:413.

③ 形态分析法：从一个问题出发，然后从不同的维度思考如何解决这个问题，这样深入思考下去就可以找到解决问题的新产品创意。

④ 逆向假设分析：列出所有正常的假设，然后从逆向角度进行思考。

⑤ 新情境法：列举一些熟悉的流程，然后把它应用到新情境中去。

⑥ 思维图法：首先从某个想法出发，接着再想象下一个想法，然后再将其与前面的想法联系起来，接着再联想下去。这样，每次通过使用一个新词来深化联想，依次循环几次后，新的创意就可能逐渐具体化了。

二、创意筛选

创意的目的在创造大量的新产品创意，而往后的每一个步骤则都在于减少创意的数目，以获得少数吸引人且可行的创意供进一步的分析。删减创意数目的第一个步骤是创意筛选。

筛选创意的方法很多。有人利用经验和判断进行筛选，这是非正式的筛选；有人则利用查核表、评价法、经济分析或其他较正式的方法来进行筛选，这是正式的筛选。营销人员进行创意筛选时通常要考虑潜在市场的大小、竞争环境、技术和生产的要求、财务的影响以及与企业现有业务的配合程度，也要考虑相关的法律问题，如新产品创意会不会侵犯其他公司的专利权、著作权或其他知识产权。

拒绝好的产品创意将会丧失市场机会，而接受不好的产品创意则将浪费后续努力和所投入的人力、物力、财力成本。在很多情况下，一项产品创意遭到淘汰并不是因为它不好，而是因为它与企业的目标、策略或资源无法配合或是有侵犯他人知识财产权之虞。西方许多企业都采用评价表的方式甄别创意（如表 9-1 所示）。

表 9-1 新产品创意评价表

产品成功的必要条件	权重(A)	企业的能力水平(B)											加权分值(A×B)
		0.0	0.1	0.2	0.3	0.4	0.5	0.6	0.7	0.8	0.9	1.0	
企业信誉	0.15						√						0.075
营销	0.15								√				0.105
研究与开发	0.25					√							0.1
人员	0.2							√					0.12
财务	0.1						√						0.05
生产	0.05			√									0.01
位置和设备	0.05					√							0.02
采购和供应	0.05								√				0.035
总计	1.00												0.515

表 9-1 的第一栏是评估因素，列举某种新产品成功地进入市场所必备的条件，如企业信誉、营销、研究与开发、人员、财务、生产、位置和设备、采购和供应等。第二栏是按照各种条件的不同重要程度分别规定不同的权重。第三栏和第四栏是对这种新产品成功地投入市场

的能力打分,并计算出加权分值。把各加权分值相加,便得出该产品成功地投入市场的能力的总分值,然后再根据一定的标准(如 0～0.4 为劣,0.41～0.75 为中,0.76～1.00 为良)对计算出的各种新产品的能力分值划分等级。根据这种等级把各种创意排列起来,从中选择最可行或比较可行的创意。

三、概念开发与测试

将通过筛选的新产品创意进一步发展为可测试的产品概念,即所谓的产品概念开发或概念开发。产品概念是指企业从消费者角度,用消费者的语言详细描述产品创意。产品概念与产品形象是不同的,产品形象是指消费者对实际或潜在产品的感知或看法。

产品概念开发出来之后,应邀请目标市场的消费者来进行概念测试(concept testing),以找出不同的产品概念对消费者的相对吸引力,并选出最好的产品概念。

例如,某汽车公司想要将其实验的电动汽车上市,它发展出以下四个产品概念:

概念 1:一种便宜的迷你型汽车,可作为在市区行驶的家用汽车,是购物或旅游的理想之选。

概念 2:一种中价位的中型汽车,可供作多用途的家用汽车。

概念 3:一种吸引年轻人的中价位小型跑车。

概念 4:一种便宜的迷你型汽车,是为那些想要基本运输、低燃料费和低污染汽车的人而设计的。

为测试上述四个概念对消费者的吸引力,营销人员可将各概念用文字、图片或实物的形式展示出来,并向消费者问一些相关的问题,如"你会买这种汽车吗?(一定会、可能会、可能不会、一定不会)",消费者的答复将有助于营销人员决定哪一个产品概念是最具吸引力的。

四、商业分析

在找出最具吸引力的产品概念之后,下一步就是评估概念的商业价值,即商业分析。商业分析包括销售量的预测、成本的估计和利润的预估。商业分析的结果助力决策人员评估新产品概念经济上的价值,如认为可以实现企业的目标,则可进入产品开发阶段。

五、产品开发

如果产品概念通过商业分析阶段,就可由研发部门和工程部门根据之前所制定的产品规格(Product Specifications)开发出一种或多种产品实体,即产品原型。每种产品原型都应具备目标消费者群体想要的主要属性。

产品开发完成后,接下来就要进行产品测试。产品原型的测试有两种:一种是功能性测试,功能性测试一般在实验室或现场进行,目的是确保产品的性能与安全标准;另一种是消费者测试,即由消费者亲自使用产品,目的是确保产品适合目标市场的需要。

六、试销

在产品开发阶段,如果功能性测试与消费者测试的结果都令人满意,则可进行下一步:将此产品以实际的品牌名称、包装及拟议的营销组合方案在实际的市场中试销,用以了解最终顾客及中间商对该产品的反应,并据以估计市场潜量及预测可能的利润。

不过,并不是所有的新产品都需要做试销。一般来说,有些创新性不高,只对现有产品稍作改良的新产品就没有试销的必要;如果开发和推出某一新产品的成本不高,则可能也不必做试销。但如果开发和推出某一新产品的成本很高,需要很大的一笔投资,而营销人员对此产品或营销方案又缺乏把握时,则试销是很有必要的。试销的费用可能不低,但和因忽略试销而导致新产品上市失败的损失相比较,可能只是小巫见大巫。例如,20世纪90年代初期,英国联合利华公司在未进行正式试销的情况下就急急忙忙花费了2亿美元在欧洲市场上推出Power牌洗衣粉,虽然联合利华公司的主要竞争对手宝洁公司曾警告说Power会伤害到消费者的衣服,但联合利华公司对这种新型去污洗衣粉颇具信心,仍然决定全面上市,结果上市后这个新品牌遭受惨败。

试销方式主要有三种:传统试销、迷你市场试销、模拟试销。

传统试销是指将新产品在一个或若干个具有代表性的城市进行试销。传统试销耗费时间长且成本高,会让竞争者一目了然。由于时间太长,以致竞争者有充裕的时间开发竞争性产品,因此有些企业不愿采用传统试销,或尽量缩短试销时间并简化试销过程。

迷你市场试销是指与特定区域内的零售商签订契约,由这些零售商提供货架位置供新产品试销之用。迷你市场试销是在小的地区内进行的,所需的时间与成本都比传统试销要少。

模拟试销通常的做法是从目标市场抽取一个小样本,向其展示数种产品(含测试的新产品)的广告与其他促销方案,然后将这些被选为样本的消费者带往一家模拟的或实际的商店购物。营销人员根据样本在模拟商店或实际商店中的购买情况来判断新产品的销售情况。

七、商品化

试销的结果如果令人满意,企业便可准备将此新产品批量上市,并制定上市的各项营销决策。商品化阶段的支出最为庞大,企业必须投入资金以取得(建造或租用)所需的生产设备和厂房以供生产之需,必须投入足够的技术和生产人力,也要支付相当数额的销售费用(销售员、中间商、广告、促销等各种费用)。

在新产品商品化阶段,企业首先要决定上市的时机。率先上市固然可获取先机,赢得领导者的声誉;但率先上市者通常须付出较高的成本,如果产品仓促上市,也容易因部分设计不良而引发消费者抱怨,从而影响企业的形象。

其次,企业要决定在单一地点、数个地点、单一地区、数个地区、全国市场还是国际市场推出其新产品。较小的企业通常先选择一个具有吸引力的城市或地区,然后再陆续进入不同的市场。较大的企业通常先将其产品在一个或若干个地区上市,然后再进入全国市场。拥有全国性分销网络的企业,如汽车公司,除非是产量不足,否则都会将其新产品在全国市场推出。

9.2 新产品的采用

新产品上市之后,企业必须采取各种营销手段促使潜在购买者接受、采用此新产品。潜在购买者在决定采用某一新产品时通常要经历一些步骤,所以了解购买者的采用过程将有助于企业营销人员制定有针对性的营销策略,促使潜在购买者尽快采用新产品。同时,不同的购买者群体从接触新产品到试用新产品所需的时间也不尽相同,有的群体倾向领先采用,有的群体倾向晚期采用,了解不同群体的特性也有助于营销人员制定使新产品成功上市的营销计划。

一、采用过程

采用过程是指一个人从第一次知道有关某项创新产品到最后采用所经历的过程。潜在购买者在采用新产品时通常会经历下列五个阶段。

(1) 知晓。

这是消费者获得新产品信息的初始阶段。新产品信息情报的主要来源是广告,或者其他间接的渠道,如商品说明书、技术资料、别人的议论等。很明显,人们在此阶段所获得的情报还不够系统,只是一般性的了解,意识到新产品的存在。

(2) 兴趣。

在此阶段,消费者不仅认识了新产品,并且发生了兴趣。这时,他会积极地寻找有关资料,并进行对比分析,研究新产品的具体功能、用途、使用等问题。如果消费者在这些方面均较满意,将会产生初步的购买动机。

(3) 评价。

消费者在这一阶段主要权衡采用新产品的边际价值。比如,采用新产品可获得利益和可能承担风险的比较,经过比较分析形成明确认识,从而对新产品的吸引力做出判断。

(4) 试用。

在此阶段,消费者开始小规模地试用新产品。通过试用,消费者开始正式评价自己对新产品的认识及购买决策的正确性。满意者,将会重复购买;不满意者,将会放弃此产品。因此,在这一阶段,企业应针对不同产品,详细地向消费者介绍产品的性质、使用及保养方法。

(5) 采用。

消费者通过试用收到了理想的使用效果,就会放弃原有的产品,完全接受新产品,并开始正式购买、重复购买。

从试用阶段到正式采用阶段,从某种意义上说,消费者相互之间的信息沟通比广告的作用更大。从这个意义上讲,新产品信息传播目标,不仅包括目标市场的消费者,还应包括广大社会公众,他们对消费者购买行为往往起着重要的影响作用。

新产品营销人员应思考如何促使潜在购买者快速经历上述阶段并采用新产品。许多潜在购买者对新产品可能只停留在"兴趣"的阶段,未能快速移动到"采用"的阶段,其原因可能是他们对新产品的性能没有信心,如果企业提供一个试用办法,让潜在购买者有机会去"试用",将有助于他们消除疑虑,早日采用新产品。

二、采用者类别

潜在购买者采用新产品的倾向有明显的差异,有些人倾向成为购买或消费的先驱者,愿意承担使用新产品的风险,有些人则依赖先驱者的使用经验来决定是否购买。美国学者埃弗雷特·罗杰斯曾根据采用时间将新产品采用者分成以下五类。

(1) 创新采用者。

创新采用者也称消费先驱,这部分消费者求新、求奇、求美的心理需求强烈,具有创新和冒险精神。同时,由于经济条件较优越,所以对风险有较强的承受能力。创新采用者人数很少,但可以起到示范、表率、带动其他消费者的作用,因而是新产品推广的首选对象。

(2) 早期采用者。

早期采用者是指新产品上市初期,继创新采用者购买之后,马上投入购买的消费者。这部分消费者对新生事物感兴趣,对新产品有比较强烈的消费欲望,是新产品购买的积极分子。早期采用者与创新采用者一样,人数也较少,但对于带动其他消费者购买新产品有重要作用。

(3) 早期大众。

这部分消费者一般较少有保守思想,受过一定的教育,有较好的工作环境和固定的收入;对社会中有影响的人物的消费行为具有较强的模仿心理;他们不甘落后于时代潮流,但由于他们特定的经济地位所限,在购买高档产品时,一般持非常谨慎的态度。他们的购买行为基本上发生在产品成长阶段,他们经常是在征询了早期采用者的意见之后才采用新产品。

(4) 晚期大众。

晚期大众是指较晚地跟上消费潮流的那部分消费者。这些人的受教育水平及收入状况往往比早期大众略差;他们对新事物、新环境多持怀疑态度,反应迟钝,对周围的一切变化抱观望态度。所以,只有当产品出了名以后他们才愿意接受。他们的购买行为往往发生在产品成熟阶段。

早期大众和晚期大众构成了产品的大部分市场,他们是形成某一消费热潮的重要力量,他们是促成新产品在市场上趋向成熟的重要力量,对于其他消费者购买动机的形成有重要作用。因此,研究他们的心理状态、消费习惯,对提高产品的市场份额具有重要的意义。

(5) 落后的采用者。

这部分消费者受传统思想束缚很深,思想非常保守,怀疑任何变化,对新事物、新变化多持反对态度,固守传统消费行为方式。因此,他们在产品进入成熟期后期以至衰退期时才能接受新产品。严格地讲,他们此时购买的已不是新产品。

埃弗雷特·罗杰斯对接受新产品的五种类型消费者的具体描述,尽管不尽准确,但这种划分本身是很有意义的,它是新产品市场扩散理论的重要依据。新产品的整个市场扩散过程,从创新采用者至落后的购买者,形成了完整的"正态分布曲线",这与产品生命周期曲线极为相似。由于上述每一种类型的消费者都有自己的行为方式,这就为企业规划产品生命周期各阶段的营销策略提供了有力的依据。

创新采用者和早期采用者同早期大众和晚期大众相比虽然居于少数,但是研究认识他们对待新产品的行为对新产品的营销极为重要。因为,这些使用者作为新产品的试销对象,他们对新产品的反映,对修正新产品的营销策略具有很大的参考价值;他们具有较高的社会地位或舆论影响力,他们的评价,特别是较高的评价,对以后早期大众和晚期大众的购买行为将产生很大的影响。

当然,认识创新采用者和早期采用者并非易事。一种产品的创新采用者不一定是其他产品的创新采用者,他们的购买可能具有专业化性质,他们的影响可能仅局限在某一特定的领域。因此,任何企业都必须具体情况具体分析,分别对待。

我们可以以时间为横轴,将某一时间段新产品采用者的数量绘制成正态分布图(如图9-2所示)。刚开始采用新产品的人很少,而后逐渐增加而达到最高点,后来因为未采用的人数愈来愈少,故曲线呈递减。在图9-2中,创新采用者是指最早采用新产品的前2.5%的购买者,早期采用者则指后来的13.5%的购买者,依此类推。

开发新产品的企业应研究创新采用者及早期采用者的特征,并针对他们开展营销工作。一般而言,比起晚期大众和非采用者,创新采用者大多较年轻,教育程度和收入较高;他们较能接受不熟悉的事物,较依赖自己的价值观和判断,较愿意承担风险;他们的品牌忠诚较低,较可能去接受特别的推广活动,如折扣、优待、免费样品等。

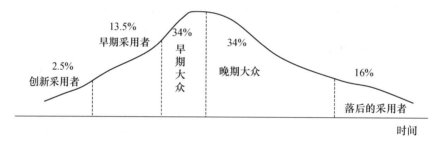

图 9-2 新产品采用者的类别

三、 影响采用率的产品特征

新产品的特征会影响采用率。某些产品几乎一夜之间就风行起来,有些产品却要经过很长的时间才被消费者接受。以下五个因素对新产品采用率的影响较大。

(1) 新产品的相对优点。

新产品创新的相对优点愈多,即在诸如功能性、可靠性、便利性、新颖性等方面比原有产品的优越性愈大,市场接受得就愈快。因此,新产品应力求具有独创性的优点。

(2) 新产品的适用性。

这一点强调产品创新必须与目标市场的消费习惯以及产品价值观相吻合。如果新产品与目标市场的消费习惯、社会心理、产品价值观相适应或较为接近,就会加速新产品的推广使用;反之,则不利于新产品的市场扩散。消费者在不同文化传统的影响下所形成的消费习惯、社会观念等，很难在短期内改变，更不是一个企业所能改变的（当然，可以施加一定的影响，但程度极其有限）。对于企业开发国际市场的新产品来说，这一点更为突出。

（3）新产品的简易性。

这就要求新产品的设计、整体结构、使用维修、保养方法必须与目标市场的认知程度相适应。一般而言，新产品的结构和使用方法简单易懂，有利于新产品的推广扩散，消费品尤其如此；反之，产品结构和使用方法越复杂，被市场接受的过程也就越慢。

（4）新产品的可试性。

可试性是指产品在有限范围内试用的程度。消费者都希望冒较小的风险，因此企业如果能在新产品推广过程中增强新产品的可试性，如赠送样品、举办展览、进行示范，往往有助于提高新产品的采用率。

（5）创新产品的可传达性。

可传达性是指新产品的性质或优点是否容易被人们观察和描述，是否容易被说明和示范。凡信息传播快捷、易于被认知的产品，其被采用的速度一般比较快。例如，流行服装不用说明，消费者即可知晓，因而流行较快；而某些除草药剂，因消费者不能立时看到效果，市场扩散就会比较慢。

其他新产品的特征，如成本、风险和不确定性、科学上的可信度和社会的认可等，也会影响新产品的采用率。

9.3 产品市场生命周期

新产品一旦推出后，它在市场上的销售量和所能获得的利润，会随着时间的演进而发生变化。产品市场生命周期的观念说明产品在其销售过程中可能展现的阶段性特性。企业如能确认其产品目前及未来所处的阶段是怎样的，便能设计出与所处阶段相适应的营销计划。

产品市场生命周期的概念说明以下四个问题：

① 产品的市场生命是有限的。

② 产品的销售历史可分成数个阶段，企业在每个阶段均将面临不同的挑战。

③ 在产品市场生命周期中，产品的利润有上升的时候，也有滑落的时候。

④ 产品在其市场生命周期的不同阶段，需要有不同的营销、财务、制造、采购、人力资源策略。

产品市场生命周期描述了一种典型的产品销售历史，这段产品销售历史通常可分成四个阶段，分别为投入期、成长期、成熟期与衰退期（如图9-3所示）。

① 投入期。投入期又称引入期或导入期，是指新产品刚进入市场的时期，此时的销售增长相当缓慢。由于新产品上市需要支付相当大的研究发展费用及营销费用，所以不太容易产生利润，甚至常有亏损。

② 成长期。在此阶段，产品快速获得市场接受，利润会有显著提高。

③ 成熟期。此阶段是销售增长趋缓的时期，此时产品已获得大部分潜在消费者的接受，产品利润也在此时期达到最高峰后转趋下降。产生这种情形的原因可能是企业为了对抗竞争和维持市场地位而大量增加其营销费用所致。

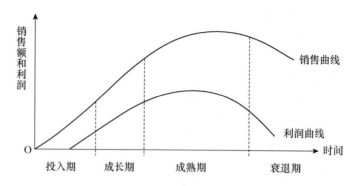

图 9-3　产品市场生命周期与销售额及利润的关系

④ 衰退期。在此阶段,产品的销售业绩明显滑落,其利润也从此大幅减少。

图 9-3 所显示的只是产品市场生命周期的标准形态,除了这种标准形态之外,某些产品可能由于产品的特质、特殊的营销努力以及一些不可控制的外在环境的变化,其市场生命周期会呈现不同的形态。

产品市场生命周期的各阶段可以根据销售增长率、产品普及率等定量指标进行划分。相关研究指出,产品的销售增长率在 0.1%～10% 之间为投入期和成熟期,大于 10% 为成长期,小于 0% 为衰退期。产品的普及率小于 5% 为投入期,5%～50% 为成长期,50%～90% 为成熟期,90% 以上为衰退期。这些数量界限固然可以作为划分依据,但人们在市场营销实践中常采用经验基础上的定性划分。定性划分的依据便是产品市场生命周期各阶段的特点。

一、投入期

1. 投入期的特点

当新产品初次上市供消费者购买时,便是投入期的开始。新产品投入期一般呈现出以下几个特点:

① 消费者对该产品不了解,大部分消费者不愿放弃或改变自己以往的消费行为,新产品的销售量小,销售增长速度也颇为缓慢,单位产品成本较高。许多大众熟悉的产品,例如即溶咖啡、运动饮料等,都经过一段相当长时间的努力才进入成长阶段。

② 尚未建立理想的分销渠道和高效率的分销模式。将新产品送到销售渠道并导入市场中,通常需要一段较长的时间。

③ 价格决策难以确立。高价可能限制了购买,低价可能难以收回成本。

④ 广告费用和其他营销费用开支较大,因此利润偏低,甚至有亏损发生。

⑤ 产品技术、性能还不够完善。

⑥ 由于利润较少,企业承担的市场风险较大。但这个阶段市场竞争者较少,企业若建立有效的营销系统,即可以使产品快速地经过投入期,进入成长期。

2. 投入期的营销策略

根据上述特点,投入期一般有四种可供选择的策略(如图 9-4 所示)。

		促 销 水 平	
		高	低
价格水平	高	快速-掠取策略	缓慢-掠取策略
	低	快速-渗透策略	缓慢-渗透策略

图 9-4 投入期可选择的营销策略

① 快速-掠取策略,即以高价格和高促销费用推出新产品。实行高价格是为了在每一单位的销售额中获取最大的利润,高促销费用是为了引起目标消费者的注意,加快市场渗透。成功地实施这一策略可以赚取较大利润,尽快收回新产品开发的成本。实施该策略的市场条件是:市场上有较大的需求潜力;目标消费者具有求新心理,急于购买新产品,并愿意为此付出高价;企业面临潜在竞争者的威胁,需要及早树立名牌形象。

② 缓慢-掠取策略,即以高价格和低促销费用将新产品推入市场。高价格和低促销费用结合可以使企业获得更多利润。实施该策略的市场条件是:市场规模相对较小,竞争威胁不大;市场上大多数用户对该产品没有过多疑虑;适当的高价能被市场所接受。

③ 快速-渗透策略,即以低价格和高促销费用推出新产品。实施这种策略的目的在于先发制人,以最快的速度打入市场,该策略可以给企业带来最快的市场渗透率和最高的市场占有率。实施这一策略的条件是:产品市场容量很大,潜在消费者对产品不了解,且对价格十分敏感;潜在的竞争比较激烈;产品的单位制造成本可随生产规模和销售量的扩大而迅速下降。

④ 缓慢-渗透策略,即以低价格和低促销费用推出新产品。低价格是为了促使市场迅速地接受新产品,低促销费用则可以实现更多的利润,企业坚信该市场需求弹性较高,而促销弹性较小。实施这一策略的基本条件是:市场容量较大,潜在消费者易于或已经了解此项新产品且对价格十分敏感;有相当的潜在竞争者准备加入竞争行列。

二、成长期

1. 成长期的特点

① 消费者对新产品已经熟知,产品的销售量增长很快。最先的采用者仍旧喜好该产品,而且许多其他的新购买者陆续跟进采用。

② 新竞争者被大规模生产及可能的利润所吸引,纷纷加入市场的竞争行列,市场竞争加剧。

③ 产品已经定型,技术工艺比较成熟。

④ 企业建立了比较理想的分销渠道。新竞争者的加入会使分销据点的数目增加。

⑤ 因为促销推广成本可由较大的销售量来分摊,加上经验累积改进的效果,使单位制造成本的下降比价格的下降来得快,因此利润通常会增加,而市场价格趋于下降。

⑥ 大部分企业会维持其原有的推广费用,不过有时也可能因竞争的需要而增加推广费用,但因销售额大幅上升,推广费占销售额的比率就相对降低了。

⑦ 新竞争者引入新的产品特色,进一步扩大了原有的市场。

2. 成长期的营销策略

在成长期,企业的营销策略的核心是尽可能延长产品的成长期。具体说来,可以采取以下营销策略。

① 根据市场需求和其他市场信息,不断提高产品质量,努力开发产品的新款式、新型号,增加产品的新用途。

② 加强促销,树立强有力的品牌形象。促销策略的重心应从建立品牌知名度转移到树立品牌形象,主要目标是建立品牌偏好,争取新的顾客。

③ 重新评价现有渠道,巩固原有渠道,增加新的分销渠道,开拓新的市场。

④ 选择适当的时机调整价格,以争取更多的消费者。

企业采用上述部分或全部市场扩张策略,会增强产品的竞争力,但也会相应地增加营销成本。因此,在成长期,企业会面临"高市场占有率"或"高利润率"的选择。一般来说,实施市场扩张策略会减少当前利润,但加强了企业的市场地位和竞争能力,有利于维持和扩大企业的市场占有率,从长期利润角度来看,更有利于企业的发展。

三、 成熟期

1. 成熟期产品的特点

到达某一时点后,企业产品的销售增长率将逐渐下降,该产品便步入了它的成熟期。成熟期的持续时间通常较前两个阶段要长。成熟期又可细分为以下三个时期:

(1) 成长成熟期。

此时期各分销渠道基本呈饱和状态,增长率缓慢上升,还有少数晚期大众继续进入市场。

(2) 稳定成熟期。

由于市场饱和,消费平稳,产品销售稳定。销售增长率一般只与购买者人数成比例,如无新购买者则增长率停滞或下降。

(3) 衰退成熟期。

此阶段销售水平显著下降,原有用户的兴趣已开始转向其他产品和替代品。全行业产品出现过剩,竞争加剧,一些缺乏竞争力的企业将渐渐被取代,新加入的竞争者较少。竞争者之间各有自己特定的目标消费者,市场份额变动不大。

2. 成熟期的营销策略

鉴于上述情况,产品处于成熟期时一般有三种基本策略可供企业选择。

(1) 市场改进。

市场改进策略的目的或意图主要是力争充分发掘现有的细分市场和产品的潜力,以求进一步扩大销售量。企业产品的销售量主要受两个因素的影响:

$$销售量 = 品牌的使用人数 \times 每个使用者的产品使用率$$

因此,企业要想扩大销售量,只有两个主要的努力方向:一是扩大品牌的使用人数,这时可采取的策略有转变非使用者或寻找新用户,进入新的细分市场,争取竞争对手的客户;二是设法增加使用者的产品使用率,这时可采取的策略有增加使用产品次数,增加每次的使用量,发现产品的新用途。

(2) 产品改进。

企业还可以对处于成熟期的产品的质量、样式、特点及服务进行改进,通过对产品的改进,使消费者对产品重新产生新鲜感,从而带动产品销售,最终达到保持已有的市场份额或扩大已有的市场份额的目的。

(3) 改进营销组合。

营销组合应随着企业的内外环境的变化而做出相应的调整。产品生命周期到了成熟阶段,各种内外部条件发生了重大的变化,因而企业也要对产品、价格、渠道、促销等营销组合要素进行相应的调整。这样做的目的是为了延长产品的成熟期,避免衰退期的早日到来。实际上,企业要想前面两个策略取得成功,不改进营销组合的话,也是很难做到的。所以,改进营销组合和市场改进、产品改进策略是相辅相成的。

四、衰退期

1. 衰退期的市场特点

大部分产品和品牌最后都会步入衰退期。产品销售的衰退可能是缓慢的,也可能加速衰退。产品销售衰退的原因有很多,诸如技术的进步、消费者偏好的变化、国内外的竞争日益激烈等因素,都可能造成产能过剩、销售下降,使利润大受侵蚀。在衰退期,市场呈现出如下一些特点:

① 产品销售量由缓慢下降变为迅速下降,消费者的兴趣已完全转移;
② 产品价格已下降到最低水平;
③ 多数企业无利可图,被迫退出市场;
④ 留在市场上的企业逐渐减少产品附加服务,削减促销预算等,以维持最低水平的经营。

2. 衰退期的营销策略

① 集中策略,即把资源集中在最有利的细分市场、最有效的分销渠道和最易销售的品种、款式上,也就是缩短战线,在最有利的市场上赢得尽可能多的利润。

② 维持策略,即保持原有的细分市场和营销组合策略,把销售量维持在一个低水平上。待到适当时机,便停止该产品的经营,退出市场。

③ 榨取策略,即大大降低销售费用,如广告费用减为零、大幅度精简推销人员等,虽然销售量有可能迅速下降,但是可以增加当前利润。

除非有很充分的理由,否则企业不应维持一项弱势产品。维持弱势产品要付出相当昂贵的代价,因为处理这些产品需要耗用管理阶层相当多的时间。例如,营销主管需要经常调整其价格及存货成本,广告和销售人员需要经常注意其销售情形,如果将这些力量转移到其他产品上,则可能会带来更大的利益。但这并不是说处于衰退期的产品就一无是处,应该一律淘汰。相反的,如果经过适当的规划,衰退期的产品由于竞争减少,企业可能会有相当多的获利机会。某些企业比其他的企业早些放弃衰退了的市场,因此留在此市场上的企业所面对的竞争压力会降低,其销售额与利润可能会增加。

表 9-2 汇总了产品市场生命周期各阶段的重要特征,并简要列出市场生命周期各阶段的营销目标和可选择的营销策略。

表 9-2 产品市场生命周期的特征、营销目标和营销策略

项目		投入期	成长期	成熟期	衰退期
特征	销售	销售量低	销售量快速增长	销售量高峰	销售量下降
	成本	每位顾客的成本高	每位顾客的成本普通	每位顾客的成本低	每位顾客的成本低
	利润	虚亏	利润增加	利润高	利润下降
	顾客	创新采用者	早期采用者	早期大众及晚期大众	落后的购买者
	竞争者	很少	数目增多	数目稳定但开始减少	数目减少
营销目标		创造产品知名度	市场占有率极大化	利润极大化并保护市场占有率	减少支出和榨取品牌价值
营销策略	产品	提供基本产品	提供产品延伸、服务、保证	品牌和样式的多样性	淘汰弱势产品项目
	价格	成本加成	市场渗透价格	迎战或战胜竞争对手的定价	削价
	分销	建立选择性分销	建立密集性分销	建立更密集的分销	选择式：淘汰无利可图的销售点
	广告	在早期采用者和经销商之间建立知名度	在大众市场中建立知名度和引起购买兴趣	强调产品差异和利益	减低到维持最忠诚顾客需求的水平
	市场推广	大量推广以鼓励试用者	减少推广	增加推广以鼓励顾客进行品牌转换	减少到最低水平

本章复习思考题：

1. 新产品的含义是什么？新产品的开发过程分为哪几个阶段？
2. 新产品的采用过程是怎样的？影响新产品采用的因素有哪些？
3. 产品市场生命周期的含义是什么？产品市场生命周期的阶段有哪些？在各阶段企业应采取哪些营销策略？

第十章　定价策略

本章学习要点

1. 营销学中的价格的含义；
2. 影响定价策略的因素；
3. 定价的方法；
4. 价格调整策略。

定价是重要的营销组合策略之一。一方面，价格决定企业的收入与利润；另一方面，价格又是企业参与市场竞争的主要手段。在企业的营销策略中，价格的高低与产品设计、分销渠道、推销方法等均有密切的关系。

定价是一项复杂的工作，许多营销学者认为定价是一种艺术，而非科学。许多因素，如需求情况、竞争情形、消费习惯乃至法规、政策和一般经济状况，都会对定价产生影响。根据经济学中有关供需分析所产生的价格，只是一种理论价格，与实际价格可能大有出入。企业财务部门依据成本和利润目标核算确定的产品价格也不能成为企业营销人员定价实践的决定因素，因为这种价格没有考虑现时市场上消费者对企业产品的价值感知和竞争产品的价格情况。事实上，企业营销人员在制定价格策略时，首先要考虑的是目标市场上的各种因素，而不是企业内部的现有条件。因此，价格的制定好像并无可以普遍遵循的公式，营销人员应先确定定价目标，考虑影响价格的因素，结合企业的资源条件，形成产品的基价（Base Price），再根据经验与情形判断，制定合适的最终价格，并随时根据内部和外部环境的变化适时调整价格。

10.1　价格与影响定价策略的因素

价格策略通常要依照市场上的价格或非价格的竞争情境来制定。一般而言，当购买者只关心价格，对价格以外的其他营销组合要素（如产品、渠道、促销等）漠不关心或难以区分优劣时,营销人员自然会强调低价,市场就可能呈现价格竞争的状态。相反的,当购买者比较重视价格以外的其他营销组合因素时,市场就可能呈现非价格竞争的状态。

一、价格及其重要性

在营销学中,价格是指消费者为了得到某种商品或服务而做出的让渡。一般来讲,价格表现为交换某种商品或服务而支出的货币数额。不仅如此,消费者在购买商品或服务的过程中还要消耗时间、精力。例如,在2016年,上海有大约2000人为了购买某款球鞋而连夜排队等候。在这种情况下,消费者购买到的球鞋价格就不仅包含货币支出,还包含时间和精力的耗费。

那么,消费者购买产品时所考虑支付的价格是什么样性质的价格呢?在美国,有人在这方面对2000名消费者进行了调查研究,结论是64%的消费者认为"合理的价格"是购买决策中最重要的考虑因素。这里的"合理的价格"实际上是消费者在购买产品前和购买时的"预期的合理价值"。也就是说,消费者根据其预期可能从产品中得到的满意度来支付价格,而不是根据他实际获得的满意度来支付价格。预期的满意度是由消费者对产品或服务的认知价值的大小来决定的。也就是说,消费者对产品或服务的认知价值程度越高,消费者对产品或服务的预期满意度越大;反之,则相反。

定价策略在营销活动中居于十分重要的地位,主要原因在于:

① 定价策略决定着企业的盈利水平,是十分敏感的利润杠杆。企业营销活动的直接目的是追求最大的利润,正常情况下企业都会把利润最大化当作重要的业绩目标。显而易见,利润直接受价格变动的影响,价格在企业营销活动中作为一个可控变量,决定着企业的盈或亏,以及盈或亏的程度。

在自由竞争的市场经济体制下,价格是同行业内采用最广泛、最易跟随的竞争手段。大多数情形下,任何一个企业都不可能长期保持对某一产品的市场独占,新产品进入市场之初,企业的最高决策者必须制定出正确的价格策略,既可以实行厚利精销的高价策略,迅速收回投资成本,又可以推行薄利多销的廉价策略,以获取大规模分销的规模效益。高价厚利的定价策略将招来众多的竞争者加入本行业一同赚取潜在市场利润,导致市场竞争逐渐激烈。而薄利多销的定价策略,则可能使新的竞争者打消加入同类产品市场角逐的念头,从而使企业能获得较高的市场占有率和规模经济效益。

② 定价策略直接决定着能否引发消费者的购买行为。首先,一般情况下,对于市场上的大多数商品,在获得既定效用的前提下,消费者倾向选择价格尽可能低或适中的商品。合理的价格对消费者的心理会产生良好的诱导作用,本身就具有促销的功能。因此,定价策略的优劣直接关系到消费者购买行为的状态,因而也就决定着企业的竞争力和营销绩效。

③ 定价策略在企业营销管理中居于越来越敏感且又重要的地位。市场竞争的激烈使企业提升利润的手段越来越少,以往忽视的定价工作担当起增加企业利润的重任,定价策略的深入和灵活的操作往往能把一些隐藏的利润挖掘出来,给企业带来意想不到的利润来源。这样一来,企业定价工作的复杂性、挑战性和艰巨性与日俱增,迫使市场经济条件下的企业日益重视定价策略。

另外,科学技术发展的步伐日趋加快,产品市场生命周期日益缩短,新型材料的不断问世、劳动者收入的持续增长等,使得企业定价策略面临日益严峻的挑战,为企业的定价工作带来更大的难度。

价格是营销因素组合中关键的、活跃的、最具艺术性的因素,它随着企业经营战略和市场需求与竞争的变化而波动,协调着买卖双方的利益关系。在市场经济条件下,企业如果能在定价决策过程中制定合理的价格变动的幅度、价格变动的时间和价格变动的地区,就能在瞬息万变的市场竞争格局中居于有利的地位。

二、影响定价策略的因素

制定定价策略受到许多因素的影响,是一项复杂的决策。制定定价策略涉及定价目标、成本、竞争、渠道成员和政府等因素,有些因素充满着不确定性,这就更增加了制定定价策略的复杂性(如图10-1所示)。

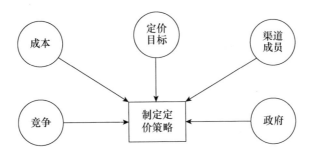

图 10-1 影响企业制定定价策略的因素

(一) 定价目标

企业在制定价格策略时,首先应考虑定价目标。经济学理论常假定企业的定价目标在于使利润极大化。但在实际操作中,企业的定价目标却不一而足,有时也可同时设定若干不同的定价目标。

1. 以利润为定价目标

利润是企业从事营销活动的主要和重要目标。在实际营销活动中,不少企业就直接以利润作为制定价格的目标。

(1) 以获取最大利润为定价目标。

这一目标表明企业要制定一个能达到最大利润的价格,即所设定的价格要使总收益能够尽可能地相对大于总成本。例如,企业在新产品开始推向市场之时,为了能在短期内收回产品开发研制的投入成本,以及赚取尽可能多的当期利润,往往采用利润最大化的定价目标,把价格定得很高。

当然,利润最大化的定价目标并不一定就是指制定一个不合理的高价,因为不管是收益还是利润都取决于企业所面对的竞争环境,企业可以在综合分析市场竞争、产品专利、消费需求量、各种费用开支等因素后,以总收入减去总成本的差额最大化为定价基点,确定单位产品价格,争取最大利润。所以,有时候企业制定低价反而能增加销量,进而获得最大的利润。因此,利润最大化的定价目标,是在市场竞争状况能接受的前提下,尽可能制定的高价。不过,企业也不应该把价格定得高出消费者对产品的认知价值,因为消费者对产品的认知价值是价格的上限。一般情况下,企业产品的价格如果定得过高,超出消费的认知价值,往往会遭到社会各方面的抵制和对抗,引发如需求量减少、代替品加入、竞争者增多、消费者购买行为推迟等,甚至会引起公众的不满,从而招致政府的干预等,最终反而会降低企业的利润。

一方面,价格的高低固然是影响企业利润的重要因素,但它不是决定利润大小的唯一因素,诸如固定资产利用率的变化、替代品的盛行、竞争者队伍的扩大以及政府政策的干预等,都对企业实现利润的多少有很大影响。追求利润最大化应以长期的最大利润为目标,如果一个企业盲目追求眼前利润,即短期的最大利润,以提高价格或以次充好等不正当手段蒙骗顾客,结果必将丢失市场。为了追求长期最大利润,有的企业在短期内采取低价策略甚至亏本的方法先占领市场,以建立产品或品牌的领导地位,进而实现长期战略目标。

另一方面,有时要从企业的整体经营效益来追求利润最大化。当企业新进入某一市场,或企业的某一种产品新进入市场时,为了迅速开拓市场争取顾客,企业可采取低价渗透策略,使某一产品或企业在某一市场在一定时期内没有赢利;此外,当企业经营多种产品时,某些产品的价格可能会定得很低,甚至低于成本,目的在于招徕顾客,以此带动其他产品的销售增长,从而在整体上得到更大的利益。

(2) 以获取合理利润为定价目标。

以获取合理利润为定价目标是指在激烈的市场竞争环境中,企业为了降低风险及回避自身实力不足的缺陷,以在正常情况下的产品平均成本加上适度的利润作为产品的市场定价目标。这一定价目标以适中、稳定的产品市场价格水平使企业获得长期的利润和稳健的市场占有率,既避免了不必要的市场竞争和社会风险,又能够让消费者乐意接受,从而满足企业既兼顾企业利益、投资者利益和社会利益的定价目标,又符合政府的价格指导方针。需要指出的是,适度利润的实现,必须全面考虑企业的生产能力、产品销售水平、投资成本、竞争格局和市场反应预期等因素。否则,适度利润只能是一句空话。

(3) 以取得适当的投资收益率(Return On Investment,ROI)为定价目标。

以取得适当的投资收益率为定价目标是指企业产品价格的制定是以实现企业的投资在某个时间段达到一定的投资报酬为目标。这种定价方法首先要根据投资额确定利润率,然后计算出单位产品的利润额,把利润额加在产品的成本上,就得出该产品的市场销售价格。投资收益率应有一定的弹性,确定时要留有余地,其标准为企业开工率达80%即可保证实现既定的投资收益率。多数企业的投资收益率以长期收益平均水平为依据,当然也可以是短期的投资收益率。

企业采用这种定价目标时必须注意两点。一是要确定合理的利润率。一般来说,预期的利润率应该高于银行的存款利息率,但又不能太高,所定的价格太高,消费者可能无法接受。二是采用这种定价目标时必须具备以下条件:企业的产品是畅销产品,并且企业敢与竞争对手正面交锋,否则,产品卖不出去,预期的投资利润就不能实现。

显然,企业采用这种定价目标的优点是可根据企业所希望的投资收益率来制定价格,确保产品的利润率;缺点是易忽略市场的需求情况。如果企业确定的投资收益率过高,将会导致价格随之高起,以致可能无法实现预期的销售量。另外,依据此法定出的价格较缺乏弹性,不适合作为制定短期价格策略的方法。

2. 以销售额为导向的定价目标

(1) 以维护或提高市场占有率为定价目标。

这种定价目标意味着企业是从占领市场的角度来制定产品价格的。市场占有率的高低对于价格的高低有很大影响。一般来说,在市场占有率既定的情况下,为了维持或提高市场占有率,要运用低价策略。市场占有率显示了企业在市场中的地位。采用这种定价目标,有时比采用取得适当投资收益率的定价目标更重要。因为一个企业的投资收益率并不能反映该企业的市场地位,更不能反映它同其他竞争企业的关系。而一个企业市场占有率的高低,反映了该企业的经营状况和竞争能力,关系到该企业产品在市场上的地位和兴衰。以维护或提高市场占有率为定价目标,考虑的是企业长期经营效果。例如,当投资收益率较高时,市场占有率开始下降,从长远看,其经营效果并不太好(通常情况下,市场占有率高说明企业在市场上处于举足轻重的地位,市场占有率上升就是市场份额增加,市场占有率下降就是市场份额减少)。

但是,企业在采用这一定价目标时也必须慎重考虑,量力而行。因为运用低价策略扩大市场占有率,必然会使需求量急剧增加。因此,企业必须有充足的产品供应,否则将会由于供不应求而造成潜在竞争者乘虚而入,这反而会损害企业的利益。

(2) 以销售最大化为定价目标。

有时企业侧重追求销售额或销售量的最大化,而非追求市场占有率的最大化。如果企业采用这种定价目标,那么营销管理人员的任务便是计算价格与销售数量的关系。销售最大化的定价目标经常用于想要有效地出清库存以产生现金回收或追求销量目标以求返利的情形。不过,现金回收最大化应该只是短期的权宜之计,而非长期的目标,因为现金回收最大化时企业有可能只有一点点的利润,甚至完全没有利润。

3. 以维持现状为导向的定价目标。

这种定价目标是指企业通过服从竞争需要来制定价格,主要是维持现有价格,或是应对竞争者的价格。这种定价策略是一种被动的策略,它不需要太多的计算和规划,采取这种策略的企业通常是处在一个具有价格领袖的产业中。

一般来说,企业对竞争者的行为都十分敏感,尤其是价格的状况。事实上,在市场竞争日趋激烈的形势下,企业在定价时都会仔细研究竞争对手的产品和价格情况。企业通常把对产品价格有绝对影响的竞争者和行业领导者的价格作为基础,并与自己的产品进行谨慎比较、权衡,然后根据企业自身的经营实力来制定企业的产品价格。所谓行业领导者的价格,就是在同类产品中实力最雄厚或市场占有率最高的企业的定价。

4. 以短期生存为导向的定价目标

(1) 以维持企业生存为定价目标。

有的企业以维持企业生存为定价目标,追求稳定的价格,即不随短期市场产品供求关系的激烈变动而大幅度调整产品价格,这样可保全自己,在竞争中避免因价格战而出现"两败俱伤"和其他风险。尤其当一个企业拥有较丰富的后备资源,准备通过长期营销努力巩固市场"阵地"时,需要有一个稳步发展的过程,以维持企业生存为定价目标是一种稳妥的保护策略。所以,在同一行业中举足轻重的几家主要企业常常比较默契地制定较固定的价格,以避免发生价格战。而其他企业往往与实力雄厚或市场占有率最大的企业的价格保持一致,而不轻易变动价格,这是以安全为第一的策略。

(2) 以现金流量为导向的定价目标。

有些企业会将价格定在使现金回收最大化的水平上,这是在当产品市场生命周期很短时,为尽早回收资金所采取的做法。在这种情形下企业制定的价格会偏高,因此有时会招致竞争对手的加入。

5. 以应付和防止竞争为导向的定价目标

企业如果从有利于竞争的角度出发选择定价目标,一般有以下几种方法。

① 力量较弱的企业,应采用与竞争者价格相同或略低于竞争者的价格出售产品的方法。

② 力量较强又想扩大市场占有率的企业,可采用低于竞争者的价格出售产品的方法。

③ 资本雄厚并拥有特殊技术,或产品品质优良,或能为消费者提供较多服务的企业,可采用高于竞争者的价格出售产品的方法。

④ 防止其他企业加入同类产品竞争行列的企业,在一定条件下,可采用一开始就把价格定得很低的方法,从而阻止其他企业进入市场或迫使弱小企业退出市场。

6. 以非经济性为导向的定价目标

(1) 以产品质量领先为定价目标。

如果企业主要考虑表达其至高无上的企业形象和最好的产品品牌形象,或者目标市场的消费者关心质量胜于关心价格,这时企业便可考虑质量领先的定价目标。因为高价格往往代表着高质量,人们常讲的"一分钱一分货""好货不便宜,便宜没好货",就是这个道理。高质量需要高的投入,在产品的制造和销售过程中始终保持"质量最优化"的指导思想,相应地会增加成本,这就要求用高价格来弥补研究开发及生产和控制的高成本。另外,采取此目标的企业,要密切注意市场上竞争者之间的价格与质量的相对水平。

(2) 其他非经济性的定价目标。

以社会责任为定价目标,是指企业由于认识到自己的行业或产品对消费者和社会承担着某种责任,从而放弃追求高额利润的目标,遵循以消费者和社会的最大利益为企业的定价目标。主要有两种类型的企业会采用这一定价目标。

① 政府代理机制。这一类型的企业为社会提供有偿服务,不以营利为其经营目标。企业在对提供的产品和服务定价时,一般都以社会责任为其定价目标,追求社会效益的最大化。

② 公共事业型企业。这一类型的企业虽然有营利的要求,但由于政府的某些价格管制,企业必须以向社会提供最大化的社会效益为主要目标。如公交企业、自来水供应企业、电力供应公司等,都以社会责任为定价目标。

在实际营销管理中,对于以上六种定价目标,有的企业单独使用,有的企业将其配合使用。

(二) 成本

成本是企业定价工作所要考虑的一个长期性因素,因为从长期来看,成本决定着价格的最低线,企业的产品价格必须保证企业能够收回成本支出。一般来讲,土地、原料、人工、运输和其他生产要素的成本常常不是企业所能控制的,但这些成本对产品和服务的价格会有很大的影响。因此,企业在定价时,成本是其必须考虑的一个重要因素。利润来自价格与成本之间的差额,短期内企业可能会为了扩大销售量、提高市场占有率、应付竞争者而采取削价竞争,或者因为要加速现金回收等原因,而制定低于成本的价格。但没有一家企业能长期将其产品价格定于成本之下而能维持生存与成长。可是,企业制定的价格应超出成本多少,并无一定的公式可遵循,通常取决于成本以外的因素。

不过,成本与价格的关系并不如想象中那么明确。成本本身就不是一个明确的概念:成本有固定成本与变动成本之分,又有全部成本、平均成本或边际成本之别,还有长期成本和短期成本之异等。每种成本与产量之间的关系都可能不同,企业在定价时究竟应依据哪种成本,有赖于营销人员的深入研究和判断。

(三) 竞争

企业在定价(或调整价格)时必须考虑到竞争者的可能反应。在第三章中曾提到完全垄断、寡头垄断、垄断性竞争和完全竞争等四种竞争结构。企业产品价格的制定与在市场中所面对的竞争结构有密切的关系。

在完全垄断情况下,只有一个卖方,因此企业对产品的价格具有完全的控制。理论上,企业如果能够完全垄断,一定会将价格定在使其边际成本等于边际收入的水平,以便赚取最大的利润。但是在实际操作中,由于许多其他因素的影响,往往不能这样做。例如,某些垄断的公用事业(如公共汽车、铁路、煤气公司、自来水公司等),为了配合政府的政策,会把价格定在适当的水平,甚至把价格定在成本之下。垄断的公用事业有时也会将价格定得比成本高很多,以抑制消费。民营的垄断企业有时会担心太大的超额利润将会引起政府干预,或引致其他竞争者进入,因此并不一定将价格定得太高。

在寡头垄断情况下,卖方只有少数几家,每一家对其他各家的定价和营销策略均有高度的敏感性。寡头垄断市场的企业数目少,且每一个企业都极其注意竞争者的策略和行动,新企业不容易进入此市场。例如,某一企业降价10%,购买者将蜂拥而至,其他的竞争者必定跟随降价或提高其服务水准,所以寡头垄断的企业不能保证降价一定可获取长期的利润。又如,某一企业提高价格,而其他竞争者并不跟进时,此企业可能会立即撤销涨价,以免丧失顾客。

在垄断性竞争市场中有很多竞争者,由于卖方能提供不同的产品给购买者,每一种产品的品质、特色、式样和服务均有所不同,因此买方与卖方交易的价格介于某一范围内,而非单一价格。

在完全竞争市场中,买卖双方买卖的是完全相同的产品,如小麦、铜或金融证券,没有任何一个买者或卖者能影响市场价格。卖方无法把价格定在高于市场价格的水平,因为买方能以市场价格买到他们所需要的产品;同样,卖方也不会把价格定在低于市场价格的水平,因为在产品价格等于市场价格水平时,卖方能卖掉他们的产品。

(四) 渠道成员

一般而言,渠道中的每一个成员都希望能对产品的价格有较大的影响力或控制力。制造商可通过以下方法来获得对价格的较大控制力:使用独家经销制度或避免使用价格导向的经销商;预先在产品上标明价格;开设自己的销售据点;利用产品寄售;提供足够的毛利给经销商;最重要的是建立强有力的品牌,让消费者对该品牌产生品牌忠诚且愿意支付较高的价格来购买该品牌的产品。

批发商或零售商也可通过以下途径来获得对价格的较大控制:强调本身作为一个顾客对制造商的重要性,将零售的支持与制造商给予的毛利联结在一起,拒绝销售无利可图的产品,储存竞争的产品项目,建立强有力的私人品牌,以便使消费者对中间商而非对制造商忠诚,以及寻找新的制造商。

为了取得渠道成员的合作,制造商应能提供给中间商(批发商和零售商)足够的毛利,使中间商在支付运输、仓储、销售、广告、信用等各项费用后仍能有合理的利润。

（五）政府

政府对于产品的价格通常会有某种程度的规范。

政府对进口物品的管制通常更为严格,有的产品完全禁止进口,有的则受进口配额的限制。管制的主要目的在于利用供给量与价格的关系来调节产品的价格水平。此外,关税的征收以及连带产生的种种费用,都构成产品成本的一部分,也会影响价格的制定。例如,2018 年 5 月 22 日,国务院关税税则委员会宣布,从 7 月 1 日起,将汽车整车税率为 25% 的 135 个税号和税率为 20% 的 4 个税号的税率降至 15%,将汽车零部件税率分别为 8%、10%、15%、20%、25% 的共 79 个税号的税率降至 6%。随后,特斯拉宣布下调旗下部分车型在中国市场的销售价格。

10.2　定价方法

企业可以运用不同的方法制定产品价格,这些方法可以归纳为成本导向定价法、需求导向定价法和竞争导向定价法等三大类。

一、成本导向定价法

成本导向定价法也称成本基准定价法,是指在商品、服务和间接成本之上加上一定金额或百分比作为价格。企业运用这类定价方法时,不一定要考虑供给和需求,也不一定能实现定价目标,但这类方法简单易行。这类定价方法主要有成本附加定价法、成本加成定价法和目标定价法。

1. 成本附加定价法

成本附加定价法是指以单位生产成本加上事先制定的期望获得的利润作为价格,这是最简单的成本导向定价方法。其公式如下:

$$价格 = (固定成本 + 变动成本 + 期望的利润)/产量$$

例如,某公司在某一年内生产 3000 件产品,固定成本为 500 万元,变动成本为 300 万元,希望获得 100 万元的利润,则产品价格为:

$$价格 = \frac{5\,000\,000 + 3\,000\,000 + 1\,000\,000}{3000} = 3000(元)$$

成本附加定价法的优点是计算简单,对销售者有保障;缺点是利润与成本相关联而非与销售量相关联,价格也与市场需求无关。成本附加定价法适用于价格波动对销售量没有影响而且企业有能力去控制价格的情况。例如,定做的家具、定做的服饰、重型机械等的价格常采用成本附加定价法来制定。

2. 成本加成定价法

成本加成定价法是指以单位生产成本或购买成本加上一定的利润加成作为价格,批发商和零售商最常采用此定价方法。其公式如下:

$$价格 = \frac{单位生产成本或购买成本}{1 - 加成率}$$

例如,家用电器的经销商以平均每台 2000 元的成本向家电制造厂购进一批滚筒洗衣机,希望有 20% 的加成率,则每台滚筒洗衣机的售价为:

$$价格 = \frac{2000}{1-20\%} = 2500(元)$$

加成通常用销售价格而非用成本的加成来表示,原因如下:

① 费用、降价和利润均以销售额的百分比来表示,当加成也以销售额的百分比来说明时,有助于制订利润计划。

② 企业向渠道成员说明售价和折扣时是以最后的标价为基础的。

③ 竞争者的价格资料比成本资料容易取得。

④ 以销售价格而非成本的加成来表示,可使获利率看起来较小,以避免受到"获取高利润"的批评。

成本加成定价法和成本附加定价法有许多相同的缺点,但由于下述几个原因,成本加成定价法仍然普遍被企业所采用:

① 此法简单明了,不像根据市场需求定价那样不易确定。一般而言,成本的不确定性比需求的不确定性小,根据单位成本制定产品价格,企业可简化定价工作,而不必经常根据需求情况的变动来调整价格。

② 只要行业中的所有企业或大多数企业都采用此种定价方法,则销售价格在成本与加成相似的前提下也将大致相同,价格竞争程度可因此减至最低。

③ 有学者认为成本加成定价法对购买者与销售者而言均较为公平,因为销售者并不须利用购买者需求殷切的时机提高价格,而仍可得到公平的投资报酬。

3. 目标定价法

目标定价法也是一种常见的成本导向定价法,它是指根据估计的总销售收入(销售额)和估计的产量(销售量)来制定价格的一种方法。依据这种定价方法来定价,企业在估算的标准产量下可获得某一预定目标的投资回报率。这种定价方法适用于资本密集型的企业,而并不适用于低资本投资的企业,因为可能会低估售价。此外,公共事业因投资额大,通常也是垄断性强的企业,政府的价格管制较严格,不允许其随意涨价,因而企业以"合理回报率"为其定价基准。目标定价法的计算公式如下:

$$价格 = 单位成本(标准产量下) + \frac{投资成本 \times 目标投资回报率}{标准产量}$$

企业可通过总收入曲线计算产品价格,总收入曲线(TR)由原点(无产量时,收入为零)与实际产能下获得目标投资回报的坐标点连接而得(如图 10-2 所示)。单位价格为总收入曲线的斜率。总收入曲线与总成本曲线(TC)相交,交点为损益平衡点。损益平衡点可用下式求得:

$$损益平衡点 = \frac{总固定成本}{价格-单位变动成本}$$

目标定价法是根据估计的销售量算出价格的,这种方法有理念上的缺陷。事实上价格的高低会影响销售量,单位价格可能太高,也可能太低。换言之,这种定价方法忽略了需求函数,无法表明在不同价格水平下的预期销售量。但是这种方法可以给企业提供定价时的初步参考,企业可以在此基础上调整价格。当企业判断根据计算出的目标价格无法实现所确定的销量时,可以设定一个较低的价格,然后调整其销售量,再计算总成本,才能达成目标投资回报率。

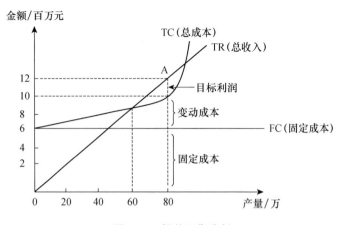

图 10-2 损益平衡分析

二、需求导向定价法

成本导向定价法是在单位成本之上附加固定毛利率或期望利润额,而不考虑市场需求状况,是一种内向型的定价方法。而需求导向定价法,也称需求基准定价法,所考虑的是需求强度,而非成本水平,是一种外向型的定价方法。当市场需求强时,定价就高;当需求弱时,定价就低,不管成本的大小。

需求导向定价法包括感知价值定价法、反向定价法和差别定价法。

1. 感知价值定价法

感知价值定价法是指根据消费者对产品价值的理解和肯定程度的高低,即产品在消费者心目中的价值感知来制定价格的一种方法。这种定价方法不是以卖方的成本为基础,而是以买方对产品的需求和价值的感知为出发点。这种定价方法的理论依据是:定价的关键问题是消费者的价值观念,而不是产品的实际成本。企业运用营销推广因素,特别是基本的非价格因素来影响消费者,使他们在思想上对企业的产品形成一种价值感知,然后企业再根据这种价值感知制定价格。

感知价值定价法认为,某一产品在市场上的价格和该产品的性能、质量、服务水平等,在消费者心目中都有特定的价值,企业产品的价格和消费者对产品价值的感知是否一致,是产品能否销售出去的关键。也就是说,感知价值定价法要与企业产品的营销定位策略相一致。这样一来,感知价值定价法的关键之一就是企业对消费者理解的相对价值(即与竞争对手相比较的价值)有正确的估计。如果企业估计过高,产品定价必然过高,则会影响产品销售量;反之,产品定价过低,则不能实现企业的销售目标。

2. 反向定价法

反向定价法是指以最终零售价格为基础,反向计算出批发价、出厂价的一种定价方法。这种定价方法不以实际成本为主要依据,而是以市场需求为定价的出发点,将定价与产品的实际市场行情无缝隙对接。另外,这种定价法不仅以市场需求、购买力情况、消费者愿支付的价格为依据,而且能满足在价格上与现存类似产品竞争的需要,即在价格方面具有竞争力。

3. 差别定价法

差别定价法是常见的一种需求导向定价方法。用这种方法定价时，往往会出现一种商品以两种或两种以上的不同价格出售的情况，而且价格上的差异并不反应成本上的差异。差别定价有几种不同的形式，依基准的不同而异，最常见的基准有顾客、产品、地点及时间。

(1) 以顾客为基准的差别定价。

以顾客为基准的差别定价，我们以汽车的售价为例加以说明。在同一期间内，有的人按照营销商的指导价买到汽车，有的人以低于指导价的价格买到，但两部汽车完全相同，其交易成本也完全一样。价格不同的原因是顾客的需求强弱不一样，或对汽车的了解程度不同所致。对需求强、了解程度低的顾客，产品的售价可能较高；对需求弱、了解程度高的顾客，产品的售价可能较低。产品的售价高低还取决于顾客和销售员之间的议价能力。

除了买卖双方议价能力所造成的价格差异外，根据顾客群体的差异而制定不同价格的情况，有时是基于社会习惯或政府政策的不同而实施的。例如，公共汽车车票价格对于学生、老人、军人等给予低于普通票的优待价格，发电厂的电价因使用者是居民、工厂或单位而有所不同。至于医生对某一群体收取"义诊"或"优待"诊费，则是根据顾客的负担能力及充分利用设备的考虑而采取的差别定价。

(2) 以产品为基准的差别定价。

差别定价也可以产品作为基础，即对不同的产品型号制定不同的价格，但价格差异的幅度与产品成本的差异不成比例。例如，同样是洗衣机，塑钢洗衣机的售价比普通胶壳洗衣机的售价高许多，但这两种洗衣机除顶部的材质不同外，其余部分完全相同。塑钢的成本较高，但塑钢洗衣机售价较高所反映的不全是材质不同所增加的生产成本，还反映了特别的心理需求。

(3) 以地点为基准的差别定价。

地点也是一种效用，因此可根据不同的地点制定不同的价格。例如，电影院、演唱会、体育比赛等可依座位位置不同而制定不同的价格。虽然所有座位的建造成本大致相同，但由于不同位置的观看效果不同，就可对不同位置的座位制定不同的价格。

(4) 以时间为基准的差别定价。

按照不同时间而制定不同价格的情形也很多。人们在不同的季节、不同的日期或不同的时刻，对产品需求的强度会不同，因此可依时间的不同而制定不同的产品价格。例如，旅馆在淡季时有折扣，在旺季则根据原定价格收费；旅行社在春节和国庆节假期的旅游费用比平日高。

不管差别定价的基准是顾客、产品、地点还是时间，要切实可行，必须具备以下条件：

① 市场必须可细分，且每个细分市场的需求强度均不相同。
② 价格较低之细分市场的顾客，不可能将产品转售给价格较高之细分市场的顾客。
③ 竞争者不曾往高价的细分市场中采取低价倾销的策略。
④ 将市场细分化的成本费用不会大于其收益。
⑤ 价格差异不会引起顾客对企业产品的反感以致弃之而去。
⑥ 价格差异不会违反相关法律的规定。

三、竞争导向定价法

成本导向定价法仅考虑成本因素；而需求导向定价法仅考虑需求因素，只有在顾客需求较强或竞争者不多时方可行。竞争导向定价法，也称竞争基准定价法，是指以竞争者的价格而非成本或需求作为定价的主要考虑因素。竞争导向定价法主要有竞标法、追随领袖定价法、通行价格定价法、竞争价格定价法。

1. 竞标法

重大工程的施工、机器设备等的购置往往采用公开招标的竞争方式来选择施工方和采购者。在此种情况下，竞标者报价的主要考虑因素是竞争者可能报出的价格，而非考虑本身的成本与市场的需求。竞标者希望自己开出的价格低于竞争者的价格，以便能取得合约。但竞标者所报的价格也不能低于边际成本，否则会严重影响利润。用竞标法来定价时：标价愈高，中标后的利润愈大，但中标的概率愈低；标价愈低，中标的概率愈高，但中标后的利润愈小。我们可以用期望值的概念来说明一项标价的后果：如果某竞标企业的投标价格为7000万元，中标概率很大，有80%，但中标后的利润只有150万元，则这项标价的期望值为120万元；如果投标价格为12 000万元，中标后的利润有4500万元，但中标概率只有1%，则这项标价的期望值只有45万元。其他的标价及其期望值举例如表10-1所示。

表10-1 某企业竞标不同标价的期望值

投标价格/万元	中标利润/万元	中标概率/%	期望值/万元
7000	150	80	120
10 000	2200	40	880
10 500	2700	10	270
12 000	4500	1	45

假定这家企业的投标准则是求取最大的期望值，根据表10-1，最佳的标价是10 000万元，此时期望值为880万元。这种投标准则对那些时常参与投标的大企业，或不必依赖某一特定合约的取得才能生存下去的企业较为适用，因为长期而言以这种准则来投标一定可以获得最大的利润。但对那些只偶尔参与投标，或是一定要取得某一特定合约，否则无法生存下去的企业而言，则不适宜。例如，某企业对某项工程投标 X 元，中标后可获利润1000万元，中标概率为10%；如果投标 Y 元，中标后可获利润125万元，中标概率为80%。上述根据期望值进行投标的投标准则就不能区分这两个标价孰优孰劣（因期望值同为100万元）。如果这家企业急切地想取得此合约以维持运营，那么它将较为偏向标价 Y。

应用竞标法的最大困难在于估计各个标价的中标概率，因它需要了解竞争者的投标价格等信息，但每一个竞争者都不会泄露自己的信息，因此企业往往凭借猜测或是过去的投标经验等来判断。

2. 追随领袖定价法

在许多产业中，往往存在一家或少数几家企业，其在定价方面居于领导地位。这种情况在寡头竞争的产业中尤其普遍，像汽车、钢铁等行业就常有这种情形。其他企业会密切注意产业中价格领袖的价格信息，并据此决定本企业产品的价格。

不过，追随领袖定价法并不代表价格必须和价格领袖的价格完全相同，而是保持一定的差距，也许稍高，也许稍低，具体价格水平取决于其产品的市场地位、产品品质与品牌形象等因素。

身居领袖地位的企业并非可以任意决定其产品的价格，而是要详细分析自己的定价目标与成本结构（成本与产量的关系）、竞争者的定价目标与成本结构，以及整个产业的需求量及需求价格弹性等。如果产品的定价太高，而其他竞争者并不相应追随，则此价格领袖将冒损失市场占有率的风险，即使其他竞争者也跟随采取高价，也可能会吸引其他企业进入这个产业，造成产能过剩。如果产品的定价太低，威胁到其他竞争者的生存，则后者可能以更低的价格进行报复，导致价格战。因此，价格领袖必须审慎决定自己产品的价格水平。

3．通行价格定价法

通行价格定价法是指根据行业的平均价格水平，或以竞争对手的价格为基础制定价格的定价方法。企业采用这种定价方法的原因是：① 平均价格水平在人们观念中常被认为是"合理价格"，易为消费者接受；② 试图与竞争者和平相处，避免激烈竞争产生的风险；③ 这种定价一般能为企业带来合理、适度的利润。

在有许多同行相互竞争的情况下，如果企业制定的价格高于其他企业，就可能导致产品的销量低；如果企业制定的价格低于其他企业，就必须增加销售额来弥补降低了的单位产品利润，而这样做又可能使竞争者随之降低价格，从而使企业失去价格优势。因此，在现实的营销活动中，由于平均价格水平在人们观念中被认为是合理的，易为消费者所接受，而且也能保证企业获得与竞争对手相对一致的利润，所以许多企业倾向与竞争对手保持价格一致。尤其在少数实力雄厚的企业控制市场的情况下，对于大多数中小企业而言，由于其市场竞争力有限，不愿与生产经营同类产品的大企业做正面的"硬碰硬"竞争，往往实行"价格尾随"（Price Taker），根据大企业产品的市场价格确定自己产品的实际价格。

采用通行价格定价法有很多优点：第一，现已形成的价格水平代表着行业中所有企业的集体智慧，制定这样的价格，可获得平均利润；第二，依照现行行情定价，易于与行业中的各企业保持一致，免于相互"残杀"，从而使企业着眼于自己服务方式的优化和服务水平的提高，以培养更多的顾客；第三，在企业对产品的一部分成本不易核算、市场需求和竞争者的反应难以预料的情况下，采用这种定价方法可以为企业节省很多时间。

4．竞争价格定价法

与通行价格定价法相反，竞争价格定价法是一种主动竞争的定价方法。此定价方法一般为实力雄厚或产品独具特色的企业所采用。

首先，定价时将市场上竞争产品价格与本企业产品的估算价格进行比较，分为高于、低于、等于三个层次；其次，将企业产品的性能、质量、成本、式样、产量与竞争企业进行比较，分析造成价格差异的原因；再次，根据以上综合指标确定本企业产品的特色、优势及市场地位，在此基础上，按定价所要达到的目标确定产品价格；最后，跟踪竞争产品的价格变化，及时分析原因，相应调整本企业产品的价格。

10.3　新产品定价策略及价格调整策略

定价策略的制定受到产品的成本结构、市场需求、外在环境和竞争力量等许多因素的影响,是一项非常复杂的动态的决策。定价策略需要随着产品生命周期的演进而不断地改变或调整。

一、新产品定价策略

新产品在投入期的定价策略是非常具有挑战性的。企业应根据新产品究竟是模仿现有产品的非创新性产品,还是有专利保护的创新性产品,来决定使用不同的定价策略。

1. 非创新性产品的定价策略

如果新产品是模仿现有产品的非创新性产品,则应先根据新产品与竞争产品在价格与品质上的比较来决定新产品的定位,然后再选择适当的定价策略。如图10-3所示,企业一般有四种定价策略可选择。

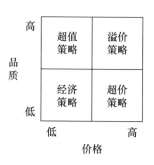

图10-3　价格-品质策略

（1）溢价策略。

溢价策略即生产高质量的产品,定价较高。

（2）经济策略。

经济策略即生产较低质量的产品,定价也很低。

（3）超值策略。

这是攻击实施高价策略者的一种方法。实施这种策略时,企业提供高质量的产品,但价格相对较低,强调物超所值,可吸引对质量敏感的购买者。

（4）超价策略。

实施超价策略时,相对于产品质量而言,产品价格过高。实施此策略可能会让购买者感到受骗而停止购买,因此企业应避免采用。

2. 创新性产品的定价策略

对拥有全新功能的创新性产品,企业有两种定价策略可选择,即撇脂定价和渗透定价。

(1) 撇脂定价。

许多发明新产品的企业在新产品上市初期制定高价,以便能从市场中快速收回投资及获得收益,这种定价策略称为撇脂定价。英特尔公司就是实施此策略的高手。当英特尔公司刚推出一种新电脑芯片时,它尽可能把价格定在最高点,使某些细分市场认为值得去购买装有此新芯片的电脑。当初期销售量增速变缓以后以及竞争者也要推出相似的芯片时,英特尔公司就会降价以吸引对价格敏感的细分市场。

例如,当英特尔公司推出奔腾芯片时,价格为1000美元,结果电脑厂商把首批奔腾个人电脑定价在3500美元或以上,只为吸引那些前卫的电脑使用者和企业购买者。但过了投入期之后,英特尔公司把奔腾芯片每年降价30%,最后使奔腾个人电脑的价格大幅下降到家庭购买者愿意支付的价格范围内。利用此种策略,英特尔公司在不同的市场生命周期阶段从不同的细分市场获取最大的收益。

撇脂策略只有在下列三个条件下才行得通:第一,产品质量和形象必须支持较高价格,而且有足够多的购买者愿在此价格水平下购买此产品;第二,产量较少时生产成本不会高到抵销较高价格获得的利益;第三,竞争者不可能轻易进入市场并以较低价格出售同类产品。

(2) 渗透定价。

渗透定价和撇脂定价正好相反。渗透定价是指在新产品上市初期制定低价以求快速而深入地渗透市场,目的是快速吸引大量购买者,赢得最大的市场占有率。例如,戴尔采用渗透定价,通过成本较低的邮购渠道去销售高质量的电脑产品。

实施渗透定价需要具备若干有利的条件:第一,市场必须对价格高度敏感,以便低价可带来更多的市场增长;第二,生产和分销成本必须随销售量的增加而下降;第三,低价必须有助于阻止竞争,否则,价格利益可能只是短暂的。

二、价格调整策略

企业在制定基价之后,常需根据顾客差异、成本差异、时间差异以及市场情境的改变而做必要的价格调整或修正。折扣、折让、促销性定价、心理定价和地理定价是较常见的价格调整策略。

1. 折扣、折让

企业为了鼓励顾客提早付款、购买较大量的产品或在淡季时采购等,常会实施价格折扣或折让。

(1) 折扣。

折扣即直接减价,包括多种不同的形式。

① 现金折扣。现金折扣是指对迅速支付账款的购买者的价格优惠。典型的例子如(2/10,30天付款),意指账款在30天内付清,但若在10天内付款,则给予2%的折扣。只要购买者符合上述条件,就可享有此种折扣。此种折扣在许多行业都非常盛行,有助于改善销售者的现金流动性、降低呆账风险及收款的成本。

② 数量折扣。数量折扣是指对购买大量产品之购买者的价格优惠。例如,购买100件以下,每件10元;超过100件,每件9元。数量折扣对所有的顾客都要一视同仁,且优惠的部分不能超过因大量销售所节省的成本。这些成本的节省包括较低的销售费用、存货成本及运输费用。数量折扣可以鼓励顾客向同一企业大量购买,而不要分散地向多家企业购买。

③ 功能性折扣。功能性折扣又称中间商折扣,是制造商对渠道成员执行某些功能(如销售、储存等)所给予的折扣。制造商可因不同的交易渠道所提供的服务不同而给予不同的功能性折扣。但制造商对同一交易渠道内的成员必须给予相同的功能性折扣。

④ 季节性折扣。季节性折扣是指对在淡季购买商品或服务的购买者的价格优惠。例如,旅馆、航空公司等都会在其销售淡季提供季节性折扣。季节性折扣的采用,可协助销售者全年维持稳定的销量。

(2) 折让。

折让是另一种降低产品售价的方式。例如,以旧换新折让是顾客以旧产品换取新产品的价格抵减。以旧换新折让在西方国家汽车市场中最为常见,在其他耐久物的交易中也被使用。促销折让是对参与广告或销售支持活动的经销商的付款或价格优惠。

2. 促销性定价

在某些情况下,企业会暂时将其产品价格定在价目表所示价格以下,有时甚至低于成本,这就是促销性定价。促销性定价有多种形式。

① 招徕定价。超级市场与百货公司常将某些产品项目以特别低的价格出售,以招徕更多的顾客购买其他以正常价格出售的产品项目。

② 特殊事件定价。销售者常在某些特殊的假日、季节或活动时采取减价行动,借以吸引更多的顾客。

③ 现金回扣。商家有时会在某一特定期间向顾客提供现金回扣,鼓励他们多购买产品。现金回扣可使商家在不减价的情况下达到出清存货的目的。

④ 低利融资。这是一种不需降价又可达到促销效果的方法,即由企业提供低利息贷款,以刺激顾客的购买意愿。

⑤ 免费维修。这是另一种降低产品价格的方式,即制造商为了提高顾客的购买意愿,可能提供免费维修与延长保修时间的服务。

3. 心理定价

心理定价是指依据情绪反应而非理性反应来定价,以达到鼓励消费者购买的目的。心理定价包括以下多种形式。

① 奇数-整数定价。这是以某些数字作为价格的尾数,试图影响消费者对产品或价格的认知。例如,采用奇数定价者认为价格定在 99.95 元会比 100 元卖得更多。采用整数定价者认为将价格订为 1000 元而非 998.98 元,能使产品在顾客心目中具有一种高级的形象。

② 习惯定价。有些产品主要是根据习惯的价格来定价的。

③ 声望定价。有些企业故意将产品价格定在高价水平,用以建立产品声望或质量形象。这是利用顾客追求名牌且不在乎价钱多少的心理来制定价格的策略。当顾客将较高的价格和较高的质量联想在一起时,此定价策略特别可行。

④ 价格线定价。为某些选定的产品线设定少数的价格水平,即价格线定价。例如,某家零售商可能经销两条不同质量的男用衬衫产品线,质量较差的产品线每件衬衫卖 15 元,质量较好的产品线每件衬衫卖 22 元,每条产品线都各有多种款式和品牌的衬衫。价格线定价可简化消费者的购买决策。

⑤ 尾数定价法。尾数定价法是指把价格尾数调整为符合某些地域习俗、文化传统和观念偏好的数字的定价策略。某些特殊数字常常被赋予一些独特的含义,企业在定价时如果

能加以巧用,其产品就会因而得到顾客的偏爱。例如,"6、8、9"字作为价格尾数在我国南方和港澳地区比较流行,人们认为"6"即"顺"、"8"即"发"、"9"即"天长地久"。又如,很多人不喜欢"4""250",在西方一些国家"13"被认为不吉利,因此企业在定价时应有意识地避开这些数字,以免引起顾客对企业产品的反感。

4. 地理定价

地理定价是指针对全国不同地区或不同国家的顾客制定不同的产品价格。企业可针对较远地区的顾客制定较高的价格以收回较高的运输成本;也可以忽略地区远近,制定统一的价格。

本章复习思考题:

1. 营销学中价格的含义是什么?
2. 定价策略的影响因素有哪些?
3. 定价的方法有哪些?
4. 价格调整的策略有哪些?

第十一章　分销渠道

> **本章学习要点**
> 1. 分销渠道的含义和分销渠道结构的类型；
> 2. 制造商分销渠道的形成；
> 3. 分销渠道的冲突和合作。

制造商生产出来的产品,由于各种原因而存在着与消费者之间的时间和空间上的背离,绝大多数制造商都不可能将产品直接销售给最终使用者。为了克服这种背离,只有通过不同类型的中间商转卖给最后使用者,也就是要凭借一定的分销渠道实施铺货工作,再经过物流的递送,才能在适当的时间、适当的地点以适当方式把产品提供给适当的消费者,从而满足消费者的需求,为消费者创造消费价值,实现企业的营销目标。如何以快而有效的渠道将产品递送给消费者,被视为企业所面临的复杂且富有挑战性的营销决策内容。

在竞争激烈的现代商业社会中,对消费品制造商来讲,拥有合适的实体分销渠道和终端,往往就能够在市场中胜人一筹,脱颖而出。在电商日益繁荣兴盛的时代,很多产品依然需要凭借实体分销渠道实施产品铺货,争夺消费者的战争依然需要争夺分销渠道的能力,"决胜终端""渠道为王"的口号威力不减。在现代商业环境中,产品的终端表现成为制造商关注的焦点,制造商把更多的目光投放在区域渠道的精耕与盘整、强化终端管理、争夺终端市场占有率上。制造商有时也采取终端拦截的做法实现自己的分销目标。

由于现代互联网+情形下市场覆盖前所未有地扩大和延伸,中间商出现了更为复杂的类型,尤其是近二十年来电商的快速崛起以及物流业技术的不断更新迭代,给传统实体分销渠道带来巨大的冲击和挑战。近几年,西方零售巨头也在不断压缩零售店铺的数量和规模。实体零售商积极转型谋划线上的布局是对传统分销渠道发展创新的有力举措。伴随着网民上网方式从PC端转向以移动智能手机端为主体,电商营销的重心也从争夺"流量""入口"移向"场景""体验"。2016年10月,阿里巴巴宣布"新零售"将取代传统的纯电子商务平台,实现电商平台和实体零售店面的优化升级,重塑业态结构和范围,构建全新的分销形态和模式。

制造商在渠道上所实施的策略方案会直接影响其他营销决策,诸如价格的高低、销售人员的工作内容、广告预算的多少等,都会受到其渠道策略的影响。

11.1 分销渠道概述

大多数制造商都是通过中间商(即营销中介机构)将产品移转至使用者或消费者手中的。从狭义的角度来看,分销渠道是由制造者、使用者或消费者以及介于其间的中介机构组成的一种社会体系。从广义的角度来看,分销渠道是指产品转移过程中所经过的路径,由参与产品转移活动以使产品便于使用或消费的所有组织或机构构成。

一、中间商的功能

中间商介于制造者(或生产者)与消费者(或使用者)之间,扮演着非常重要的角色,能执行许多重要的营销功能。如表 11-1 所示,中间商的功能可分为交易功能、物流功能和促成功能。

表 11-1 中间商的功能

交易功能	采购:购买产品用以转售 销售:把产品推销给潜在的消费者并争取订单 风险承担:承受制造商的风险(因拥有产品而发生产品变质、损毁或过期的风险)
物流功能	产品集合:将不同地域的产品集中在一起 储藏:维持存货和保护产品以满足消费者的需要 分类:大量采购并分装产品,包括:① 集中,即把相似的产品从不同来源集合成一批较大量的同质产品;② 分装,即把同质的产品分装成较小的包装;③ 组合,即把不同来源的产品组合起来服务消费者;④ 整理,即把异质性的产品分解成单独的同质性的存货 运输:将产品从制造的地点运送到采购或使用的地点
促成功能	财务:提供资金或贷款以促成交易 分级:检验产品并根据质量将其分成等级 营销调研:收集有关市场环境、预测销售量、消费趋势和竞争力量的信息,提供有关的信息

二、运用中间商的利益

从表面上看,制造商可以采取直接营销(也称直复营销)的方法,即不通过中间商而直接将产品销售给消费者,以省略中间商的工作。但是,大多数制造商却愿意将一部分的销售功能交给中间商去执行,显然是因为采用中间商可以获得某些利益。

① 大部分制造商缺乏足够的财力来执行直接营销的方案。即使像美国的通用汽车、日本的丰田汽车等那样的大型企业都无法筹集足够的资金买下它们的所有中间商,而须通过其代理商和经销商来执行许多销售功能。

② 如采取直接营销,则为了达到大量分销的经济效益,在渠道中必须提供相当数量的产品供分销之用,才能够降低成本。但对许多生产单一产品的制造商来说,如小饼干制造

商,即使有财力自行建立全国性或地区性的小型零售店,或派人逐月推销或采取邮购方式推销,也都不切实际。如果利用分布在全国各地的中间商销售网络,而与其产品之外的其他商品一起销售(如与小饼干以外的其他零食一起放在杂货店或食品店中销售),将降低许多分销成本。

③ 制造商即使拥有足够的财力可以建立和开发自己的渠道,也必须考虑其机会成本。例如,制造商将一笔庞大资金用于其他投资,也许可以获得15%的投资报酬率,而投资在零售商却只有10%的投资报酬率,这时制造商当然不宜去建立自己的零售店。

④ 利用中间商的分销经验、专业能力以及与市场的接触面,可使商品更容易接近目标市场,更方便消费者购买,所能获得的效益通常会大于制造商直接营销的效益。

⑤ 中间商的存在可以减少买卖双方为了完成交易所需要的交易次数。此种利益可以图11-1所示的假设状况来说明。图11-1中A部分表示三家牛奶生产者分别利用直接营销来接触各自的四个顾客,共需十二次交易;B部分表示三家牛奶生产者共同经由一位经销商和顾客进行交易,只需七次交易。如果制造商的数目增加为 m 个,顾客增加为 c 个,则A情况中需要 $m \times c$ 次交易,但B情况下则仅需 $m+c$ 次交易。很显然,利用经销商能大幅度减少交易的次数。

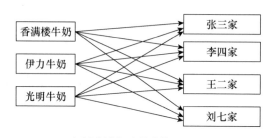

A(无中间商)交易次数:3×4=12

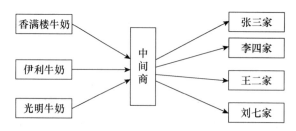

B(有中间商)交易次数:3+4=7

图11-1 中间商的存在可减少交易次数

三、分销渠道结构

在了解分销渠道结构之前,我们应先知道什么是渠道层级。任何执行将产品移转至最终购买者的中间商,均构成一个渠道层级。由于生产者与消费者也都执行某些工作,因此他们也是渠道的一员。我们通常以渠道层级的数目来表示渠道的长度。

分销渠道结构是指参与完成产品或服务由制造商向消费者转移过程中各渠道成员之间关系的构成、安排和组合。渠道结构说明了渠道成员的地位、业务关联和任务职责。以下将分别介绍消费品和工业品的分销渠道以及其他分销渠道的结构,涉及的问题包括:每一个区域设置多少网点?分销渠道需要发挥什么样的职能?一体化程度需要达到什么样的水平?渠道职能如何在渠道成员之间进行分配或安排?渠道的集中程度如何?分销渠道由哪几个层级构成?每一个层级由哪些类型的渠道成员构成?分销渠道结构的本质,是分销任务或渠道职能在渠道成员之间的分解或分配。

1. 消费品的分销渠道结构

消费品的分销渠道结构如图 11-2 所示,主要包括零级渠道、一级渠道、二级渠道和三级渠道等不同长度的分销渠道。

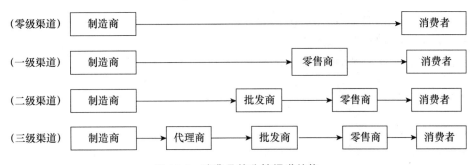

图 11-2 消费品的分销渠道结构

零级渠道也称直接分销渠道(直销模式),制造商直接售货给消费者,并未运用中间商。直接营销有许多种不同的方式,诸如直接邮购、电话营销、电视营销、电商营销(网店销售)、制造商自营零售店等。

一级渠道包括一个销售中间机构。在消费品市场,一般称这种中间机构为零售商。许多大规模的零售商店常直接向制造商大量进货,然后再转卖给消费者。

二级渠道包括两个销售中间机构。在消费品市场,我们称之为批发商和零售商。这是消费品最常用的营销渠道,制造商先将产品卖给批发商,再由批发商卖给零售商,最后由零售商卖给广大消费者。对大多数消费品而言,这是制造商将产品普及广大市场的最可行的一种渠道。

三级渠道包括三个营销中间机构。制造商经过代理商把产品卖给批发商,批发商卖给零售商,然后零售商卖给消费者。代理商只负责中介买卖,并不拥有产品所有权。许多小规模的制造商无力维持自己的销售团队,只好借助代理商担任他们的销售代表去和批发商接洽。

2. 工业品的分销渠道结构

工业品的分销渠道结构如图 11-3 所示,主要包括零级渠道、一级渠道和二级渠道等不同长度的分销渠道。

零级渠道是工业品最常用的渠道,产品由制造商直接卖给工业品购买者。当工业品购买者的规模大,或销售需要广泛的谈判,或产品的单价高,或产品需要广泛的服务时,这种渠道是最有效的渠道。例如,复杂而精密的电脑设备制造商常利用此种渠道,直接将产品卖给工业品购买者,并配备有专业技术能力的销售人员为购买者提供最好的售后服务。

一级渠道有两种情况:一种情况是制造商经由工业品分销商或自己设立的销售机构或自己的销售代表将产品卖给工业品购买者。其中分销商是专为工业品市场服务的一种批发

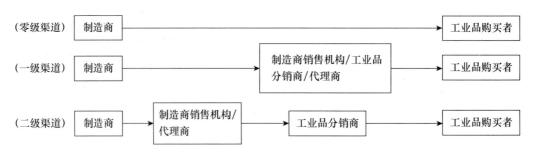

图 11-3　工业品的分销渠道结构

中间商,提供多样化的服务,包括市场推广方面的服务。当产品要卖给许多工业品购买者,而这些工业品购买者只是小量购买时,利用分销商是很有效率的做法。另一种情况是制造商经由代理商(而不是分销商)将产品卖给工业品购买者。代理商只起买卖双方中介人的角色,并不拥有产品所有权。有些制造商因规模较小或其他原因,没有营销或销售部门,但需要市场信息;或想引进新产品或进入新市场,但不使用自己的销售人员。此时,利用代理商不失为一种有效率的做法。

二级渠道是制造商通过自己的销售机构或代理商将产品卖给工业品分销商,再由工业品分销商将产品卖给工业品购买者。如果产品的购买者一般都是小额购买,此时利用二级渠道是一种务实的选择。

3. 单渠道

近年来,在管理咨询界,专业人士认为单渠道是制造商只通过实体店铺这一条渠道将产品转移到消费者手中的渠道模式,是"水泥+砖头"的实体店铺形态,仅仅覆盖周边的消费者,为少数消费者提供产品或服务。随着商铺租金上涨以及人力成本大幅上升,经营成本迅速飙涨,因此利润愈益微薄,实体店铺经营越来越艰难。

4. 多渠道

多渠道是多条单渠道的组合,每条渠道完成渠道的全部功能而非部分功能,相互之间没有统一的操作标准和规范,彼此之间处于独立运作的状态。多渠道大致有两种形式:一种是制造商通过两条以上的竞争性分销渠道销售同一品牌的产品;另一种是制造商通过多条分销渠道销售不同品牌的差异性产品。比如,制造商可能使用某种类型的渠道来服务消费品购买者,使用另一种类型的渠道来服务工业品购买者。

多渠道是单渠道的迭代升级,能够使企业的产品分销触达更广泛的消费群体。利用不同的渠道类型,企业既可以实现产品覆盖面和市场占有率的扩大,又可以为消费者提供更加及时、迅速的销售服务。

在某些情况下,制造商可利用多渠道来执行其多品牌的策略:用某一条渠道来经销某一个品牌的产品,用另一条渠道来经销另一个品牌的产品。

在某些情况下,也可利用多渠道来经销相同的基本产品给一个目标市场,称为双重分销(Dual Distribution)。运用双重分销的目的在于扩大市场覆盖范围,或使营销工作更具成本效益。例如,美国的桂格燕麦公司通过超级市场、餐厅、仓储联合社、现烤现卖面包专卖店以及学校与医院的餐点将其早餐产品卖给消费者。

5. 战略性渠道联盟

建立一个新的渠道是困难且费时的,当涉及国际市场分销时尤其如此。因此,不同的渠道成员间可能会为了互利而寻求一种密切的合作关系,这种关系就称为战略性渠道联盟。例如,鲜花零售商店认识到要把鲜花从栽种者直接运送给消费者,就必须和栽种者及运送者保持密切的合作,因此该商店说服栽种者与快递公司一起合作,达到快速和高质量的服务要求。

6. 反向渠道

传统上,分销渠道是将产品从制造商或生产者运送到最终使用者。但有时候产品也会做反方向的行动,即从最终使用者转移到制造商或生产者,这种渠道称为反向渠道。

反向渠道有两种类型,一种是回收再利用,另一种是召回。随着人们环境保护意识的增强,回收再利用日益受重视,如空瓶和空罐由回收公司回收后再卖给制造商使用,即属一种反向渠道。召回是指制造商发现其产品有瑕疵时,可能会通知购买者送回其产品,并由制造商退款,或予以更换,或加以修理。例如,三菱汽车销售(中国)有限公司根据《缺陷汽车产品召回管理条例》和《缺陷汽车产品召回管理条例实施办法》的要求,向国家市场监督管理总局备案了召回计划。自 2020 年 8 月 1 日起,召回 2016 年 10 月 14 日至 2017 年 11 月 25 日期间生产的部分存在安全隐患的进口帕杰罗汽车,这是一种反向渠道。①

7. 电子渠道

20 世纪后半叶,人类经历了互联网技术革命的浪潮冲击。互联网的兴起和普及不仅改变了人们的生活方式,而且将从根本上改变分销渠道的结构和战略,电子分销渠道的出现便是最主要的表现之一。罗森布洛姆认为,电子分销渠道是指利用互联网销售产品和服务,从而使目标市场能够利用计算机或其他可行的技术购物,并通过交互式电子方式完成交易。②电子分销渠道的出现,使得制造商能够绕过批发商和零售商,直接将产品或服务出售给消费者,这种现象称为非中介化(Disintermediation)。不过,消费者在大量的在线制造商之间进行选择是相当困难的。因此,新的在线辅助手段正在出现,它们取代了传统中介的角色,这些手段被称为再中介化(Reintermediation),它们在数字环境中充当了新中介的角色。

8. 跨渠道

跨渠道是指企业采用多条非完整的分销渠道进行销售活动,每条渠道仅完成零售活动的部分功能而非全部功能,多条渠道在零售活动中相互补充、协作和配合。例如,企业利用电话为顾客进行商品介绍,在网上商店提供详细的商品信息,通过实体店完成买卖交易,通过呼叫中心进行售后服务等。

跨渠道需要利用信息技术和数据链技术整合各条渠道的数据,提升顾客的消费体验。通过顾客交互系统获取的社交数据、Cookies、网站数据以及线上线下交易数据等,商家可以了解顾客的基本信息、喜好、行为等数据,能够刻画顾客在企业数据库中的数字身份,给顾客

---

① 中国质量新闻网.三菱汽车销售(中国)有限公司召回部分进口帕杰罗汽车[EB/OL].(2020-05-22)[2020-07-16]. http://www.cqn.com.cn/ms/content/2020-05/22/content_8605813.htm.

② 伯特·罗森布洛姆.营销渠道:管理的视野[M].宋华,等译.8 版.北京:中国人民大学出版社,2014:357.

精准画像,使得营销人员能够依据顾客的消费行为,以顾客目前需求及期望为基础,精心策划及协调跨渠道之间的顾客互动时间点,在正确的时间和正确的渠道做出及时响应,这种方法不仅建立了产品亲和力,契合顾客的需求和关注点,提升服务体验质量和水平,还有利于最终增加顾客的忠诚度,从而有助于强化商家个性化的营销行为,协调多渠道之间的关联和无缝隙切换,保证顾客体验的完整性、个性化、连贯性。

9. 全渠道

全渠道(Omni-Channel)是指企业为了满足消费者全天候、任何地点、个性化购买的需求,通过地面实体渠道、社交商店、PC网店、移动商店、呼叫中心、社交媒体等整合的方式进行销售,同一消费者在任何一种类型的渠道中都具有统一的购物身份或数字身份,统一的购物清单,统一的购物账户,可以享受到统一的购物服务,可以在不同渠道之间自由随意地无缝切换,能够经历连贯一致的舒心愉悦的购买体验,最终达成对企业的高满意度和强忠诚度。

全渠道实际上是企业凭借现代先进的数字信息技术构建的后台客户管理系统,采用尽可能多的分销渠道类型对销售活动进行高效灵敏的组合和高度协同的整合(跨渠道)的分销行为,以满足消费者购物、娱乐和社交的综合体验需求。这些渠道类型包括有形店铺(实体店铺、服务网点等)和无形店铺(网店、电话购物、电视商场、上门直销、直邮和目录、移动商店等),以及信息媒体(网站、E-mail、微博、微信等)等。

全渠道有两个实现方向:以线下渠道为主,把线上顾客流量导入线下;以线上渠道为主,把线下顾客流量导入线上。线下与线上渠道必须是协同的,目标是一致的,不是竞争关系。不能把线下与线上渠道割裂开来规划,产生自我竞争。

10. O2O零售模式

O2O即Online To Offline(在线离线/线上到线下),是指将线下的商务机会与互联网结合,让互联网成为线下交易的前台。O2O的概念非常广泛,既涉及线上,又涉及线下。

O2O一词是美国TrialPay创始人兼CEO AlexRampel在2010年首次提出。他认为,O2O是"在网上寻找消费者,然后将他们带到现实的商店中,是支付模式和为店主创造客流量的一种结合"。2010年前后,Groupon、Yelp、Opentable等几家美国本地生活服务类O2O公司的快速发展印证了O2O是一种很好的模式。

O2O的核心价值应该是充分利用线上与线下渠道各自优势,把网上和网下的优势完美结合,把互联网与线下实体店完美对接,实现互联网落地,让消费者实现全渠道购物。线上渠道的价值就是方便、随时随地,并且品类丰富,不受时间、空间和货架的限制。线下渠道的价值在于消费者看得见、摸得着商品,且即时可得,消费者也可以享受面对面的服务。O2O把两个渠道的价值和优势无缝对接起来,让消费者在享受线上优惠价格的同时,又可享受线下周到的服务。

O2O模式会产生以下的积极效果:

对企业来说,一方面可以利用互联网媒介在线上低成本快速、广泛地实施营销传播活动;另一方面,在O2O模式下,消费者在网站支付的信息会帮助企业了解消费者的购物信息,方便企业收集消费者购买行为数据,进而实现精准营销。线上增加的消费者一般不会给企业带来太多的成本,反而带来更多利润。此外,O2O模式在一定程度上降低了企业对店铺地理位置的依赖,减少了租金方面的支出。

对消费者来说,一方面可以更多角度地了解商品信息,通过在线交流与查阅评论实现更精确的购前信息分析;另一方面O2O提供丰富、全面、及时的商品折扣信息,使得消费者能够快捷筛选并订购适宜的商品或服务,且价格实惠。

对O2O服务提供商来说,O2O模式的时尚性、经济性和便利性可带来大规模高黏度的消费者,进而能吸引到更多的企业开展O2O业务模式。O2O服务提供商掌握庞大的消费者数据资源,能提供其他增值服务,帮助企业更好地销售产品。

11. 新媒体渠道

新媒体渠道,是指媒体利用其庞大的信息受众规模和稳定便捷的渠道网络,充分发挥产品销售渠道信息流、商流、物流和资金流合一的功能,在第三方企业(广告商)和消费者(客户)之间搭建沟通和贸易的桥梁,为第三方企业(广告商)提供市场分析、客户选择、营销策划、活动实施、产品代理、信息告知、交易谈判、货物配送、资金回笼、服务延伸、顾客维护等系列化、专业化渠道服务的新型业务形态。新媒体渠道最大的特点在于真正搭建了广告主与广告受众之间的从信息传播到物流递送的直接而便捷的通道,为广告主提供整体的市场规划和产品销售服务,真正实现了媒体的渠道化,使媒体完成了由信息发布者向交易中介再向营销服务商的转型。

12. 制造商与中间商之间基于业务分工关系的分销渠道模式

制造商与中间商之间的合作关系有多种形态。中间商在渠道网络中可以扮演多种角色,发挥多种作用。制造商往往需要借助中间商的力量把产品分销出去,这中间的大量工作都需要与中间商进行适当的分工和合作,形成各种管理模式。从中国企业的分销渠道的实际来看,制造商与中间商的关系结构模式大概有四种渠道模式。

(1) 传统渠道模式。

制造商直接以经销商为自己的下级批发商,制造商的目标客户主要以一级经销商为主,对分销渠道的管理也主要是对一级批发商的关系协调。

(2) 代理模式。

制造商可以利用代理商的现有销售网络迅速建立分销渠道。在这种模式下,制造商按照商定的条款把产品交给代理商就可以了,由代理商负责完成余下的把产品分销给消费者的工作。

(3) 掌控终端模式。

制造商建立了直接管理终端的销售方式,直接管理的客户从经销商、代理商转变成了终端客户。在这种模式下,中间商在产品分销过程中只是起到了中间流转环节的作用,大量的关键性分销工作主要是由制造商完成的,中间商只起到了配角的作用。

(4) 制造商助销模式。

制造商通过投放由自己管理和控制的人、财、物等各类资源,全面系统地支持经销商开拓市场。这种模式下制造商与中间商齐心协力地完成产品的分销工作,在此过程中根据分销业务的需要它们各自扮演着恰当的角色。

在不同渠道模式下制造商与中间商的工作分工如表 11-2 所示。

表 11-2　不同渠道模式下制造商与中间商的工作分工[①]

项目		传统渠道模式	代理模式	掌控终端模式	制造商助销模式
制造商的关注点		制造商仅关注与一级经销商的业务关系	制造商仅关注与代理商的业务关系	制造商关注经销商对终端产品的配送与终端服务需求的实现	制造商关注经销商对终端产品的配送与终端服务需求的实现
制造商对终端的拉动		根据产品特性选择相应的消费者进行拉动	制造商对终端无拉动,代理商直接面对终端	根据产品特性选择相应的消费者进行拉动	根据产品特性选择相应的消费者进行拉动
制造商与经销商的分工		经销商完成全部销售服务,制造商监控少	代理商完成全部销售服务,制造商监控销售区域和价格管理	制造商完成终端推动和终端服务,经销商重点完成物流配送	制造商完成终端推动和终端服务,经销商重点完成物流配送
具体工作分工	新客户开发	经销商完成	代理商完成	制造商完成	制造商/经销商共同完成
	客户拜访	经销商完成	代理商的工作重点	制造商完成	制造商/经销商共同完成
	订单处理	经销商的工作重点	代理商的工作重点	制造商/经销商共同完成	经销商完成
	促销	经销商完成	代理商完成	制造商/经销商共同完成	制造商/经销商共同完成
	仓储配送	经销商的工作重点	代理商的工作重点	经销商完成	经销商完成
	收款对账	经销商的工作重点	代理商的工作重点	经销商完成	经销商完成
	售后服务	经销商完成	代理商完成	制造商/经销商共同完成	制造商/经销商共同完成

11.2　分销渠道的整合

传统的分销渠道是由独立的制造商与中间商组成的。每一个渠道成员都有自己的目标和策略,彼此缺乏协调,常常发生利益冲突,影响整个渠道的绩效。为改善传统渠道的缺陷,企业应对渠道的结构做适当的修正。将渠道进行水平或垂直的整合是常见的做法。

一、水平的渠道整合

水平的渠道整合是指将属同一层级的两家或两家以上的渠道成员结合起来。这些成员可将彼此的资金、生产能力或营销资源结合成为一体,以获得较各自独立作战时更好的绩效。水平整合可以是暂时性的,也可以是永久性的,甚至可另外创立一家独立的公司。

---

① 徐志科.经销商选择因渠道模式而异[N].医药经济报,2007-05-11(05).

例如，美国德州的 Lamar 储蓄银行和 Safeway 商店合作，在 Safeway 商店中设立储蓄部门和自动柜员机，Lamar 得以低成本快速进入市场，Safeway 则可为其顾客提供店内银行服务，这就是水平整合。

二、垂直的渠道整合

垂直的渠道整合是指不同渠道层级成员间的协调合作，常以垂直分销系统的形式呈现。

垂直分销系统是一种中央规划及管理的分销渠道，可避免资源的重复投资，达到整个渠道的最大效率。垂直分销系统有三种不同的类型：管理型、契约型和公司型的垂直分销系统（如图 11-4 所示）。

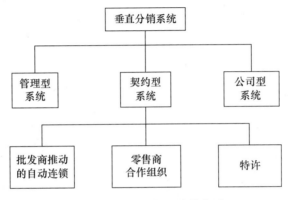

图 11-4　垂直分销系统的类型

1. 管理型系统

管理型系统是指由一家具有优势力量的渠道成员来管理垂直分销系统，使各成员在做产销决策时能考虑到整个渠道系统的利益，彼此相互协调合作。例如，大零售商"玩具反斗城"对其玩具供应者（玩具制造商）的产品、价格和营销传播策略都有很大的影响力，但它们也相互依存。

2. 契约型系统

契约型系统是由不同渠道层级的独立成员组成的，它们彼此通过契约的订立来整合产销决策，用以实现比各自为政时更好的经济效益和销售成果。契约型系统有三种类型：批发商推动的自动连锁、零售商合作组织和特许。

（1）批发商推动的自动连锁。

这是由批发商将独立的零售商组织起来的自动连锁，用以协助零售商对抗大型的连锁组织。在批发商的主导之下，零售商签订契约，同意将采购、市场推广、存货、定价等营销作业标准化，并加强彼此的协调，以提升竞争能力。例如，美国的独立杂货商联盟（Independent Grocers Alliance，IGA）就属于这种类型。

（2）零售商合作组织。

这是由零售商自行组织且共同拥有、共同经营的批发组织。合作组织的会员零售商向合作组织购买大部分的货品，也共同制作广告，并根据购买量分享利润。参与合作组织的会员零售商有时还会使用同一店名，以分摊广告费用。非会员零售商也可向合作组织购货，但不能分享利润。美国的联合杂货商（Associated Grocers）就是一个零售商合作组织。

(3) 特许。

这是最常见的一种垂直分销系统。通过特许,母公司可授权其他企业组织参加它的渠道系统。被特许者通常可使用特许者的商标,也可从特许者那里获得许多营销、管理和技术方面的服务,但要支付一笔费用给特许者。

① 特许的利弊。

特许对特许者和被特许者都有好处,但也有一些缺点。对特许者来说,可获得现成的资金供扩张之用,也有精力去制定符合不同区域市场特点的特许加盟政策。对被特许者来说,可获得较大的知名度、广告方案的参与、供应商的价格优惠和企业经营上的指导等。

但对特许者来说,有时难以找到足够多的有资格的被特许者,同时被特许者的活动也比较难控制。对被特许者来说,如果特许者未提供足够的支持或对被特许者的当地市场情况不够了解时,特许是不会成功的。

② 特许的形态。

特许有三种不同的形态:

第一种形态是制造商推动的零售商特许系统,盛行于汽车业。例如,福特汽车公司授权经销商销售其汽车。经销商为独立的企业经营者,他们同意配合福特汽车公司在销售与服务方面的各项规定。

第二种形态是制造商推动的批发商特许系统,常见于冷饮业。可口可乐公司授权各市场上的饮料工厂(批发商)向其购买浓缩糖浆,再加工并装瓶后,直接将制成品销售给当地市场的零售商。

第三种形态是服务公司推动的零售商特许系统,即由一家服务公司授权给一个零售系统,将其服务提供给消费者。

3. 公司型系统

公司型系统是指一家公司拥有渠道中每一个成员的全部或部分所有权,因此这家公司对整个渠道的产销决策有最大的控制权。在这种系统下,合作和冲突管理是通过正常的组织渠道来进行的。例如,西尔思公司有50%以上的商品是由其拥有全部或部分股权的制造商所供应的。

11.3 制造商的渠道决策

制造商为经销其产品或服务,必须做好有关渠道的决策,才能有效地满足顾客的需要。制造商的渠道决策包括渠道的选择、分销强度、渠道成员的管理等。

一、渠道的选择

分销渠道的选择是一项繁杂的工作。制造商的营销人员在选择渠道时,通常要考虑目标市场因素、产品因素、中间商因素、制造商因素和环境因素等。

1. 目标市场因素

分析目标市场的特性是选择渠道的第一个步骤。营销人员应深入分析下列目标市场因素:

（1）消费者偏好。

在其他选择因素的限制范围内,制造商应设法选择消费者最偏爱的渠道。由于消费者偏好会随着时间的推移而变化,因此渠道也可能需要改变。例如,某毛刷公司曾常年以其刷子和挨家挨户推销而闻名,但因它的许多顾客(家庭主妇)后来都外出工作,不再在家等候推销人员上门,因此它不得不采用目录和零售店来销售其产品。

（2）消费者或客户。

组织客户的购买习惯常与消费者的购买习惯有所不同。

（3）地理位置。

消费者所处的地理位置也是一个重要因素。例如,如果顾客规模小而且散布各地,利用直接营销就不切实际。但如果顾客规模大且地区集中,直接营销就可能较适合。

（4）市场大小。

直接销售需要企业在人工、培训和其他费用上做相当大的投资,而利用代理商所需的投资就少很多。因此,如果市场规模小,就适宜利用代理商。同时,潜在的消费者的数目也会影响渠道选择,如果存在大量的潜在消费者,就需要有实力强的中间商网络。

（5）竞争。

被竞争者忽略或规避的渠道通常是一个好的渠道选择。但在某些情况下,营销人员会模仿竞争者的渠道,以便使其产品在商店货架上能放置在竞争者产品的旁边。

2．产品因素

若干与产品有关的因素会影响渠道的选择。

（1）产品特性。

在某些情况下,产品特性对渠道的选择有非常大的影响。例如,对易腐坏的产品,为避免因拖延及重复处理所造成的产品损失,通常宜利用直接的营销渠道;对体积较大搬运不便的产品,如建筑材料、瓶装饮料等,在设计渠道时应考虑尽量减少搬运次数,缩短搬运距离;对某些需要较多售后服务的产品,如汽车、电脑等,则需要考虑由制造商或制造商授权的中间商负责销售与维护。

（2）市场生命周期。

产品所处的市场生命周期阶段是渠道选择的一个重要考虑因素,所以随着市场生命周期的演进,制造商应对渠道进行不断的调整。

（3）产品形象。

制造商所要树立的产品形象和消费者的实际知觉会影响渠道的选择。例如,制造商只让少数有声誉的零售商来销售其产品,可有助于建立一种豪华的或一流的产品形象。

（4）价格。

产品的价格也会影响渠道的选择。低价和数量大的产品通常需要通过大而完整的分销网络来分配。例如,杂货批发商超级瓦卢(Super Valu)的渠道系统可将杂货类产品有效率地运送到3000家以上的零售店。一些单价较高的产品,如珠宝、首饰等,则需由制造商的推销人员或自营店负责销售而不通过中间商去销售。

3．中间商因素

在选择分销渠道时,制造商必须考虑有无可用的中间商、中间商的特性以及中间商的意愿和能力等因素。

（1）有无可用的中间商。

选择分销渠道时，制造商要考虑有没有可用的或现成的中间商存在。有时因为找不到合适的或可用的中间商，制造商不得不考虑其他渠道。在开拓国际市场时，制造商尤其不能想当然地认为一定会找到适宜的中间商。

（2）中间商的特性。

在选择分销渠道时，制造商必须考虑各种不同形式的中间商在执行各项渠道功能上的优缺点。例如，同时代理几家制造商的代理商，因为成本可以由几家制造商来分摊，因此其成本较低，但是他们对个别制造商的服务或认同程度较低；相反，制造商的独家代理商能全心认同和配合制造商，也愿意执行较多的渠道功能，但其要求的利润通常也较高。

（3）中间商的意愿和能力。

有时制造商虽可找到合适的中间商，但如果中间商的积极性不高或能力不够，这时制造商也必须考虑选择其他的渠道。

4．制造商因素

制造商的营销目标和资源等因素是其选择渠道时必须考虑的因素。

（1）营销目标。

制造商的营销目标对其渠道的选择有很大的影响。一家寻求以提供优质服务来建立顾客长期忠诚的企业和一家以低价来追求扩大市场占有率的企业，它们可能不会选择相同的渠道系统。例如，美国的卡特皮勒公司的一个重要营销目标是要满足顾客的长期需要，因此它所遴选的经销商必须能够达到它所要求的服务水平，即使有的经销商能以较低的价格销售卡特皮勒的产品给一大群顾客，但因其不能达到所要求的服务水平，卡特皮勒公司也不找他们做经销商。

（2）资源。

不同的渠道方案需要不同的企业资源，有的渠道（如维持庞大的直接销售团队）需要较多的投资，有的渠道需要的投资不多。如果制造商的资源够丰富，自然可以有较大的选择空间；而如果制造商的资源有限，则只能选择不需要太多投资的渠道方案。

5．环境因素

许多宏观营销环境因素会影响制造商渠道的选择，这些因素主要包括经济环境、地理环境和法律环境。

（1）经济环境。

经济环境的改变会影响制造商对渠道的选择。例如，经济不景气时，制造商为了降低将产品送到顾客手上的成本，可能会采用较短的渠道，并且省略若干较不重要的服务，以期能以较低的价格供应产品给顾客。另外，在经济不景气时，顾客很可能会改变他们的购买行为，选择到廉价的零售店去购物，因此只要不伤害产品的形象，制造商通常会多利用那些廉价的零售店。

（2）地理环境。

自然地理条件有时会制约制造商对分销渠道的选择。例如，青藏高原复杂的地质、地貌、气候条件给消费品制造商的分销渠道的建立和维护增加了许多困难；新疆、内蒙古、海南的偏远地域同样为电商的物流成本增加了许多的变数。

(3) 法律环境。

分销渠道的选择会受到相关法律的规范和限制。因此,制造商在选择渠道时,必须遵守相关法律的规定。

二、分销强度

分销强度是指在各渠道层级中中间机构的数目,也称铺货率。制造商在选择好渠道之后,尚需进一步决定分销强度,也就是决定要选择多少家中间商。一般有三种分销强度供制造商选择:独家分销、选择性分销和密集性分销。

1. 独家分销

采用独家分销时,制造商会限制中间商的数目,也就是只让数目有限的中间商拥有在他们的市场范围内独家经销它们的产品的权力。通过提供独家经销权,制造商可在销售方面对中间商拥有更多的控制权。采用独家分销有利于树立企业产品的形象,并可获得较高的利润率。独家分销常出现于新型汽车、主要家电用品等行业。例如,一些超豪华汽车品牌就采用独家分销策略,也就是只选用少数的经销商,即使在大都市也只有一两家经销商。

2. 选择性分销

选择性分销是指使用一家以上的中间商来经销产品,但其数目比所有愿意经销此产品的中间商数目要少。采用选择性分销的制造商不需要将其力量分散到销售点,制造商也能与所选定的中间商建立良好的工作关系,从而获得超过平均水平的销售支持。选择性分销可使制造商获得比密集性分销还要多的控制权,并能以较低的成本拥有良好的市场覆盖范围。

选择性分销也有助于树立良好的产品形象。有许多消费品需要维持豪华的形象才能获得市场的成功,这一类产品制造商常利用选择性分销策略。例如,在化妆品市场,"封面女郎"(COVERGIRL)是以广大的消费大众为目标市场,故可在折扣商店买到"封面女郎"化妆品;但"雅诗兰黛"(ESTEE LAUDER)的目标市场较小,是以经济状况较好的女性为销售对象,一般在高级百货公司才买得到。

3. 密集性分销

密集性分销的特色是尽可能把产品陈列在最多的零售点。当地点的便利性是消费者的重要考虑因素时,提供密集性的分销就显得非常重要。密集性分销通常适用于便利品(如汽油、香皂、零食等)和常用的原料。

美国的固特异轮胎与橡胶公司(以下简称固特异公司)采用密集性分销是相当成功的。为了扩大市场的覆盖范围,固特异公司分别利用三条分销渠道:第一条渠道是固特异公司自营的连锁零售店,第二条渠道是数量远多于自营零售店的特许商店,第三条渠道是独立的轮胎经销商。独立的轮胎经销商除经销固特异轮胎外,也经销其他品牌的轮胎。通过这三条渠道,固特异公司便能在销售量和利润率方面获得最佳的组合。

三、渠道成员的管理

制造商在选择好渠道并确定分销强度之后,必须进一步选择具体的渠道成员(中间商)并对其进行必要的激励与评估。

1. 渠道成员的选择

在选定的渠道中,制造商应尽力去吸引合适的中间商。在选择中间商时,制造商应先决定要根据哪些特征来区分中间商的优劣。制造商在选择中间商时所考虑的因素大致包括中间商的历史、经销的产品线、营业类别、获利能力、地点、顾客类型、销售能力、信誉、合作意愿等。

在某些情况下,制造商可能没有能力找到或吸引最合适的中间商,只能退而求其次,选用次佳、甚至是较不理想的中间商。

2. 渠道成员的激励

一旦选定中间商之后,制造商还须持续给予他们激励,使他们全力销售制造商的产品。制造商不仅要通过中间商来销售其产品,也要把产品卖给中间商。

制造商要激励中间商,取得中间商的真诚合作,最有效的方法是设法和中间商建立长期的合伙关系。制造商可以通过垂直营销系统的安排和中间商建立共存共荣的长期合作关系,使中间商愿意投入最大的心力,以最有效的做法来销售制造商的产品,达到双赢的目标。

"授之以鱼,不如授之以渔。"制造商可以通过向渠道成员提供"造血机制"的方式来激励渠道成员。也就是说,制造商不仅要让下游的各级经销商赚钱,而且要教会他们赚钱的方法。但是,这对制造商的营销能力提出了极高的要求。不断提高经销商的市场经营能力,提高其市场业绩,一方面体现了制造商"与经销商共赢"的渠道战略;另一方面,提升经销商的竞争力其实就是提升制造商自己的竞争力。

3. 渠道成员的评估

制造商必须定期或不定期地评估中间商的绩效,评估标准包括销售配额、平均存货水平、送货时间、损坏与遗失货品的处理、对厂家促销和训练方案的合作程度、向顾客提供的服务等。

将评估结果作为奖励或惩罚的依据,评估才有意义。对评估为优秀的中间商,制造商应予以表扬和奖励;对评估为不良的中间商,制造商应设法了解其原因,加强辅导与训练,在不得已时予以撤换,终止经销关系。

11.4 渠道合作、渠道冲突与渠道领导

分销渠道中有三种可能的关系,即渠道合作、渠道冲突与渠道领导。

一、渠道合作

分销渠道是由许多组织和个人组成的,这些渠道成员常常是彼此独立的。为了有效发挥渠道的功能,所有的渠道成员必须通力合作,提升渠道的竞争力。为了促进渠道合作,制造商必须了解中间商的需要和预期,中间商也要了解制造商的需要和预期,双方应相互协助和支持。批发商、代理商和零售商之间也要彼此增进了解,提供支持。

在一个渠道合作的情境中,渠道的整体利益通常比单个渠道成员基于自身利益而各自为政时所获得的利益总和要大。通过渠道合作,渠道成员往往也更能有效地满足目标市场的需要。

二、渠道冲突

渠道冲突是指下述状态之一：一个渠道成员正在阻挠或干扰另一个渠道成员实现自己的目标或有效运作；一个渠道成员正在从事某种会伤害、威胁另一个渠道成员的利益,或者以损害另一个渠道成员利益为代价而获取稀缺资源的活动。渠道冲突包括水平冲突、垂直冲突与多重渠道冲突。

1. 水平冲突

水平冲突是指同一渠道阶层中各成员间的冲突。例如,在芝加哥的某些福特汽车经销商抱怨该地区的其他经销商在价格和广告方面过度竞争或跨区销售,抢走了不少生意,这类冲突属于水平冲突。

2. 垂直冲突

垂直冲突是指同一渠道中不同阶层成员间的冲突。例如,通用汽车公司为了加强服务,在制定价格及广告政策时曾与其经销商发生冲突；固特异公司决定将其轮胎通过商店经销时,也曾和其经销网络发生冲突,这类冲突属于垂直冲突。

3. 多重渠道冲突

多重渠道冲突是指当制造商建立两条或两条以上的渠道,这些渠道在同一市场相互竞争时所产生的冲突。例如,当李维·施特劳斯允许西尔思与杰西潘尼这两家大零售商店销售其牛仔裤产品时,便引起其传统的专门店的强烈不满；当固特异公司允许西尔思、沃尔玛等大型零售店经销其畅销的轮胎品牌时,也曾使它的独立经销店大为恼火,这类冲突属于多重渠道冲突。

除了以上三种渠道冲突外,还有一种重要的渠道冲突形态——串货。串货也称冲货或越区销售,是指分销渠道中的某个中间商受经济利益的驱使,为获取非正常利润,以低于正常价格向授权区域以外的地区倾销产品,造成市场价格混乱,从而对其他渠道成员造成经济上的损害和经营上的混乱,亦使受害渠道成员对产品销售失去信心。

造成某些渠道成员串货的原因有多种：

① 不同渠道成员得到商品的价差太大造成串货。这种价差可能是地区之间的价差,可能是不同季节之间的价差,可能是调价前后的价差,可能是大小客户之间的价差,可能是不同订货量之间的价差,等等。

② 销售管理政策的缺陷为串货埋下了隐患,具体表现为：年度销售任务目标定得太高,渠道成员和制造商自己的区域销售经理和业务员都感到难以完成任务,此时只有铤而走险合谋实施串货,甚至贴现串货；年终为了完成销售任务,为了个人业绩,区域经理要求中间商压货,并以其他促销措施给予支持(变相降价),而来年中间商只有串货才能变现资金；对中间商的奖励政策不合理,例如当奖励随几何级数增加时,导致中间商为了拿到奖励而串货；年终返利太高,使得中间商为了年终的高额返利而大肆串货；实物奖励的政策导致某些中间商在自己的销售区域内由于市场饱和不能甩掉库存而不得不串货。

③ 中间商和业务员缺乏诚信和商业道德也可能造成串货，主要体现为：中间商和业务员为了不费力气就拿到利润，不惜低价出货，销到异地（尤其是销量大、终端促销做得好的区域）去；一些中间商与制造商业务员甚至区域经理联合造假；中间商对一些即将过保质期的产品大量甩货；中间商资金困难需要套现而不惜低价倾销；中间商欲放弃制造商的产品或者即将倒闭时以低价串货乱市，等等。

渠道冲突有时会形成良性的竞争，促使渠道成员更加努力，有助于提升整个渠道的绩效。但渠道冲突有时会造成渠道成员力量的抵消，降低渠道的整体绩效。为避免或降低渠道冲突的不利影响，制造商必须对渠道冲突加以管理，应明确每个渠道成员的角色，以免因角色模糊或混淆不清而造成不必要的冲突。

制造商在解决渠道冲突时要根据冲突性质的不同采用不同的方法。一般来说有以下四种方法：问题解决法、劝解法、讨价还价法和第三方介入法。问题解决法是指通过讨论或商谈找到使双方都能够接受的解决冲突的方案，其前提是冲突双方有一些事先约定好的共同目标，双方都有维持良好关系的愿望。劝解法是指一个渠道成员试图通过说服的方式改变另一个渠道成员对于一些重要问题的看法或决策标准。讨价还价法是指冲突的双方通过讨价还价的方式为双方寻找一个得与失的平衡点，只有一方或双方都做出某种程度的让步，冲突才能得以解决。第三方介入法是指双方的冲突达到较高的水平且冲突双方感觉到在他们之间难以达成满意妥协的情况下，引入第三方的力量加以协调和解决。

三、渠道领导

在每一条渠道中，通常会有一个渠道成员扮演渠道领导的角色，扮演这种角色的成员称为渠道领导。例如，在麦当劳的特许经营体系中，特许者（即麦当劳）就是渠道领导。通过一个强有力的渠道领导来担当促成渠道合作、统领渠道成员的角色，并管理渠道冲突，对提升整个渠道的整体绩效通常是很有帮助的。

渠道领导之所以能够领导渠道成员，显然是因为它拥有某种渠道权力。渠道权力有以下四种：

1. 奖赏权

渠道领导在渠道成员做出了有利于渠道领导的行为时给予其必要的奖赏，即拥有奖赏权。例如，渠道成员订单达到某一特定数量时给予价格上限（价格折扣不超过某一特定水准）的奖赏就是一个例子。

2. 专长权

专长权是指来自专业知识的权力，是通过某种专业知识而产生的对其他渠道成员的影响力。

3. 合法权

合法权是指渠道成员相信渠道领导有权力去控制渠道。在公司型和契约型的垂直营销系统中，这种权力最为明显，渠道领导甚至可能拥有其他渠道成员。

4. 强制权

强制权是指渠道领导拥有经济权力，可迫使其他成员顺从。这种权力可能是负面的。强制权并不像其他类型的权力一样是基于互利的权力移转，渠道成员是因不想遭受惩罚才顺从渠道领导的要求。例如,某公司供应产品给沃尔玛这种大零售商,一旦失去沃尔玛这个渠道,公司将在经济上遭受重大损失,因此比较愿意顺从沃尔玛的要求。

本章复习思考题:

1. 分销渠道的含义是什么?分销渠道的结构类型是怎样的?
2. 制造商的分销渠道决策包括哪些内容?
3. 分销渠道的冲突有哪些形态?渠道领导权是怎样的?

第十二章 零售、批发和物流管理

> **本章学习要点**
> 1. 零售的含义，电商营销的含义，新零售的含义，零售商类型；
> 2. 批发的含义和批发商类型；
> 3. 物流的含义和物流管理的构成。

中间商是分销渠道的重要成员，介于制造商和最终消费者或使用者之间，扮演桥梁或中介的角色。中间商主要包括零售商和批发商两大类，零售商是将商品直接销售给最终消费者的中间机构；批发商则是将商品销售给零售商以供后者再销售的中间机构。实体产品的制造商或生产者还须通过物流系统的仓储与运输服务才能将产品送到消费者或使用者手中。

12.1 零 售

零售是指直接销售产品或服务给最终消费者(个人或家庭)以供其作非商业用途的一切活动。许多分销渠道的成员，包括制造商、批发商和零售商，都在做零售的活动，但大多数的零售活动是由零售商来做的。零售商是指购买产品并将其转售给最终消费者的经济组织。零售商的销售收入主要来自零售。零售可分为商店零售和非商店零售两大类。

近些年来，零售环境和业态发生了巨大的变化。

一、商店零售

商店零售也称店铺零售，是指通过零售商店来从事零售活动。零售商店有许多不同的类型，可依服务的多寡、所经销产品线的广度和深度以及相对价格等来加以分类。

1. 服务的多寡

不同的产品需要不同数量的服务。根据零售商提供的服务的多寡可将零售商分为自助服务零售商、有限服务零售商和完全服务零售商。

（1）自助服务零售商。

许多便利品与选购品通过自助服务零售商来销售。自助零售方式可以说是所有折扣经营的基础。有许多消费者为了省钱，愿意到这种零售商店进行"寻求—比较—选择"的购买程序。

（2）有限服务零售商。

有限服务零售商经销的选购品较多，必须提供较多的销售协助，消费者也需要较多的信息。这种零售商提供自助服务零售商所没有的一些服务，因此营运成本较高，售价也较高。

（3）完全服务零售商。

在消费者进行"寻求—比较—选择"的购买过程中，完全服务零售商可随时准备提供服务。那些喜欢被殷勤款待的消费者比较偏爱完全服务零售商。完全服务的商店提供较自由的退货政策、免费送货服务，并有休憩室与餐厅。表12-1列举了完全服务零售商提供的主要服务项目。由于服务项目多，因此成本颇高，导致价格也更高。

表12-1 完全服务零售商提供的主要服务项目

购买前服务	购买后服务	附带服务
● 接受电话订货	● 运货	● 支票兑现
● 接受邮购订货	● 一般包装	● 一般信息
● 广告	● 礼品包装	● 免费停车
● 橱窗展示	● 调整	● 餐饮服务
● 室内展示	● 退货	● 修理
● 试衣间	● 换货	● 内部装潢
● 购物时间	● 整修	● 信用
● 时装展示会	● 安装	● 化妆室
● 以旧品换购新品	● 刻字	● 托儿服务

2. 产品线

根据零售商所经销的产品线的深度和广度可将零售商分为专卖店、百货公司、超市、便利商店、大卖场、特级市场和服务零售商。

（1）专卖店。

专卖店的产品线狭窄，但各产品线内的产品种类齐全，如服装店、体育用品店、家具店、花店以及书店等。根据专卖店产品线的宽窄程度可对其再予以细分。例如，服装店可以是单一产品线商店，男士服装店是有限产品线商店，而专门定做男士衬衫的商店是超级专卖店。

（2）百货公司。

百货公司销售多种产品线，典型的产品线如服装、家具及家庭用品等，且每一条产品线均由一个独立部门来经营，如美国的西尔斯、梅西百货等，日本的高岛屋、三越、伊势丹、东急等。

在一些国家或地区，伴随着线上购物的兴起，百货公司的经营环境日益恶化，吸引力日益衰退。为了挽回颓势，百货公司的经营方式也不得不做出必要的调整，百货公司开发线上业务、与线上业务实施融合是走出困境的一个方向。

（3）超市。

超市通常是以大面积、低成本、薄利多销、自助服务等为主要特点，以满足消费者对食品、家庭用品的需求。大多数超市强调低利润率，因此需要有高的存货周转率才能获得满意的投资报酬率。

（4）便利商店。

便利商店是指那些规模较小、开设在住宅区附近、营业时间长、假日不休息，并只销售一些周转率高的便利品的商店，如 7-Eleven。这类商店由于营业时间长，且顾客一般是临时有需要才去购买，因此价格相对较高；但因可满足顾客的便利需求，顾客也愿意付较高的价格。

便利商店能针对其商店附近顾客的特殊需要提供特殊的商品。例如，有一家设于富裕社区的 Stop-N-Go 商店销售新鲜的产品、美味的调味酱、冷藏的矿泉水和昂贵的酒，而开设在西班牙裔居民社区的 Stop-N-Go 商店则销售西班牙文的杂志和其他迎合西班牙裔消费者需要的产品。

便利商店的共同特点是营业时间较长，能够满足家庭突发性或少量的采购。例如，有许多便利商店是以 24 小时营业为口号。便利商店所销售的商品往往是周转率较高的便利品，如牛奶、冷饮、酱油、肥皂、口香糖、书报、杂志等。

（5）大卖场。

大卖场主要满足消费者对例行购买的食品、非食品项目和服务的需要，它的规模比一般的超市大很多，销售的商品项目也很多，还提供许多服务，如沃尔玛。

（6）特级市场。

特级市场是一种巨大型的超级商店，它结合了超市、折扣商店和仓库零售，除了销售食品之外，也销售家具、家庭用品、服饰和许多其他产品。特级市场在欧洲和南美洲相当成功，如法国的家乐福、西班牙的 Pyrca 和荷兰的 MeiJer's 都是欧洲著名的特级市场。但在美国并不成功，凯马特、沃尔玛和家乐福都曾在美国经营过特级市场，后来大多关门大吉。

（7）服务零售商。

服务零售商是指提供服务的零售商，如旅馆、汽车旅馆、银行、航空公司、电影院、餐馆、理发店、洗衣店等都属服务零售商。

3. 相对价格

零售商的种类也可根据价格的高低来划分。大多数的零售商以一般价格提供标准质量的商品和服务；有些零售商提供较高质量的商品和服务，售价也较高；也有些零售商是以低价为特色，包括折扣商店、廉价零售商和目录展示店。

（1）折扣商店。

折扣商店以薄利多销的方式经营，销售标准化的商品，售价较低，如沃尔玛。早期的折扣商店服务少，设在租金低、交通便利的地区，利用仓库式的设施来经营，以降低费用。但近些年来，许多折扣商店面对其他折扣商店和百货公司的强烈竞争，已开始"升级"，它们也改善内部装潢、增加新产品线和服务，并在市郊开设分店，但是这些也导致成本提高、价格上涨。百货公司通过降价促销活动来和折扣商店竞争，使得折扣商店与百货公司的角色定位日益模糊。

折扣商店也渐渐由经营一般商品走上经营专业化商品之路，如运动器材折扣商店、电子产品折扣商店及折扣书店等。

(2) 廉价零售商。

当主要的折扣商店逐渐升级时,廉价零售商便逐渐兴起,以填补此类低价、大量的商店空隙。一般的折扣商店以批发价进货,以低的边际利润来维持低的价位。而廉价零售商则以低于一般批发价的价格来进货,并制定比一般零售价要低的价格。通常他们所销售的大多是过剩的、供应不稳定的商品,诸如以减价方式向制造商或其他零售商采购其过剩的产品或非标准尺寸(零码)的产品等。廉价零售商经营的商品以服饰、各种零配件、鞋袜等最为常见。

廉价零售商主要有以下三种类型:独立廉价零售商、工厂直销店与仓库俱乐部。

① 独立廉价零售商:由企业家拥有与经营,或是大型零售公司的一个事业部。

② 工厂直销店:由制造商直接拥有与经营,通常销售工厂生产过多的剩余货品、不再生产的货品或零码尺寸的货品等。工厂直销店有时集中于工厂直销店购货中心,有许多直销店都以低于一般价格50%以上的售价销售相当广泛的产品项目。

③ 仓库俱乐部:也称批发俱乐部或会员仓库,是以超低价格销售种类有限的有品牌的杂货、家庭用品、服装及其他商品给其会员的商店。加入此俱乐部的会员,每人必须支付会员年费。

(3) 目录展示店。

目录展示店主要是利用展示店中的商品目录,以折扣价格销售高利润、高周转性及有品牌的货品。这些货品包括珠宝、动力工具、照相机、旅行箱、小件家用品、玩具及运动器材等。目录展示店以降低成本与售价来吸引大量的消费者,创造可观的销售量。

二、非商店零售

大部分零售交易是在零售商店中完成的,但也有一部分的零售交易是不通过零售商店的。这种不在零售商店中执行的零售活动称为非商店零售(也称无店铺零售或无店铺贩卖)。

由于非商店零售有许多有利的发展条件,非商店零售在消费品市场中的重要性将与日俱增。以中国市场走势为例,非商店零售事业有许多发展的空间,因为:职业女性愈来愈多,她们重视购物的便利性;人们日益重视休闲和家居生活,希望减少到商店购物的时间;个性化消费时代来临,非商店零售事业可提供更多样化和更具个性的商品等;商业区的土地和营运成本日益增加,加上停车空间不足、交通拥挤,消费者到商店购物的有形与无形费用大幅提高,这些都推动了非商店零售的发展。科技不断创新,各种新的非商店零售方式(如电话直销、网上购物等)蓬勃发展,消费者可以更方便、更经济地利用不同的非商店零售渠道购物。

非商店零售有直接销售、自动售卖和直接营销等类型。

1. 直接销售

直接销售是指销售人员通过和不在零售商店内的消费者之间的接触来从事零售活动。直接销售方式起源于20世纪之前沿街兜售的小贩,如今直接销售已被广泛使用,许多公司采取上门推销、办公室推销(Office-to-Office Selling)、聚会推销(Party-Plan Selling)等直接销售方式来销售它们的产品。

上门推销历史悠久,雅芳是应用这种销售方式的佼佼者。特百惠则是聚会推销的佼佼者,它的销售员会邀请若干朋友及邻居到某一个人的家里聚会,然后借机展示及推销其产品。

多层次营销(Multi-Level Marketing)是直接销售的一种变形。如安利就是采用这种销售方式。它们先招募独立的从业人员担任其产品的分销商,这种分销商再另外招募一些人作为子分销商,并将产品卖给子分销商;子分销商又再招募其他人,将产品卖给这些人,并由最末端的子分销商将产品卖给消费者。

直接销售有其缺点,也有其优点。直接销售的缺点有:销售佣金高达零售价的40%~50%;招募、训练、激励和保留好的销售人员(大多数是兼职的)是一项艰巨的任务;有些销售人员会利用"高压"或讹诈的方式向顾客推销产品。直接销售的优点有:消费者可以在家中或另一便利的地点购物;销售者可以用最大胆的方法去说服消费者购买其产品;销售者可把产品带到消费者的家中或工作场所,并向消费者展示其产品。

2. 自动售卖

自动售卖已被广泛地用来销售各式各样的产品,包括许许多多的便利品和冲动性购买商品,如饮料、糖果、报纸、袜子、化妆品、方便食品、书籍、专辑唱片、T恤、光盘等。在许多国家,自动售卖机随处可见,如工厂、写字楼、零售商店、地铁站、加油站、旅馆、餐厅、机场、居民小区、大学校园等。自动售卖机可以提供24小时的销售服务,自助式形态销售的往往是不需要销售人员再经手处理的商品。

但是,自动售卖也是一种昂贵的分销渠道,所售卖的商品价格比一般零售商店要高出许多。自动售卖成本之所以较高是因为散布在各地的售卖机需要经常补货,机器发生故障时需要维修,以及在某些地区货品易遭偷窃等。自动售卖机发生故障、缺货及商品无法退换等,也常给消费者造成困扰。不过,新的技术可对自动售卖机作远距离的探测,这样就可减少售卖机缺货或发生故障的次数。当然,应用这些先进科技的成本也是较高的。

3. 直接营销

直接营销,又称直复营销,是指利用各种广告媒介直接和消费者互动,同时要求消费者直接回应。直接营销使用的媒介包括广播、电视、报纸、杂志、直接邮件、目录、互联网等,消费者可利用电话、邮件或互联网来订货或作其他回应。不论采用哪一种媒介,直接营销的目的都是设法让目标市场的消费者可以快速回应、直接订货。

直接营销的意义在不断更新。最初,直接营销只是指不经过分销系统的中间渠道而将产品与服务直接从生产者转移到消费者手中的一种营销方式。因此,凡是雇用销售人员直接将产品销售给消费者,或生产者兼营零售商店直接将产品卖给消费者,都可视为直接营销。后来,直接营销则专指邮购营销或目录营销。近些年来,由于电话、电视及其他电子媒体在销售上的应用日益普及,直接营销演变为泛指所有采用一种或多种广告媒介直接和消费者互动的营销方式,包括邮购营销、目录营销、电话营销、电视营销、电商营销、直播带货等。

(1) 邮购营销。

邮购营销是指营销商直接将信件、小册子、录音带、光盘或产品样本邮寄给消费者,以方便消费者利用邮件或电话订购货品。营销商既可以通过邮政部门或快递公司来邮寄纸质信件,也可以利用互联网来发送电子邮件。消费者名单可由营销人员搜集,或向邮寄名单经纪商购买。营销商通常先从所有名单中挑选一部分消费者进行邮寄测试,再根据其反应情况决定是否大量邮寄。

直接邮购的使用非常普遍。邮购营销商对目标市场有高度的选择性,它针对目标市场的特性设计有吸引力的营销方案,并通过测试来测量消费者的反应。邮购营销大多应用于书籍、杂志、礼品、服饰、食品、保险服务、信用卡、会员招募等项目的销售。

(2) 目录营销。

目录营销是指营销商将产品目录邮寄给消费者,或将产品目录放在零售商店中供消费者取阅。寄出目录的营销商大多是产品线齐全的大型零售商店,如美国的西尔斯等。不过也有许多小的商家在专卖品领域采用目录营销来销售其产品。有的目录营销商采用会员制,以便能对其顾客的特性和需要有深入的了解,向顾客提供满意的服务。

(3) 电话营销。

电话营销是指营销商利用电话销售产品或服务给消费者。营销商打电话向消费者推销产品,消费者也可拨打营销商的电话来订货。许多产品或服务的销售,如杂志、信用卡、俱乐部会员等,都可利用电话营销。

电脑与电话的结合使电话营销的成本大幅降低。营销商利用电脑软件可实现自动拨号,向消费者播放事先录好的广告,还可用电话答录机来接受消费者的订单,或转接人工服务,这种全自动的电话营销系统使电话营销更具有成本上的竞争力。

(4) 电视营销。

电视营销是指营销商利用有线电视与无线电视频道直接销售产品或服务给消费者。电视营销可分为两种不同的途径:一种是通过直接放映广告,即通过电视播出营销商的产品广告,并提供免费订购电话号码给消费者,这种方式在杂志、书籍、小件日常用品、收藏品等的销售中颇为有效;另一种是购物频道,这种频道是专门销售产品与服务的。有些购物频道每天24小时都在播放购物节目。2006年12月28日"CCTV中视购物"频道正式开播,标志着央视正式进军电视购物产业。中华人民共和国商务部发布的《2017年中国电视购物业发展报告》显示,2017年全国获得电视购物经营许可的34家企业实现销售额363亿元,同比小幅下降1%,降幅比上年收窄7个百分点,市场规模趋于稳定。截至2017年年底,我国电视购物会员人数突破8200万人,同比增幅超过9.3%,占全国总人口的5.9%,较上年提高0.5个百分点。2017年国内电视购物业以消费转型升级为引领,积极调整商品供给结构,品质化、差异化、特色化经营更加明显。在媒体深度整合发展趋势下,互联网电视渠道连续两年保持良好发展势头,销售总额同比增长37%。与此同时,国内电视购物企业积极开展跨境商品销售业务,跨境商品销售总额比上年上升117.5%。

(5) 电商营销。

电商营销也称线上销售,是指通过互联网技术系统、电脑和智能移动终端等联结消费者与销售者以进行销售和交易的商务活动。销售者利用互联网系统展示产品和服务目录供消费者浏览,消费者则使用一切可上网的硬件设备浏览公司及产品网页并在网页上了解、比较各种信息,然后将选中的产品加入购物车并完成结算直至完成购后评价行为。国内著名的网购平台有京东商城(www.jd.com)、淘宝网(www.taobao.com)、苏宁易购(www.suning.com)、当当网(www.dangdang.com)等。

艾媒咨询认为,中国BtoC电商运营模式主要有四种:① 平台模式,如天猫、京东商城和苏宁易购;② 社交模式,主要在微信端上线小程序或推出拼购频道,通过微信端裂变或传播,如苏宁拼购、京东拼购;③ 特卖模式,如唯品会;④ 优选模式,如网易严选。

社交电商是共享经济时代电商发展的产物,是凭借社交软件工具以社交为纽带的新商业活动模式,是电商行业的新一代聚集爆发点,如拼多多。互联网的发展让人们拥有了更方便快捷的网上社交方式,将人们的关系链进行了无限的扩展,口碑和分享在移动互联网上广泛存在。社交和电商二者交互融合形成了社交电商。虽然大部分社交电商都有自己独立的应用软件(Application,简称 App),但微信等社交平台依旧是其市场推广以及引导流量的主要场所。商家通过移动互联带来的新优势,可以更好地连接、培育、服务用户,商务活动的效率在移动互联网的社交平台上得以极大的提升,使得零售服务祛除了传统业态时空上的缺陷,让购买者享受到了空前的消费体验。近年来,移动互联网技术突飞猛进,社交电商发展迅速,社交电商带来了传统电商流量的重构。社交电商的兴起缘于社交的驱动、购买者时间的碎片化、消费者购物习惯的改变和消费升级。

社交电商是指依托互联网的社交媒体、社交平台和社交工具,凭借人际关系网络,利用个人智能手机、平板电脑等无线终端,在社交网络平台上将关注、分享、沟通、讨论、互动等社交化元素应用到电子商务活动中,最终实现商品或服务销售的经营活动。

社交电商实现了供应链、仓储、物流和售前售后的保障,"网红"(IP)[1]分享购物体验及推荐商品,朋友之间互相推荐商品,从而达成寓购物于社交中的消费行为。网购用户总体来说是较年轻的消费群体,他们更喜欢丰富、个性化、品质化的购物场景,这也就促使社交电商将电商中的人、货、场景变得越来越完善。

社交电商主要包括四种表现形态,即实物产品交易、服务产品交易、虚拟物品交易、社交网络广告。

在电子商务蓬勃发展的社会环境下,以往以商品力、品牌力为中心的零售营销模式已经悄然发生变化,社交力、社群力正在成为新的零售营销的重要影响因素。零售趋向社交化,具备更多的社交属性,具备更多的社交功能。在互联网尤其是移动互联网环境下,社群影响已经成为购买的主要影响要素。围绕目标顾客,打造超强生活场景,构建更多的 IP 属性,社群能够使顾客产生黏性,引爆更有效的营销传播,逐步提升顾客资产。

当下,受到广泛热捧的微商可以看作是社交电商的重要组成部分。人们对微商的认识有不同的看法,早期的观点认为,微商是指企业或个人通过微信、微博等互联网社交平台进行商品线上分销的商业活动,是一种社会化分销模式,人人都可以成为微商体系下的分销者。随着时代的发展,近期以来的观点认为,微商是指借由微小的媒体来发展商务,也就是自媒体上的商业营销[2]。

互联网时代尤其是移动互联网背景下微商具有如下优势:① 成本低,微商经营既不需要昂贵的店铺租金,也不需要网店的各种杂费,还能省去数额不菲的广告费;② 进入门槛较低,微商创业几乎不需要办什么手续;③ 宣传推广简单方便,用智能手机拍几张照片发到自媒体上可能就起到不错的传播效果;④ 沟通服务迅捷及时,微商交易大多是个人之间的行为,交易过程相对松散自由,交流沟通更加个性化和人性化。但微商也有一些明显的缺点:① 微商素质良莠不齐,不够透明,虚假性、欺骗性行为时有发生;② 微商的朋友圈可能出现暴力刷屏现象;③ 可能出现代理人压货、圈人圈钱的现象。有时,微商的利益来自于代理人

---

① 所谓 IP,就是"知识产权"(Intellectual Property),是个人对某种成果的占有权,在互联网时代,它可以指一个符号、一种价值观、一个共同特征的群体、一部自带流量的内容。

② 赖国光,赖国全. 微商营销一本通[M]. 北京:中华工商联合出版社,2019:7.

发展更多的下线,代理人的收益也主要来自于发展下级代理的多少,一层层微商代理下来,实际上到消费者手中时已是多重加价后的商品,使得商品失去价格优势。微商也存在价格高、囤货、动销差等缺点,通过拉人头与向下压货的方式来实现产品销售的微商是变相地做传销。

未来,微商的发展方向大致有三种:一是以自营为主的C2C(个人之间的电子商务)模式,经营优质、非标准化和差异化产品的微商,属于社群微商或圈子微商;二是以代销为主的B2C(企业对客户的商务模式);三是以"自营＋代销"为主的B2C2C模式。第一个"B"是指广义的卖方(包括公司和个人),如产品、半成品的提供商;第二个"B"是指交易平台,也就是买卖双方的联系平台,优质附加服务的提供平台;"C"是指买方。①

近些年来,基于互联网技术的逐渐成熟和迅速普及,目前全球互联网用户达数十亿用户且还在不断增长,其影响已经渗透到社会网络的方方面面及每一个人的生活中,而各种事务在网络上的相继展开也在不断助推电子商务这一新兴领域的日新月异。目前来看,电子商务可应用于从家庭理财、个人购物到企业管理、国际贸易等诸方面。具体来讲,其内容大致可以分为三个方面:经济主体间的商务活动、企业内的业务运作以及个人的网上事务。

(6)直播带货。

2020年年初,突如其来的新冠肺炎疫情迫使广大民众居家隔离,避免群聚扎堆,疫情期间线下实体店的消费行为受到较大程度的限制,相应的线上销售迅速火爆,商界随之兴起一股"无接触商业"的潮流。在此情形下,除了传统的电商销售形态继续发挥重要的零售业态作用外,直播带货的销售模式呈现出爆发性增长态势。

直播带货是指通过互联网平台,借助当红明星、商界名流、网红主播等的影响力和公信力,利用视频直播技术进行商品展示、介绍、导购、交流互动等的新型电商销售模式。目前,直播带货平台以淘宝、抖音、快手为主。

新冠肺炎疫情发生后,应对线下消费需求疲弱的困局,多家零售企业甚至生产厂商开始加速直播布局,如京东、苏宁易购、拼多多等平台都在积极发展直播带货模式。作为一种新型的电商销售模式,直播带货有助于提升消费者的消费体验,绕过了经销商等传统中间渠道,实现了商品和消费者的直接对接,能够为许多质量有保证、售后服务有保障的产品快速打开销路。

三、新零售

随着中国居民人均可支配收入的不断提高以及对品质生活日益增长的需求,传统电商已不能满足购物者体验式消费的需求,这成为传统电商实现可持续发展的羁绊。消费者对购物的关注点已不再仅仅局限于价格低廉等电商曾经引以为傲的优势,而是愈发注重对消费过程的体验。这样一来,单纯的线下实体店铺或线上电商平台都很难满足消费者的购物需求。

虽然线上零售在一段时期压缩了传统零售的生存空间,但数年之后天猫和京东两大电商平台的获客成本却不断攀升,电商的线上流量②红利显见顶之势,而线下边际获客成本几

---

① 张勇,甘雪梅,胡瑛.从微商到新零售[M].北京:人民邮电出版社,2018:57.
② "流量"一般是指网页的访问量、浏览量、点击量等数量指标。

乎不变。2016年11月,国务院办公厅印发《关于推动实体零售创新转型的意见》(国办发〔2016〕78号),实体零售也随之进入寻找新增长点的创新变革新时期。

显然,单纯的电商或者是线下实体店都难以和日益差异化及多元化的消费者需求有效匹配,电商的上半场接近尾声,零售企业需要转向线上与线下相结合的新零售生态模式才能得以生存,电商的下半场将以新零售为主角。运用新的零售模式来启动消费购物体验的升级,推进消费购物方式的变革,构建零售业的全渠道生态格局,推进传统电子商务企业实现创新转型升级。例如,阿里巴巴集团入股三江购物、华联超市,结盟百联集团来补足实体店这块短板。重返实体并不意味着线上电商平台回到过去的实体零售形态,而是以数据为驱动,通过新技术的运用和用户消费体验的升级,给消费者一个随时随地的购物体验。

阿里巴巴集团2016年10月在阿里云栖大会上首次提出新零售的概念。所谓新零售,是指企业以互联网尤其是移动互联网为基础,运用大数据、人工智能、物联网、虚拟现实、区块链等先进技术手段,对产品的制造、物流与销售过程实施升级创新,其核心是以消费者为中心的支付、库存、服务等方面数据的全面打通,进而重塑业态结构与生态圈,实现对线上消费、线下体验以及智慧物流进行深度融合的零售新模式。

智慧零售的产生是零售新思维的一种表现形式。这里的智慧零售是指运用互联网、物联网技术,感知消费习惯,预测消费趋势,引导生产制造,为消费者提供多样化、个性化的产品和服务。

当前,中国零售业经历了三次大的变革,前两次分别是实体零售和虚拟零售,而第三次零售变革就是目前正在经历的虚实融合的智慧零售。

之所以说智慧零售是零售业的第三次变革,是因为:① 智慧零售实现了线上与线下融合的发展;② 智慧零售广泛运用了人工智能、大数据、云计算等新技术,实现零售完全智能化的目标已为期不远;③ 智慧零售是各国企业都可以共同探索的商业问题,是商业活动未来发展的必然趋势;④ 智慧零售是开放共享的生态模式;⑤ 智慧零售注重对消费者个体行为数据的分析,可实现对消费者的精准营销,提升消费者黏度,增强消费者忠诚度。

新零售在层出不穷的新技术的推动下还在不断向纵深发展,VR/AR(虚拟现实/增强现实技术)的现有成果和未来发展预期可能会极大地改进新零售的运作模式,让消费者享受更为快捷方便和个性化的购物体验,引发消费者购物体验的一次颠覆性的创新变革。在VR/AR技术的支撑下,消费者可以在各种各样的虚拟消费情景中获得近乎媲美线下实体店的消费体验,在某些行业(如家装业)甚至可以获得比线下实体门店更深刻、更全面、更有价值的消费体验。

现今,纵观国内外,无论是亚马逊还是京东和阿里巴巴,电商巨头们近几年都在纷纷布局VR/AR技术。亚马逊继2016年发布实体和电子同步的VR购物应用后,又于2017年开设了AR家具店。2018年年初,亚马逊获得了"混合现实"智能镜子专利,能让用户在虚拟位置进行虚拟试穿,减少了买回来的衣服不合身的情况。各种线上、线下零售巨头都在积极布局VR/AR[①]生态圈,寻找新的增长点。虽然目前还有很多亟待解决的难题,但是VR/AR技术对于零售业来说仍是一个很有潜力的发展方向。

---

① VR是Virtual Reality的简称,译为虚拟现实。AR是Augmented Reality的简称,译为增强现实。

四、零售机构生命周期理论

零售机构的形态呈现出一定的周期变化规律。1976年美国学者戴维森等提出了零售机构生命周期理论,该理论认为,零售业态也有生命周期,随着时代的发展,零售机构也经历了创新、发展、成熟、衰退的不同阶段。零售机构生命周期具有循环性的规律,呈现周期性交叉循环。一种零售组织处在生命周期的不同阶段,所采取的营销策略各不相同。零售机构生命周期理论认为,新型零售方式会以较低的加价和售价、较少的服务项目、较低的商店租金和较低的品牌声誉打入市场。如果这种零售方式成功了,竞争者就会蜂拥而入,接着市场竞争加剧,各零售商就会采取提升服务质量、提高产品档次、改善店铺设施、增加广告投放等措施提高自己的市场地位和竞争力,实施上述措施必然会使零售机构销售成本增加,价格上涨,从而为另一个销售低价的新型零售业态留下萌发的空间,这样便完成了一个零售机构生命周期的循环。

超级市场和廉价商店是零售机构生命周期理论的实例,但不能以这种理论去解释所有的零售机构的演变,例如自动售货机售卖的商品价格较高,便利食品商店是以高价格进入市场的,郊区的购物中心进入市场时也不强调低价。

12.2 批 发

批发是指将产品销售给那些为再售目的或商业用途而购买产品的购买者的所有活动。有些零售商也从事批发活动,这里的批发商是指那些主要从事批发活动的商家。

一、批发商的功能

为什么要使用批发商呢?理由很简单,因为批发商在执行下列渠道功能时通常会做得较好。

① 销售和推销:批发商的销售力量能使制造商以低的成本接触到许多小的顾客。批发商的接触面较广,也常常比制造商更为顾客所信赖。

② 进货和产品搭配:批发商可选择顾客所需要的产品组合项目,做好产品搭配,以简化顾客的采购工作,节省顾客的购物时间。

③ 整买零卖:批发商可整批购进商品再分批小量销售。

④ 仓储:批发商持有存货,可减少供应商和顾客的存货成本和风险。

⑤ 运输:批发商由于比生产者更接近顾客,因此能给顾客提供较迅速的送货服务。

⑥ 融资:批发商可提供信用贷款给他们的顾客。

⑦ 风险负担:批发商拥有货物所有权,负担因偷窃、毁损、腐坏和过时等产生的各项成本,因而承受了风险。

⑧ 市场信息:批发商可提供有关竞争者、新产品和价格变动等信息给供应商和顾客。

⑨ 业务培训和咨询：批发商可帮助零售商训练销售人员、改进商店布置和陈列以及设立会计和存货控制系统。

基于以下原因，批发商常可有效地担任制造商和零售商之间的桥梁。

① 小型制造商财力有限，无法维持一个有效的直接销售部门。

② 即使制造商财力雄厚，他们通常也宁可将其资金用来扩充生产设备，而不愿从事批发活动。

③ 批发商在分销方面，因销售规模较大、和零售商接触面较广且又具有专门技术，故通常效率较高。

④ 同时销售多种产品的零售商通常宁可向批发商购买，而不愿逐一和制造商打交道。

二、批发商的类型

我们可根据制造商是否拥有批发商、批发商是否拥有产品的所有权、批发商提供的服务以及批发商产品线的广度和深度等不同的标准，对批发商加以划分。根据这些标准，批发商可分成三种类型，即商品批发商、代理商和经纪商、制造商的销售分支机构。

1. 商品批发商

商品批发商是指独立经营、拥有产品所有权、承担因拥有产品所有权而产生的风险，并将产品卖给其他批发商、工业用户或零售商的企业。商品批发商在不同的行业可能有不同的名称。商品批发商可以分为完全服务批发商与有限服务批发商两类。

（1）完全服务批发商。

完全服务批发商是指提供最广泛批发功能的中间机构，他们所提供的服务项目包括存货储存、合适的产品搭配、融资协助、送货、技术咨询和管理服务等。

完全服务批发商又可细分为一般商品批发商、有限产品线批发商和特殊产品线批发商。

① 一般商品批发商。一般商品批发商提供许多产品线（如同时提供化妆品、洗衣粉、香烟、食品等产品线），但各产品线的深度都有限。他们通常和他们的顾客（主要是杂货店、家庭用品店和地区性百货公司等小零售商店）维持较强的互惠关系。小零售商店通常可以从一般商品批发商处获得所需要的各种产品。为工业用户供应补给品和附属品的一般商品批发商有时被称为工业分销商或工厂供应商。

② 有限产品线批发商。有限产品线批发商只提供少数的产品线，但这些产品线内的产品搭配很完整。

③ 特殊产品线批发商。特殊产品线批发商提供的产品范围最狭窄，通常只有一条产品线或一条产品线中的少数产品项目，如水果批发商、海鲜产品批发商等。这类批发商了解最终购买者的特别要求，并向顾客提供深入的产品知识和较大的选择空间，也能提供销售协助和技术咨询服务。

（2）有限服务批发商。

有限服务批发商只对顾客提供某些服务，主要包括付现且运货自理批发商、卡车批发商、承订批发商和邮购批发商等。各类批发商提供的服务项目如表12-2所示。

表 12-2　有限服务批发商提供的服务

项目	付现且运货自理批发商	卡车批发商	承订批发商	邮购批发商
实际持有产品	有	有	无	有
销售员拜访顾客	无	有	无	无
提供有关的市场信息咨询	无	一些	有	有
对顾客的建议	无	一些	有	有
在顾客商店中储存和保养产品	无	无	无	无
对顾客提供信用	无	一些	有	一些
运送产品给顾客	无	有	无	无

① 付现且运货自理批发商。付现且运货自理批发商通常只拥有几条畅销的产品线，以现金交易方式销售给零售商，也不负责运货。他们的顾客通常是小零售商或小工业用户。

② 卡车批发商。卡车批发商通常是小型的批发商，他们开自用卡车将有限的产品线运送到顾客处供顾客现场检查及选购。对小杂货店而言，卡车批发商的角色很重要。他们经销的产品多为不易久储的产品（如水果和蔬菜等），有时也卖肉类。他们虽然负责销售、推销和运送产品，但因通常不提供信用，因此被归类为有限服务批发商。

③ 承订批发商。承订批发商主要从事如煤、石油、木材、化学品、建材等大宗产品的批发。他们拥有产品的所有权，但并不实际持有产品。他们把从零售商、工业用户或其他批发商那里获得的订单转给制造商，并安排送货事宜，将商品直接从生产者运送到顾客手中。承订批发商实际上承担从接获订单到交货给顾客这段交易期间的产品责任，包括未售出货品的成本。

④ 邮购批发商。邮购批发商利用目录而非销售人员将产品卖给零售商、工业用户和机构购买者。他们销售的产品包括化妆品、特殊食品、运动用品、办公室用品、汽车零件等。对于偏远地区的顾客，这种利用邮政或其他运货工具销售产品的方法是一种便利而有效的方法。

2．代理商和经纪商

代理商和经纪商并不拥有产品所有权，他们的功能主要是促成和加速产品的销售，并因提供这些服务而赚取佣金。佣金一般是根据产品的售价来制定。代理商是长期代表买方或卖方的中间商，而经纪商则是买方或卖方短期雇用的中间商。代理商和经纪商所提供的服务虽较有限服务批发商要少，但他们通常对某些特定产品或某类特定顾客有较深的了解并有丰富的相关资源，能够提供有价值的销售专业知识。代理商一般可分为制造商代理商、销售代理商和佣金商、经纪商等。各类代理商和经纪商提供的服务如表 12-3 所示。

表 12-3　代理商和经纪商的服务

项目	制造商代理商	销售代理商	佣金商	经纪商
实际持有产品	一些	无	有	无
与购买者或销售者的长期关系	有	有	有	无
代理竞争的产品线	无	无	有	有
地区的限制	有	无	无	无
对顾客的信用	无	有	一些	无
运送产品给顾客	一些	有	有	无

(1) 制造商代理商。

制造商代理商是指代理两家或两家以上制造商的独立中间商，通常能向顾客提供完整的产品线。他们在指定的地区代理彼此竞争且互补的产品。他们和代理的每一家制造商签订正式合约，在合约中明确代理地区、产品售价、订单处理、送货、服务与保证等销售条件。他们对制造商的定价和营销政策没有什么控制力，他们不提供信用给顾客，可能也不提供技术服务。制造商代理商提供的服务愈多，佣金自然也就愈高。制造商代理商以代理服饰、机器设备、钢铁、家具、汽车用品、电器用品和某些食品最为常见。

制造商代理商的主要优点是他们的接触面广，而且顾客关系良好。对大制造商而言，代理商可帮助大制造商把开发新销售区域的成本降至最低，也可帮助大制造商在不同的地区为不同的产品制定不同的销售策略。对那些无力维持本身销售人力的小制造商而言，代理商也有其功用，因为在代理商卖出产品之前，小制造商不用负担成本。代理商可以分摊不相互竞争的产品的营运费用，从而降低为每家制造商提供服务的价格。使用代理商的主要缺点是制造商须为新产品的销售支付佣金，且佣金率较高。

(2) 销售代理商。

销售代理商不拥有产品所有权，负责所有的批发活动。他们通常没有地区的限制，在价格、推销和分销方面有完全的权力，在卖者的广告、市场调研和信用方面也扮演相当重要的角色，有时甚至可对产品开发和包装提供建议。

小的生产者或不宜建立营销部门的制造商最常使用销售代理商，以避免马上就要支付营销成本。销售代理商代理彼此不相竞争的产品线，以避免利益冲突。

(3) 佣金商。

佣金商收到当地生产者寄售的产品，并在大的中心市场协助销售。在农产品市场中这种代理商最常见，他们拥有大量的产品，安排产品分等级或储存事宜，并将产品运送到市场。当完成销售时，佣金商在扣除佣金和费用后，将余款交给生产者。

佣金商在价格和销售条件方面有很大的权力，他们提供规划上的协助，有时也提供信用，但通常不提供推销上的支持。对小生产者来说，佣金商是非常有用的。除了农产品之外，佣金商也可在丝织品、艺术品、家具或海鲜产品销售方面提供协助。

(4) 经纪商。

经纪商寻找买者或卖者，并协助买卖双方达成交易。经纪商的主要目的是将买者和卖者聚集在一起。和其他中间商相比，经纪商执行的功能是较少的。他们不提供融资，也不实际持有产品，对价格没有影响力，也不承担风险，但他们可向顾客提供专业的商品知识以及现成的接触网。

对超级市场产品和不动产等某些类型产品的卖者，经纪商特别有用。

3. 制造商的销售分支机构

第三种批发商类型是指由制造商自己经营批发业务，即制造商的销售分支机构，包括销售分处和销售办事处。

(1) 销售分处。

销售分处是制造商自己拥有的中间商，负责销售产品及对制造商的销售人力提供支持性服务，提供信用、送货、促销上的协助和其他服务。在许多情况下，他们也持有存货。他们的客户包括零售商、工业品用户和其他批发商。在电子元器件、木材和汽车零件产业,制造商设立销售分处是比较常见的。

(2)销售办事处。

销售办事处由制造商拥有。像销售分处一样,销售办事处远离制造工厂,但与销售分处不同,销售办事处并不持有存货。

制造商有时会为了更有效地接触他们的顾客而设立分支机构,由自己来执行批发功能;有时因现有的中间商不能提供专业的批发服务,制造商也会设立自己的分支机构。

12.3 物流管理

分销渠道策略与物流策略是紧密相关的。分销渠道策略解决的是如何正确地选择产品分销网络及规则,以使产品以顾客满意的服务水平在合适的时间低成本地到达顾客手中。具体而言,实体产品的制造商必须以有效的方法将其产品储存、装卸、分拣、运输、包装和配送到目标市场,让其顾客可在适当的时间、适当的地点,以适当的方式获得适当的产品搭配。这种使产品有效地从制造商到达中间商,最后到达顾客手中的活动就是物流管理所涵盖的内容。另外,企业的物流还包括产品的逆向配送,也就是产品的回收、回厂翻新、损坏维修、剩货返厂、滞销品返回、退回品回流等产生的物流活动。一般来讲,物流是指与产品从制造商到中间商再到顾客的实体流动有关的一系列活动。物流管理的效率对顾客满意度和分销成本大小有很大的影响。物流管理包括基本活动和支持活动两部分,基本活动涵盖运输、储存、包装、装卸和搬运等,支持活动包括物流信息和流通加工等。

物流管理的主要职能是将产品由其制造商所在地转移到目标市场所在地,从而创造地点效用。一般来讲,物流管理的目标是:对产品进行适时适地的传送,兼顾较好的客户服务与较低的物流成本。实际上,这个目标隐含着二律背反的矛盾:一方面,较好的客户服务要求较快的交货速度、充足的存货、足够的运力、自由的退货、灵活的商品搭配,而这些势必增加分销物流成本;另一方面,较低的物流成本要求低廉的运费、少量的存货和仓容、简单的商品组合等,而这又势必会降低以交货速度为代表的服务水平。

物流管理的各项活动之间有高度的互动关系,各项活动成本也都相互影响。例如,存货部门为降低存货成本而更愿意保持较低的存货水平,但存货水平低容易导致缺货、延迟订货及较高的运输成本;运输部门为降低运费而更愿意以铁路运输代替空运,但铁路运输较慢,容易造成资金积压、顾客延迟付款和缺货,甚至会导致某些顾客的流失。因此,物流管理的决策必须从整个系统的角度来考虑。

合理的物流管理须树立整合物流系统和精益物流①的理念,统筹考虑物流各环节活动,兼顾较高的客户服务水平与较低的物流成本,具体要求如下。

① 将各项物流分销费用视为一个整体。在致力于改善客户服务的过程中,重要的是努

---

① 精益物流是从日本丰田公司创建的精益生产管理思想蜕变而来一种物流管理思想,其核心是追求消灭包括库存在内的一切浪费和延迟,并围绕此目标发展的一系列具体方法。

力降低物流的总成本,而不只是个别项目成本费用的增减。

② 将全部营销活动视为一个整体。在各项营销活动中,必须考虑物流的目标,并联系其他活动的得失加以权衡,避免因单独处理某一具体营销业务而导致物流费用不适当地增加。

③ 善于权衡各项物流费用及其效果。为维持或提高客户服务水平而增加的某些成本项目视为必需,对不能使顾客受益的成本费用则应坚决压缩。

一、制造商的物流管理决策

物流管理涉及订单处理、产品储存和产品运输三大环节。

1. 订单处理

物流管理是从顾客订货的订单开始的,订货程序的简捷和准确是物流管理水平的体现。由于客户下订单的方式多种多样、订单执行路径千差万别等,使得订单管理变得十分复杂。如果订单处理缓慢低效,会使顾客满意度降低,进而影响企业的发展。订单处理工作需要企业投入大量的资金,进行周密的计划和人员培训。为了提高效率,缩短订货周期,许多企业采用适合的订单处理软件系统、电子数据交换和卫星交换系统等先进管理工具。

2. 产品储存

由于多种原因,产品储存成为制造商和中间商重点考虑的问题。第一,在供求由于季节性变化而发生波动的情况下,储存可保证制造商为实现季节性销售而进行的全年连续生产。反之,制造商和中间商也可利用产品储存实现全年销售季节性生产、加工或收获的产品。第二,未来市场供求的不确定性,常常造成制造商不能严格按照订单进行生产和采购,客户也会因为不愿等待而转向别处,而产品储存可以缓解这类问题。制造商还可根据预测,多购买原材料和生产产品,以备因突发事件(如罢工、水灾等)造成的货物短缺。第三,季节性价格波动或意外价格波动也加强了人们对产品储存的重视程度。制造商还可以利用价格波动降低成本:即在价格低的时候买进并储存原材料,在价格上涨时再拿出来使用。不过这样做所节约的成本必须高于存货增加的成本。第四,追求低成本的经营目标。由于整车运货的运输费用较低,企业一次性大量购买需支付的运费较低,数量折扣也可能高于额外存货成本。另外,产品储存可以减少订货次数,在一定的储存成本条件下,仅需几次大批量订货就可满足要求,从而节省了订货的处理成本和准备成本。

制造商在产品储存的问题上主要面临两个方面的具体决策。一是储存场所(仓库)的选择,主要涉及三个问题:① 要把仓库数量控制在适当水平;② 应当根据产品和市场的特点,结合自身的能力,合理选用不同类型的仓库;③ 应根据不同产品的情况,按照"近厂近储,近销近储,近运近储"的原则设置仓库,紧靠一头,以取其长。二是存货数量的控制。存货水平的高低与顾客的需求量密切相关,存货水平低可能会导致产品脱销而不能满足顾客的需求,但存货的成本较低;存货水平高可以使顾客需求随时都能得到满足,而大量的存货必然会导致存货成本的上升,减少经济效益。因此,为了保持适当的存货水平,制造商需要做好两项决策:一是何时进货(订货点),订货点是在权衡存量过低的市场风险以及过量存货的成本之后决定的;二是进多少货(进货量),单位总成本的最低点就是最适进货量,单位货物的总成本等于单位进货成本与单位存货成本之和。

为了最大可能地降低物流成本,制造商应当追求接近零库存策略,就是要依据订单组织生产而不是依据库存状况。戴尔公司的库存策略是订购电脑的顾客先要支付预付款,然后戴尔公司再向零配件供应商下订单,这样一来就为戴尔公司省下了可观的库存费用。

对新技术的不断采用可使制造商的库存管理更加高效和低成本。条形码技术、射频技术等的推广使用促成了智能货架的诞生,智能货架不仅会提示厂家什么时候补货,而且会把订单自动发送给供货单位。这样,即时物流系统的运作就有了重要的现实基础。即时物流系统强调对需求的准确预测和快速、频繁、灵活的货物交付,进而大大节省了装卸和搬运费用。

现今,产品储存较以往可能还会多一些工作,如装配、包装、市场推广辅助等。

3. 产品运输

产品只有通过运输才能实现在地区之间空间位置的转移,才能到达适当的地点,提供给适当的消费者。由于运输方式种类繁多,所以制定运输决策是一项极为复杂的工作。在制定运输决策时,管理人员必须权衡运输成本与所需的客户服务水平,而这两个目标的变化趋势往往是相反的。运价通常占运输成本的大部分,运输成本还包括启运打包成本、到货拆包成本和中途储存成本等。客户服务包括保证运货速度、遵守交货时间和防止货物损坏等。所需的客户服务水平越高,其成本也就越高。确定运输成本和客户服务水平的最佳平衡点有两种方式:一是以最低成本提供所要求的服务水平,二是在计划的成本下提供最多的服务项目。所以,在确定运输方案时,必须综合平衡,以求得整体效益的最优化。

制造商在运输方面的决策还涉及运输工具的选择问题。运输工具是实现产品实体空间位置转移的物质载体。产品运输方式可分为三种:陆地运输(包括铁路、公路和管道运输)、水路运输(可分为海洋运输、远洋运输及内河运输)和空中运输。制造商应根据产品特点、市场需要、距离长短、运输速度、费用比较、地理及气候条件等来综合选择运输工具。

各种运输工具都有其优点,也有其缺点。为了取长补短,制造商可综合两种或两种以上的运输方式,也就是采用复合式运输方式。运输货柜化的发展对促成复合式运输有很大帮助。货柜化是指将商品放在箱子或拖车中,使商品容易在不同的运输方式间转运。猪背联运是指铁路与卡车的联运,鱼背联运指水运与卡车的联运,车船联运是指水运与铁路的联运,航空卡车联运则是指空运与陆上货运的联运。每一种联合运输的方式都有其优点,例如猪背联运的费用就比单独使用卡车运输要便宜,而且具有弹性与便利性。

二、制造商的物流业务模式

制造商的物流业务模式可以分为自营物流、第三方物流、第四方物流、众包物流。

1. 自营物流

自营物流是指制造商凭借自身的物流设施、设备和管理机构等为自己的分销活动提供服务,是一种制造商自行规划组织的物流活动。但自营物流并不一定意味着制造商把所有的物流活动都予以囊括、大包大揽,制造商也可以将某些物流功能外包出去,比如将一些临时的、只限于一次或分散的物流功能外包给其他的专业公司去做。

自营物流可以为制造商带来一些好处,如对物流过程各个环节的控制较强,降低交易成本,避免泄露企业内部商业机密,提高企业的商誉价值及增加企业的利润来源等,但自营物流也会带来规模效应不足、业务不专业及成本增加的窘境。

2. 第三方物流

《中华人民共和国国家标准:物流术语》中对第三方物流(Third Party Logistics,3PL 或 TPL)的表述是"由供方和需方以外的物流企业提供物流服务的业务模式"。显然,第三方物流是相对"第一方"发货人和"第二方"收货人而言的,它既不属于第一方,也不属于第二方,而是通过与第一方或第二方签订合约的方式为这两方提供专业化的物流服务,是通过业务外包的方式由独立的第三方物流企业承担企业物流活动的一种物流形态。第三方物流企业既不拥有货品,也不参与货品的买卖,而是为客户提供以合约为约束和纽带,以协作为出发点的物流代理服务。

第三方物流是一个服务型的行业,帮企业运输、仓储、控制库存、处理库存信息。第三方物流帮助供应方把货品从生产地运输到需求点。第三方物流是一种专业化的物流组织,具有很强的经济性。

随着信息技术的发展、交通设施的现代化和经济全球化的深化,越来越多的产品在世界范围内生产、流通和销售,物流活动日益庞大和复杂,而第一方、第二方物流的组织和经营方式已不能完全满足社会需要,亟须现代物流体系的支持和保障;同时,为了参与世界性竞争,企业必须确立核心竞争力,强化自身专业优势,降低物流成本,在业务外包的新型管理理念影响下,把不属于核心业务的物流活动外包出去。于是,第三方物流应运而生。

第三方物流的服务范围如下。① 最常提供和使用的服务:设计和开发物流策略或系统,电子数据交换,提供管理和服务水平的监测报告,货物集运,选择和考核承运人、货运代理、海关代理,信息管理,仓储服务,运费清算及支付,运费谈判及费用监督。② 一般服务:咨询服务,库存管理,组装、维修及包装,退换货处理和维修,海外分销和采购,国际通信,进出口许可证协助和业务操作、海关通关,信用证审单和制单。①

与传统的物流运作方式相比,第三方物流具有自身鲜明的特色,主要体现在以下几个方面。

(1) 关系合同化。

第三方物流是通过合同契约的形式来规范物流服务商与制造商、中间商之间稳定、明确的合作关系的。由于合同契约把双方的费用、价格固定化和风险平均化,双方实际上结成了一个利益共同体,这就从利益机制上为物流业务正常开展提供了保障。物流服务提供者根据合同契约的规定,提供多功能直至全方位一体化物流服务,并根据合同契约来管理所提供的物流服务活动及其过程。

(2) 服务个性化。

不同的制造商、中间商有不同的物流服务要求,第三方物流需要根据不同物流客户在企业形象、业务流程、产品特征、顾客需求特征、竞争需要等方面的不同要求,提供针对性强的个性化物流服务和增值服务。从事第三方物流的物流服务提供商也需要依据市场竞争、物流资源、物流能力等形成核心业务,不断强化所提供物流服务的个性化和特色化,以增强自身的竞争能力。

---

① 张余华.现代物流管理[M].3 版.北京:清华大学出版社,2017:232.

(3) 功能专业化。

第三方物流所提供的是专业的物流服务,从物流设计、物流操作过程、物流技术工具、物流设施到物流管理等都体现出其专门化和专业水平,这既是制造商、中间商等物流客户的需要,也是第三方物流自身发展的基本要求。随着物流活动从生产和流通领域中分化出来,各种物流要素成为市场资源,第三方物流企业利用其专业优势,可以根据各种物流活动的要求在全社会范围对各种物流要素进行整体的优化组合和合理配置,迅速扩大物流规模,从而最大限度地发挥各种物流要素的作用,提高物流效率。

(4) 管理信息化。

物流信息的特殊性使得第三方物流的信息化要求特别突出。一般来讲,物流信息具有信息源多、信息量大、信息动态性强、信息价值衰减速度快、信息种类繁多且交接频繁等特征。基于物流信息的这些特征,第三方物流要发挥出应有的功能,就必须构建基于现代信息技术的信息系统,实现与物流客户之间的快速、准确的数据信息传输和信息共享,这样才能够提高仓库管理、装卸运输、采购、订货、配送发货、订单处理的效率,消除传统人工操作所带来的低效和失误。

(5) 动态联盟化。

第三方物流企业为客户提供的不仅是一次性的运输或配送服务,而且是一种具有长期合同契约性质的综合物流服务,最终职能是保证客户物流体系的高效运作和不断优化分销系统管理。与传统运输企业相比,第三方物流更加注重客户物流体系的整体运作效率和效益。它的业务衔接着客户企业销售计划、库存管理、订货计划,生产计划等整个生产经营过程,远远超越了一般意义上的与客户之间的买卖关系,与其结合成一个密不可分的协作整体,形成一种战略合作伙伴关系。不仅如此,第三方物流的服务领域还可以进一步延伸,甚至会成为制造商、中间商销售体系的一部分,与客户形成相互依赖的市场共生关系。可以说,第三方物流企业是基于一种长期战略而产生的,从一开始就致力于同客户的一体化合作。第三方物流企业的出现是物流运作的专业化,这种专业化的运营以降低制造商、中间商的运营成本为起点,以形成同制造商、中间商的战略联盟为终点。

3. 第四方物流

目前,国内的许多制造与零售企业需要一种高效、节省、透明并持续不断创造价值的物流体系,以解决企业成本与服务差异化方面的核心竞争力问题,这种全新的物流系统包含:快速响应前端需求,及时安排自动补货;企业和物流供应商进行计划协同以便进行高频补货;优化配置物流资源以对各类物流需求与资源进行匹配;优化网络布局,合理规划运输频次;优化物流体系与供应链各环节的配合,从而全面优化运营。而这些功能正是第三方物流供应商所欠缺的。为了使物品在新的时间与空间里流通得更有效率,整合所有物流资源的第四方物流便应运而生。

第四方物流(Fourth Party Logistics,FPL 或 4PL)是一个供应链的集成商,是供需双方及第三方物流的领导力量,扮演着供应链管理中"超级经理"的角色。它是物流的利益方,通过拥有的信息技术、整合能力以及其他资源提供一套综合性的供应链解决方案,以此获取一定的利润。它帮助制造商、中间商降低成本和有效整合资源,并且依靠优秀的第三方物流供应商、技术供应商、管理咨询顾问以及其他增值服务商,为客户提供独特的和广泛的供应链解决方案。

第四方物流专门为第一方、第二方和第三方提供物流咨询和规划、物流信息系统、供应链管理等。第四方物流并不实际承担具体的物流运作活动,而是提供物流咨询服务等,即应物流公司的要求为其提供物流系统的分析和诊断，或提供物流系统优化和设计方案等。总之，第四方物流以其知识、智力、信息和经验为资本，为物流客户提供一整套物流系统咨询服务。

第四方物流是"一个调配和管理组织自身的及具有互补性服务提供商的资源、能力与技术，来提供全面的供应链解决方案的供应链集成商"①。第四方物流服务商可以通过影响整个供应链的能力，提供全面的供应链解决方案与价值。第四方物流是对包括第四方物流服务商及其客户在内的一切与交易有关的伙伴和能力的综合体，是物流消费者和诸多物流服务商之间联系的纽带和管理的创新者，因此有人把第四方物流称为"总承包商"或"领衔物流服务商"。

与第三方物流注重实际操作相比，第四方物流更多地关注整个供应链的物流活动，其差别主要体现在以下两个方面。

(1) 第四方物流服务商提供一整套完善的供应链解决方案。

第四方物流是通过对企业客户所处供应链的整个系统或行业物流的整个系统进行详细分析后提出具有指导意义的解决方案的。第四方物流服务商本身并不能单独地完成这个方案，而是要通过物流公司、技术公司等多类公司的协助才能使方案得以实施。第四方物流服务商需要先对现有资源和物流运作流程进行整合和再造，以达到解决方案所预期的目标。

(2) 第四方物流服务商通过对整个供应链产生影响来增加价值。

第四方物流服务商可以通过物流运作的流程再造，使整个物流系统的流程更合理、效率更高，从而将产生的利益在供应链的各个环节之间进行平衡，使每个环节的企业客户都可以受益，第四方物流服务商所具有的对整个供应链的影响力直接决定了其经营的价值大小，也就是说第四方物流除了具有强有力的人才、资金和技术以外，还应该具有与一系列服务供应商建立良好合作关系的能力。

4. 众包物流

随着电子商务及O2O零售模式的发展，物流配送领域也发生了变革，如今市场需求越来越细化，传统的快递模式已经不能满足消费者的需求，为了解决城市"最后一公里"的配送问题，众包物流运营平台应运而生，并在近几年内迅速发展起来。所谓众包物流，就是将原来由专职配送员所做的工作，以自愿、有偿的方式通过移动互联网平台外包给非特定的社会群体，这群人只要有一部智能手机和一辆交通工具，在空闲时间就可以抢单、取货、送货，门槛低、时间自由，还能赚得一定的劳动报酬。简单来说，众包物流就是通过互联网平台利用闲散的运输资源来做专线配送服务。众包模式能够在互联网+时代脱颖而出，是因为其本身所具有的优点所致。

三、智慧物流体系

2009年IBM提出了建立一个面向未来的具有先进、互联和智能三大特征的供应链，通过感应器、RFID标签、制动器、GPS和其他设备及系统生成实时信息的"智慧供应链"概念，

---

① 张余华.现代物流管理[M].3版.北京：清华大学出版社，2017：255.

紧接着延伸出了"智慧物流"概念。与智能物流强调构建一个虚拟的物流动态信息化的互联网管理体系不同,智慧物流更重视将物联网、传感网与现有的互联网整合起来,通过精细、动态、科学的管理,实现物流的自动化、可视化、可控化、智能化、网络化,从而提高资源利用率和生产效率,创造更丰富的社会价值。

智慧物流理念的提出,顺应时代发展的潮流,符合现代物流业发展的自动化、网络化、可视化、实时化、跟踪与智能控制的发展新趋势,符合物联网发展的趋势。

智慧物流是现代物流发展的必然趋势,预计不久的将来会达到其应用成熟期:不仅会形成信息全网全覆盖的应用模式,而且将打破行业间、企业间信息孤岛和不对称,有效整合社会物流资源,实现智慧物流的高效发展。智慧物流需要在以下几个方面展开布局。①

1. 物联网

物联网技术是智慧物流系统形成的重点组成部分。物联网是指将各种信息传感设备,如全球定位系统、红外感应器、射频识别装置、激光扫描器等装置与互联网结合起来形成的一个巨大网络,实现连接物体与物体、物体与互联网的目标。物联网的核心是物联、互联、智能。物联网技术在智慧物流管理中的应用主要体现在以下四个方面:一是产品的智能可追溯网络系统,二是物流过程的可视化智能管理网络系统,三是智能化的企业物流配送中心,四是智慧企业供应链。

2. 大数据

大数据作为智慧物流的思维系统,可以实现数据与货物的连接,可做到货流预警、防范风险,让物流行业"忙而不乱"。大数据对物流行业发展的各环节都至关重要,起着智慧引擎的作用。

(1) 大数据优化物流运力。

物流企业可通过大数据技术加强对货物流量、流向的预测、预警,有效推进货物智能分仓与库存前置,快速制订出高效合理的物流配送方案,确定交通工具、最佳线路,并进行实时监控,降低物流配送成本,提高配送效率,实现对配送场站、运输车辆和人员的精准调度。

(2) 大数据优化供应链。

大数据时代背景下的物流业是一个新型的跨行业、跨部门、跨区域、渗透性强的复合型产业。大数据的使用再造了整个供应链系统的业务和管理流程。物流企业依托大数据向供应链上下游提供延伸服务,推进物流与制造、商业、金融等产业互动融合、协同发展。小米科技公司与顺丰速运公司的合作就是一个典型的案例。顺丰的信息管理与小米的仓储管理系统实现了实时对接,出仓订单一旦生产出来,数据会直接进入顺丰的系统,同时配合使用电子运单,简化了交接手续,减少了中转次数,做到实时提货。

(3) 大数据优化物流个性化服务。

物流企业可利用大数据为客户量身定制符合其个体需求的产品和服务,颠覆了制造业和商业的既有模式。在大数据背景下,物流企业可通过打造物流数据应用平台,利用物联网、云计算等技术,建立数据库,使用数据挖掘等技术筛选有效客户信息,对信息进行分析、

---

① 中国智慧城市网.智慧物流——现代物流发展必然趋势[EB/OL].(2018-06-08)[2020-06-05]https://www.sohu.com/a/234573584_468632.

整理与分类,并将信息共享给制造企业、仓储企业、第三方物流服务商等,使整个供应链能够根据信息对客户需求做出快速反应,更有针对性地开展个性化服务,让客户得到更多便利,提高客户的满意度,给物流企业带来新的业绩增长点。

3. 人工智能

人工智能凭借先进的算法、强大的运算和深度学习能力,融入或集成到物流设备中,进而实现物流运作的自主性、快速性和精确性。人工智能可以实现以无人或半无人化作业平台为主体的物流作业。具体来讲,人工智能可运用于以下领域:① 自动化仓储。② 自动驾驶汽车。③ 智能交通。④ 后台运营。人工智能使员工能够加快工作流程。⑤ 车货匹配系统。物流企业可利用人工智能建立全新的货运匹配平台,瞄准货源的非整车市场,结合自有货量和货运平台上的社会订单,提高拼货成功率和车辆装载率,使得车源和货源可以在自有资源和社会资源之间高效分配。⑥ 仓储管理。利用图像/视频识别与理解技术,结合地理信息系统、多媒体压缩和数据库技术,建立起可视化的仓储管理、订单管理、车辆管理系统。⑦ 智能客服。在物流领域,语音识别技术的客服座席可实现客户语音的可视化和智能分析,辅助人工座席迅速完成词条和关键字识别,并进行关键知识库与知识点的搜索匹配,从而提高物流行业客服座席的工作效率、服务质量与电话接通率。⑧ 智能化场院管理。在智能仓库作业环境中,仓库操作的处理速度、拣取精度和存储密度得到了极大提高。⑨ 物流运营管理。人工智能结合大数据分析,在物流转运中心、仓库选址上能够结合运输线路、客户分布、地理状况等信息进行精准匹配,从而优化选址、提升效率。

4. 5G 技术

5G 技术能够作为新一代物流行业的重要技术支撑。在 5G 能力大升级,重构生态系统的背景下,5G 技术将推进物流行业在物流仓储装备、物流可视化、车联网、无人配送设备、物联网等领域的快速发展。

5. 区块链

《中国物流与区块链融合创新应用蓝皮书》的调查显示,区块链在物流领域的应用大致可分为流程优化、物流追踪、物流金融、物流征信四个方向,涵盖结算对账、商品溯源、冷链运输、电子发票、供应链金融、ABS 资产证券化等重要领域。区块链在物流中的应用有助于建立多方信任、高效便捷的物流生态系统,有助于实现物流链条上各环节信息一致性,有助于实现物流链条上各环节信息的同步、自动、及时更新,有助于实现去中介化,降低物流链各环节的费用支出。

本章复习思考题:

1. 零售的含义是什么?零售商分为哪些类型?
2. 电商营销的含义是什么?电商营销与新零售的关系是怎么样的?
3. 批发的含义是什么?批发商有哪些类型?
4. 物流的含义是什么?物流管理的构成是怎样的?

第十三章　营销传播

> 📖 **本章学习要点**
> 1. 营销传播的含义、步骤和整合营销传播的概念；
> 2. 营销传播预算方法；
> 3. 营销传播的目标；
> 4. 营销传播的各种工具；
> 5. 营销传播组合策略及常用的方法和技巧。

营销不只是开发好的产品、制定有吸引力的价格和选择合适的营销渠道，还需要做有效的传播。从某种意义上讲，营销就是一种信息传播活动。

13.1　营销传播概述

一、传播

营销需要有效的传播，如果传播无效，营销必然失败。为了有效传播，提高传播的效率，营销人员必须了解传播过程，了解传播是如何进行的。

信息传播过程包括信息源、编码、信息渠道、解码、信息接收者、反馈及干扰等七个要素，其中以信息源和信息接收者这两个要素最为重要（如图13-1所示）。信息源（即信息发送者）想要把某一信息传递给接收者；接收者不仅要评估信息，也会评估信息来源的可靠性与可信性。

信息源会利用许多信息渠道来传递信息。信息渠道是指信息的运送者，如销售人员和广告都是常见的信息渠道。销售人员以声音和行动亲自传递信息，广告则利用互联网、杂

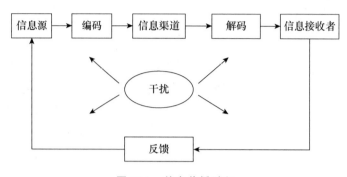

图 13-1　信息传播过程

志、报纸、广播、电视和其他媒体来传递信息。利用销售人员来传递信息的一个主要优点是销售人员可立即从接收者处得到反馈,销售人员可判断接收者接收信息的情形并据以做必要的调整。利用广告来传递信息时,通常必须依赖市场调研或销售数据才能获得反馈,耗费的时间较长。

干扰(也称"噪音")是指在沟通过程中会降低传播效果的那些令人分心的事物。例如,在电视广告播出时的交谈是一种干扰;报纸上排在一起刊登的相互竞争的广告也是一种干扰。营销人员应了解在沟通过程中有许多干扰会阻碍有效的沟通。

目标受众可能无法正确接收信息源传递给他们的信息,原因有三个:选择性注意,人们不曾注意到所有的刺激;选择性扭曲,人们会将所收到的信息解释成他们所希望的意思;选择性记忆,人们只能长期记住接触到的所有信息的一小部分。

信息源要决定究竟想传递什么信息给信息接收者,同时要把想要传递的信息转化成文字或符号,即编码。信息接收者接收到文字或符号后要进行解码工作,设法解释信息的含义。编码和解码常给沟通造成困难,信息源和信息接收者对文字和符号的意义可能因彼此的态度和经验不同而有不同的解释,双方需要有一个共同的参考标准才能做有效的沟通。

为了使传播有效,信息源必须了解并配合信息接收者的解码过程来进行编码。信息必须用信息接收者了解的文字和符号来表达,否则信息源和信息接收者各说各的,自然不可能实现有效的传播。

二、营销传播的含义

营销传播是指企业通过付费媒体、自有媒体和免费媒体与目标消费者相互沟通,以促使消费者知晓、了解、信任、接受并喜爱企业的全部产品诉求和价值主张,激发目标消费者对所售产品或服务的购买欲望,实现使目标消费者产生购买行为的营销目标。

营销传播是企业营销活动的一项职能,是为实现营销目标和营销战略服务的,菲利普·科特勒和凯文·莱恩·凯勒认为:营销传播是指公司试图用来直接或间接向消费者告知、说服和提醒有关其销售的产品和品牌相关信息的方法。[1] 营销传播一方面向市场传达着营销商和品牌的声音,与目标消费群体建立对话和联系,另一方面让目标消费者了解和掌握产

---

[1] 菲利普·科特勒,凯文·莱恩·凯勒.营销管理[M].何佳讯,等译.15 版.上海:格致出版社,上海人民出版社,2016:524.

品或服务的各方面信息,使自身的需求得到充分及时的发掘和满足,提升生活品质。

三、营销传播的步骤

为实现有效的传播,营销传播人员首先应确认目标受众是谁,然后决定传播目标、设计信息和选择传播渠道,最后还要评估传播效果(如图 13-2 所示)。

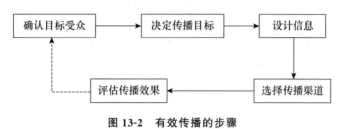

图 13-2　有效传播的步骤

1. 确认目标受众

营销传播人员在开始时就要清楚目标受众可能是企业产品的潜在消费者或现有使用者,也可能是购买的决策者或影响者。目标受众可能是个人、群体、特别的大众或一般大众。目标受众是谁对营销传播人员的决策(包括说什么、怎么说、何时说、何地说、由谁来说等)有很大的影响。

2. 决定传播目标

在确认目标受众并分析他们的特性之后,营销传播人员必须确定希望得到目标受众的何种反应。当然,最后的反应通常是购买,但购买行为却是消费者或使用者漫长的决策过程的最终结果。因此,营销传播人员必须了解目标受众目前处于决策过程中的哪一个阶段,并决定向前推进到哪一个阶段。

所以,营销传播人员的传播目标可能是从目标受众那里获得认知的、情感的或行为的反应,也可能是希望目标受众认知某些信息,或改变他们的态度,或促使他们采取某些行动。

3. 设计信息

在界定所期望的目标受众的反应之后,营销传播人员接下来就要开发或设计有效的信息。有效的信息应该能够引起受众的注意(Attention)、兴趣(Interest),激起其欲望(Desire)以及诱发其行动(Action)(简称 AIDA 模式)。实际上,极少有信息能将目标受众直接由注意一直推进到行动,但是 AIDA 模式仍可作为衡量信息质量的标准。

要设计一种有效的信息,营销传播人员须先回答下列问题:说什么,即信息内容;如何说,即信息结构和信息格式。

(1) 信息内容。

营销传播人员必须决定要对目标受众说些什么,即要向目标受众提出什么诉求或主题,使目标受众产生期望的反应。诉求有理性、感性和道德等三种形式。

理性诉求的重点是诉诸目标受众的自身利益,即告诉目标受众产品能产生什么利益,如告诉目标受众有关产品的质量、经济性、价值或效能。一般来说,工业品的购买者对理性诉求的反应较明显,因为他们对产品质量有一定的了解,对价值有辨认能力,同时也要对其购买决定负责任。消费者在购买单价较高的产品时,也常会多方收集相关信息并仔细比较,因此他们对质量、经济性、价值或效能等理性诉求也会有反应。

感性诉求是指营销传播人员想要引起目标受众某些正面或负面的情感以激发其购买欲望。营销传播人员可能以恐惧、罪恶感、羞耻等负面的感性诉求来刺激目标受众做他们应做的事(如刷牙、定期健康检查),或阻止他们做不应该做的事(如吸烟、酗酒、滥用药物等)。恐惧诉求在某种程度上是有效的,相关研究发现,中等程度的恐惧诉求是最有效的。营销传播人员也常使用正面的感性诉求,如幽默、爱、荣耀以及欢乐等。

道德诉求是指营销传播人员让目标受众感觉到什么是对的和适当的。道德诉求常被用来呼吁人们支持某些社会理念,诸如环境保护、男女平等、尊老爱幼以及救危扶困等。

(2) 信息结构。

有效的传播也有赖于有效的信息结构。设计信息结构时要考虑:是否提出结论,单面或双面的论点,表达的顺序。

营销传播人员可为目标受众下结论,或是让受众自行得出结论。有的研究认为,为目标受众下结论会有较好的效果;有的研究认为,让目标受众自己得出结论效果较好。一般而言,在下列情况下由营销传播人员提出结论可能导致负面的反应:① 如果营销传播人员被认为不值得信任,则目标受众可能会对营销传播人员试图影响他们的做法感到愤怒;② 如果议题简单或目标受众聪明,则目标受众可能会对营销传播人员试图做出解释的做法感到厌烦;③ 如果议题涉及高度的个人隐私,则目标受众也可能会对营销传播人员试图提出结论的行为感到愤怒。

单面或双面的论点是指营销传播人员只是单方面称赞自己的产品或者也同时提及一些缺点。相关研究发现:单面的信息对原本就倾向于支持营销传播人员立场的目标受众最有效果,而双面的信息则对反对营销传播者立场的目标受众最有效果;双面的信息对受教育程度较高的目标受众比较有效;双面的信息对于可能接触到反面宣传的目标受众比较有效。

表达的顺序是指营销传播人员应将最有力的论点放在最前面还是最后面。在进行单面信息的设计时,将最有力的论点放在前面有助于引起目标受众的注意与兴趣。在进行双面信息的设计时,必须考虑是先表达正面的论点还是先表达负面的论点;如果目标受众原本是持反对立场,则营销传播人员应先提出反面论点,以便可先解除目标受众的警戒性,然后再提出强而有力的正面论点作为结论。

(3) 信息格式。

营销传播人员也必须为信息设计适合的格式。例如,在印刷广告中,营销传播人员要确定标题、文案、图示及颜色;如果信息要通过音频(收音机)来传播,则营销传播人员必须选择用语和声音;如果信息是通过视频(电视)或销售人员来传播,则除了上述所应考虑的事项之外,营销传播人员还要确定身体语言、面部表情、服饰、姿态与发型等;如果信息是通过产品本身或包装来传播,则营销传播人员必须确定其颜色、质材、气味、大小及形状。

4. 选择传播渠道

营销传播人员必须选择有效的传播渠道来传达信息。传播渠道一般可分为人员传播渠道与非人员传播渠道。

（1）人员传播渠道。

人员传播渠道是指以人员的接触或反馈来传达信息的渠道。人员传播渠道的优点是传播人员可针对个别受众设计表达方式，并可得到反馈结果。

人员传播可以由销售人员向目标市场的受众进行传播，或者由具有专业知识的专家向目标受众进行展示与说明，也可以通过邻居、朋友、家庭成员、社团会员等社会渠道向目标市场受众提出建议。专家与社会渠道的口碑影响在许多产品的营销中是非常重要的。

在以下两种情况下，人员的影响力特别重要：一种情况是当产品的价格昂贵、有风险或购买者不经常购买时，购买者可能会到处收集信息，他们不仅会收集大众传播媒体的信息，而且还会寻求专家与熟人的推荐；另一种情况是当产品可显示使用者的品位或地位时，购买者会咨询他人意见，以避免误买。

（2）非人员传播渠道。

非人员传播渠道是指不以人员的接触或反馈来传达信息的渠道，包括媒体、气氛与事件。媒体包括有印刷媒体（报纸、杂志等）、广播电视（收音机、电视机）、电子媒体（光碟、互联网、电话、电动广告牌等）及展示媒体（布告板、招牌、海报等）。

气氛是指设计的可创造购买行为或增强购买者去购买某一产品倾向的整体环境。例如，律师事务所和银行的布置可传达其信心和具有的其他品质。

事件是指为传达特定信息给目标受众而设计的活动。例如，企业的公共关系部门所安排的记者招待会、大型开幕活动、产品展示会和其他特别活动。

5．评估传播效果

在实施某一促销方案之后，营销传播人员还要去评估这种促销方案对目标受众的影响或效果。评估的事项通常包括：

——他们（指目标受众）是否看过或听过这些信息？他们看过或听过几次？

——他们能记得哪一部分或哪几部分的信息？

——他们对这些信息的看法或态度是正面的还是负面的？

——在收到信息之后，他们对营销商或产品的态度是否有显著改变？如果有的话，这些改变是正向的改变还是负向的改变？

——在收到信息之后，他们的购买行为是否有显著的改变？

根据评估的结果，营销传播人员可以了解传播方案的优点和缺点，并针对缺点或不足给予修正。例如，假定某银行推出某项新的金融服务，促销三个月后，该银行发现约80%的目标消费群体并未看过或听过这家银行的新服务的传播活动，问题的症结可能是沟通渠道的选择不当，使其促销传播活动未能接触到大部分目标受众。

四、整合营销传播

整合营销传播（Integrated Marketing Communication，IMC）是一种营销传播策划观念，即在策划中对不同的传播形式，如一般性广告、社交媒体、直接销售、市场推广、公共关系等的战略地位做出估计，并通过对分散的信息加以综合，将以上形式无缝隙地结合起来，从而实现清晰明确的、连续一致的及最大效率的市场传播。

整合营销传播的产生是营销环境发展的必然结果。整合营销传播创始人舒尔茨教授认为,整合营销传播受到企业界的重视,主要是因为:

① 从广告代理商角度看,有两个方面的压力迫使其采纳整合营销传播。一是在20世纪70年代末80年代初,客户突然把他们花在媒体广告上的钱转投到消费者和商业促销上。造成这种情况的原因是多样的,但最主要的原因是渠道的控制权已经由制造商移向零售商。二是广告代理商面临广告佣金不断下降的压力,迫使广告代理商不得不涉足其他传播领域,向客户提供更多的服务。广告代理商采用整合营销传播,目的是防止"肥水流外人田"。

② 从企业角度看,传统的营销策略已不再适用,企业面临的是日益趋分众化(Demassification)的社会,传统广告的作用被稀释,加上媒体的细碎化,迫使企业对各种传播策略进行整合。

③ 从消费者角度看,面对海量的信息,消费者不再被动地接收,他们开始主动地去搜寻自己想要的信息。消费者处理信息的方式已经发生变化:消费者把信息局限在必须知道的最小范围内;由于信息的流量和内容都越来越多,消费者被迫在周围爆满的信息杂音中甄选出为数不多的自己需要的信息,并把获取的"碎片残余"整合起来,形成某种知识,并据以做出消费决策;传播者和接收者的经验在传播过程中具有非常重要的作用;新信息并不能取代旧信息,而是和原有的概念结合。

由于消费者"浅尝"式地获取信息,而且新信息并不能取代旧信息,这就要求广告代理商和企业在制定传播策略时,要保证信息的一致性。此外,科技的发展、互动的市场环境、财务需求及发展全球品牌的需要也是企业进行整合营销传播的主要原因。

整合营销传播主要强调以下几点:

1. 以关系利益人为导向的营销过程

整合营销传播是用来计划、发展、执行和评估长期针对消费者和其他内外部相关目标受众的相互协调、可衡量和具有说服性的品牌传播计划。企业除了销售商品外,还应该注意建立自身的品牌形象,把营销传播的对象扩展到所有关系利益人身上。关系利益人主要包括投资人、金融市场分析师、金融报纸和杂志、产品供货商、消费者、员工、政府官员、竞争者、媒体等不同领域且与企业彼此互动的关系人。

2. "由外而内"的过程

整合营销传播在找出和消费者的接触点上不是"由内而外"的取向,而是由消费者开始的"由外而内"的取向。整合营销传播以现实顾客和潜在消费者的需求为思考的原点,以便能真正满足顾客的需求,并引发其购买行为的产生,而且使顾客在购买产品或服务后,能运用不同的渠道将使用的感受反馈给企业,使企业能不断地改进及创新,为顾客及其他关系利益人提供更好的服务。

3. 双向沟通

整合营销传播是一种以经营品牌关系为最终目的的交互作用过程,企业应加强与关系利益人之间的积极对话,以了解他们真正的需求,增进其对品牌信赖的程度。双向沟通的目的是与关系利益人产生互动,互动性的网络社交媒体的广泛应用,可以使企业得到更多的响应,也可以接触到更多的潜在顾客。

4. 信息一致

整合营销传播虽然是由广告主或商品品牌通过不同的媒体传播渠道向消费者传递信息,但必须架构在"一致的声音"下。因此,整合营销传播应将所有的营销传播技能和工具加以紧密地结合,以传达并维持清楚、单一、一致的形象、定位、主题、信息、标语等。除此之外,运用整合营销传播的企业也应通过所建立的内部网络系统,将这些一致性的信息传达给所有的内部成员及其他关系利益人,以建立一致性的产品形象,甚至是整体的企业形象。

5. 使用多种传播工具

整合营销传播需要协调各种传播工具(如广告、社交媒体、公关、市场推广、人员推销等),以便提供明确、一致的信息,达到最大的传播影响效果。因此,企业应对能传达企业或品牌信息的各种传播手段进行评估,这些传播手段可能包括电视广告、杂志广告、社交媒体、展览会或任何可以运用的信息媒体渠道,或是公关活动、市场推广活动及人员推销等,达到企业与消费者进行双向沟通的最佳效果。

6. 建立关系

整合营销传播的信念之一是:成功的营销传播需要在企业或品牌与消费者之间建立长久的关系,经由关系的维持和持续的连接,使得消费者重复购买产品,建立起消费者对品牌的忠诚。整合营销传播的目的不只在于销售产品,更在于与消费者建立起品牌关系,这与关系营销的理念不谋而合。

7. 数据库的应用

企业要执行整合营销传播,拥有一个数据库是非常关键的。这个数据库应是由互相关联的资料所组成的,为满足组织各种信息需求而设计。有学者认为,在整合营销传播企划流程的架构中,应把顾客数据库作为思考模式的起点。

13.2 营销传播预算

企业决定在营销传播活动上花多少钱(在实践中常体现为促销费用),这是一项主要的营销决策。不同产业的促销费用常有很大的差异,如饮料业、化妆品业、药品业的促销费用比例(占销售额的百分比)通常比机械业、电子元器件业、建材业的促销费用比例要高。

即使在同一产业内,不同企业的促销费用比例也常高低有别。以下是五种促销预算方法:销售额百分比法、单位固定金额法、量力而为法、对付竞争法及目标任务法。

一、销售额百分比法

销售额百分比法是指以目前的或预期的销售额的某一个百分比作为制定促销预算的基础。例如,某家公司决定以预期销售额的3%作为促销预算,假定该公司预估下一年度的销售额为100万元,则该公司下一年度的促销预算为3万元。

销售额百分比法使用简单,具有以下优点:第一,它的使用意味着促销费用将与企业的支付能力一起变动,这点会令财务经理感到满意,因为促销费用应与企业销售额的变动维持密切的关系;第二,它会促使管理阶层去思考促销成本、售价及单位利润之间的关系;第三,它会促使同业间的竞争趋于稳定,前提是竞争对手以大致相同的销售额百分比作为其促销费用。

不过这种方法在逻辑上有令人争论之处。采用销售额百分比法的前提是认为促销是"果",销售是"因"。但在逻辑上,促销应视为销售的"因"而不是"果"。这种方法未考虑产品生命周期、市场情况和产品特性等因素。而且,除了根据同业间成规或过去的经验,这种方法未能提供一个合理的决定特定百分比的基础。

二、单位固定金额法

单位固定金额法是指根据每销售一单位产品的一个固定金额来制定促销预算。例如,某家公司决定每销售1个单位的产品就提取1000元作为促销费用,如果该公司预估下一年度将销售5万个单位的产品,则下一年度该公司的促销预算将为5000万元。

单位固定金额法使用简单,但它和销售额百分比法一样,未考虑产品生命周期、市场情况和产品特性等因素;它也把销售看成是促销的"因"而不是"果",在逻辑上同样有令人争论之处。

三、量力而为法

量力而为法是指企业以自身的支付能力为依据来制定促销预算。这种方法使用简单,有多少钱可用就制定多少促销预算。但这种方法忽略了促销对销售的影响,而且每年的促销预算可能会起起伏伏、变动不定,这不利于企业的长期规划。

四、对付竞争法

对付竞争法是指企业以对付竞争者作为制定促销预算的主要考虑因素,以便能与竞争者抗衡。例如,如果主要竞争者花费2000万元作促销,则他们也会花2000万元的促销费用;或主要竞争者以其销售额的5%作为促销预算,则他们也会以销售额的5%作为促销支出。

这种方法能考虑到竞争者的活动,是其可取之处。不过,由于各企业的资源、机会、威胁、营销目标等不尽相同,以竞争者的促销预算来制定自己的促销预算,有很多不妥之处。有人认为采用对付竞争法,维持与同业间大致相同的促销预算,可避免引起促销战争。但实际上,促销预算相同,并不能保证企业之间的促销战争不会发生。

五、目标任务法

目标任务法是指企业根据所要达成的特定目标来制定促销预算。应用此方法时,企业应先确定促销目标,再决定实现目标所需完成的任务,然后估计执行这些任务所需的费用,把这些费用加总起来即得出促销预算。

在实践中,目标任务法是运用起来较困难的一种方法,它需要了解促销支出和促销结果之间的关系,而这通常不是一件容易的事。例如,某家食品公司推出一种新产品,希望在三个月的促销期内让80%的目标市场消费者知晓这种新产品,这家食品公司到底要安排多少广告和促销活动才能达到这个促销目标呢?这虽不是一个容易回答的问题,但目标任务法可促使营销人员去认真思考这个问题。

运用目标任务法可以促使营销人员更加关注促销目标的完成,更有效地使用促销预算。但它未能提供决定各目标优先顺序的基础,将所有的目标都视为同等重要,但实际情形常常不是这样,有些目标确实比其他目标更重要。此外,如前所述,要估计完成某一特定目标所需花费的促销成本是不容易的,这也是目标任务法的缺点之一。

13.3　营销传播组合

企业的整合营销传播方案称为促销组合(Promotion Mix),亦称营销传播组合。营销传播工具有广告、社交媒体、人员推销、市场推广与公共关系等,企业对这五种工具如何分配促销预算,是一项重要的营销决策。不同的行业,分配促销预算的方式有明显的差异。即使在同一行业中,不同企业的分配方式也不相同。

一、制定营销传播目标

企业通过编制促销方案去实现某种特定目标,其中,主要的目标是说服消费者购买产品,或是使消费者对企业、企业产品的优点有所了解。促销目标必须与企业总体目标及销售目标相互协调。众所周知,企业目标是使股东资本或投资的报酬实现最大化,为了达到目标,营销管理者总是寻找在获利基础上的最大销售量(市场占有率)。根据企业的总体战略目标,营销管理者可以制定不同的营销传播目标。

1. 激发原始需求,吸引选择需求

原始需求是指消费者对某种或某类产品或服务的需求。比如,所有想购买汽车的消费者的欲望,构成了市场上对汽车的原始需求。

选择需求是指消费者针对某种品牌产品或服务的需求。例如,选择"康佳"牌彩电还是"创维"牌彩电,选择"两面针"牌牙膏还是"黑妹"牌牙膏,等等。选择需求决定着每一个企业的市场占有率,它是原始需求的一部分。毋庸置疑,吸引选择需求是每一个企业的最为基本的工作。

2. 提供企业产品信息,诱发消费者购买行为

提供信息,就是向消费者说明企业的现状。企业在出售什么产品?某种品牌产品的价格是多少?在哪里能够买到它们?企业还为消费者提供哪些服务?假如某种产品的品牌很新颖而且具有竞争优势,就特别适合采用这种通过提供信息来促销的方式。提供信息使消费者感到品牌是真实可靠的,尤其是当这些信息由一些权威部门或媒体发布时。

营销传播的根本要素是说服。要想使消费者购买企业的产品,就必须使他们相信,购买这种产品有利于维护、巩固和提升他们的自我观念。通过说服工作,企业使消费者从知晓到感兴趣、产生欲望并最后采用购买行动。

通过提示的方法促使消费者采取购买行动是促销的一种重要方式。这种方式主要针对企业的现实顾客,而不能用于潜在的消费者。对作为市场领导者的企业来说,实施提示性的

促销活动主要起防御作用。

3. 塑造品牌形象和企业形象

营销传播活动的一个重要内容是树立企业不同品牌产品的形象，表现其个性。品牌是用来识别某一个或某些企业的产品或服务，并用以和其他竞争者的产品和服务相区别的名称、术语、符号或设计，或者这些内容的组合。品牌形象是一个复杂的概念，它包括品牌名称引起的购买者的情绪变化，并决定于产品实体、产品价格、产品零售商、产品的购买者和使用者以及针对品牌的促销工作等因素。消费者购买产品是为了满足需求，这使得企业的全部营销工作不得不受消费者的想法和购买行为的制约。

品牌形象是与产品有关的概念，企业形象则是与消费者心理有关的概念。企业形象是指企业的外感形象和内在精神在社会公众心目中的总体印象和感知。外感形象包括：企业服务特色、产品质量、经营规模、推销方法、公共关系、销售点的格调、商品的外包装、广告以及企业标志、图案、造型等。内在精神包括：企业宗旨和使命、经营管理特色、员工素质、技术力量、产品的研制开发能力以及创新和开拓精神等。提升企业形象的营销传播活动的目的也在于使产品带有企业的特点。品牌形象是产品的个性，企业形象是产品生产企业的个性，两者相互依存、相互制约。

二、了解各种营销传播工具的特性

营销人员在选择营销传播工具时，必须先了解各种营销传播工具的特性（以下各营销传播工具的介绍见本书第十四章）。

1. 广告

广告是一种相当普及的促销工具，可以重复同一信息许多次。广告可以较有效率地（单位展露成本较低）同时接触到散布在各地的大量潜在消费者。广告可通过文字、声音与色彩的巧妙运用，生动地描述企业及其产品，可收到扩大展示的效果。广告是一种高度大众化的传播方式，消费者容易把广告中的产品视为标准化的产品，同时也会把广告的产品当作大众可接受的产品。

不过，广告也有其缺点：广告常会接触到许多非潜在消费者，造成浪费；广告容易受到批评；由于广告是由广告主付费的，人们有时会怀疑其公正性；广告的展露时间通常较短，加上人们会筛选广告，对许多广告会视而不见，这会影响广告的效果；广告的单位展露成本虽低，但广告总成本可能很高。

2. 社交媒体

社交媒体是互联网时代兴起的一种网上交流传播工具，是消费者之间或消费者与企业之间通过网络分享、交流文本、图片、音频和视频的一种方式。

社交媒体能够让企业及时、迅速、低成本地在网络上发布各种信息，并可瞬时在最大的范围内传播，消费者也几乎会在同一时间接触到这些信息。社交媒体上的信息传播速度、广度和深度是其他媒体所不能比拟的。另外，相较于传统媒体，社交媒体还具备某些客服功能。通过社交媒体，企业可以及时、广泛地获取消费者的各种意见和建议，据此可以改进产品设计和销售方案，提高产品的市场竞争力。消费者也可以在社交媒体上获得企业发布的打折促销等各种市场推广的信息，适时购买心仪的商品。

社交媒体也存在信息甄选难度较大，虚假信息和负面信息的影响有时难以快速消除，垃圾信息泛滥导致营销人员产生错误的判断等缺点。

3．人员推销

在人员推销过程中，销售人员与消费者进行面对面的双向沟通，销售人员可根据消费者的个别需要做及时的回应或调整。另外，人员推销有助于人际关系的建立与培养，可让销售人员有机会与消费者建立和保持长期的关系，增进双方的信赖；在进行人员推销时，销售人员能够设法让消费者注意倾听产品介绍与观看产品展示。

不过，人员推销的成本（指接触每位消费者的成本）是所有促销工具中最高的。销售人员不可能随时增减，一旦雇用之后就代表比较长期的成本承诺。而且，优秀销售人员的招募、训练和激励工作是相当费时和花费成本的。此外，不同销售人员的技巧常存在差异，有些销售人员的陈述会比其他销售人员更清楚、更有说服力，这种不一致的情形是不容易消除的。

4．市场推广

市场推广的工具包括折价券、奖品、竞赛、"淘抢购"、"秒杀"、"聚划算"等可促成销售的各种短期诱因，营销人员有很多种市场推广工具可选择。市场推广在改变消费者的短期行为方面通常是很有效的，可以促成快速的反应，达到刺激短期销售的效果。市场推广也容易和其他的促销工具（如广告和人员推销）结合，共同运用。

不过，市场推广的效果通常只是短期的，如要建立长期的品牌偏好，促销的效果并不明显。有些与减价有关的促销，如使用不当，可能会伤害到品牌的形象。此外，市场推广工具容易被竞争者模仿或抄袭，这也是它的一个缺点。

5．公共关系

广告、人员推销和市场推广通常是以销售方主导的方式来传递信息，而公共关系则可以公共报道、新闻报道或故事的方式来传递信息，较容易取信于消费者，也较容易接触到那些回避广告、人员推销或市场推广的潜在消费者。公共关系和广告一样，也可以以戏剧化的表现方式来生动地展示企业及产品。公共关系的总成本通常也较低。

不过，公共关系并非营销人员可以主导的，因此营销人员对信息的影响力很小。公共关系往往需要借助媒体，但媒体不一定能够充分配合。

各种营销传播工具的优点和缺点如表13-1所示。

表13-1　各种营销传播工具的优点和缺点

营销传播工具	优点	缺点
广告	1．可同时接触大量的消费者 2．有许多媒体可供选择 3．可生动地描述企业及其产品 4．有效率：单位展露成本低	1．会接触到许多非潜在消费者 2．广告的公正性易受怀疑 3．展露时间通常较短 4．总成本可能很高
社交媒体	1．企业与消费者的互动性 2．企业为消费者提供直接、及时的信息 3．消费者广泛参与讨论、分享和评论	1．传播效果较难控制 2．消费者的极端情绪容易感染其他人 3．有些活动会适得其反

续表

营销传播工具	优点	缺点
人员推销	1. 面对面的双向沟通,销售人员可立即做出反应 2. 有可能与消费者保持长期的关系 3. 可让消费者注意倾听产品介绍与展示	1. 单位接触成本最高 2. 销售人员的雇用代表较长期的成本承诺 3. 优秀销售人员的招募、训练和激励耗费较大 4. 不同销售人员间的销售技巧不一致
市场推广	1. 有多种形式可供选择 2. 可在短期间内刺激销售 3. 易于和其他促销工具结合使用	1. 只有短期的销售效果 2. 与减价有关的销售可能会伤害品牌形象 3. 容易被竞争者模仿或抄袭
公共关系	1. 可信度高 2. 可接触到那些回避其他促销工具的潜在消费者 3. 可生动地展示企业和产品 4. 总成本可能较低	1. 营销人员对信息的影响力很小 2. 媒体不一定配合

三、采取营销传播组合策略

营销传播组合策略分为两种,即推的策略和拉的策略。推的策略是指制造商通过中间商将产品"推"向消费者或最终使用者,制造商针对中间商进行促销活动(主要是人员推销和中间商促销),鼓励中间商多订货,多向消费者或最终使用者推销制造商的产品。拉的策略是指消费者或最终使用者通过中间商将产品"拉"向制造商,制造商针对消费者或最终使用者进行促销活动(主要是广告和消费者促销),鼓励消费者或最后使用者向中间商要求购买制造商的产品,使中间商不得不主动向制造商订货。

制造商究竟是采取推的策略或拉的策略,应考虑产品/市场的类型、购买者准备阶段和产品生命周期等因素。

1. 产品/市场的类型

不同的促销工具在消费品市场和工业品市场中的重要性是不同的。消费品制造商较常用拉的策略,花在广告上的资金最多,其他依次为市场推广、社交媒体、人员推销及公共关系。工业品制造商倾向于采用推的策略,将大部分资金用于人员推销,其他依次为市场推广、广告和公共关系。一般而言,对于价格昂贵而且有风险的产品,以及在销售者数目较少而规模较大的市场中,适宜采用人员推销的策略。

在工业品市场中,人员推销比广告重要,但广告仍扮演重要的角色。在工业品市场中,广告能执行下列的功能:

① 建立知晓:一个不知道企业或企业产品的潜在购买者可能会拒绝与销售人员见面。即使见了面,销售人员也必须花费许多时间来介绍企业及其产品。

② 建立理解:如果企业产品有新的特色,那么广告可以有效地解释这些特色。

③ 有效率的提醒:如果潜在购买者知道该产品,但仍未准备购买,这时由广告来提醒他们将比销售人员的拜访来得经济。

④ 产生指引:提供小册子和附有企业电话号码的广告是为销售人员产生指引的一种有效方法。

⑤ 正当性:销售人员可以利用刊登在著名杂志上的广告来表示他们的企业及产品有明确的来路。

⑥ 再保证:广告可提醒消费者如何使用产品,也可对消费者的购买给予再保证。

2．购买者准备阶段

在不同的购买者准备阶段,促销工具有不同的效果。在知晓和认识阶段,社交媒体、广告与公共关系扮演主要的角色。在喜欢、偏好和信赖阶段,人员推销与广告的效果更明显。在完成销售阶段,人员推销与市场推广的作用更大。

3．产品市场生命周期阶段

不同的促销工具在不同的产品市场生命周期阶段也有不同的效果。在产品的投入期,广告、社交媒体与公共关系是产生高知晓度的好工具,而市场推广则可促进早期的产品试用,人员推销可鼓励中间商进货。在产品的成长期,广告、社交媒体和公共关系仍具有强大的影响力,而市场推广则可减少。在产品的成熟期,市场推广再度成为重要的工具,广告、社交媒体只用来提醒消费者不要忘了此产品。在产品的衰退期,市场推广仍然重要,广告只维持在提醒的水平,公共关系已基本无用,而人员推销只能让产品还能受到一些消费者的注意。

四、营销传播组合常用的方法和技巧

1．营销传播组合常用的方法[①]

(1) 说理教育法。

通过介绍产品的原理、使用方法、功能效果等有关知识,使消费者认识到产品能给自己带来的利益,从而产生购买欲望和动机。这种方法适用于产品市场生命周期的投入期和成长期,适用于文化程度较高的理智型的消费者,适用于工业品。

(2) 情感共鸣法。

这种方法注重情感交流和激发情感,主要是利用推销人员面对面的有针对性的推广,以及在广告中利用情感型的创意和运用色彩、音乐及画面,激发受众的潜意识及情感共鸣,以达到促销的目的。这种方法适用于消费品中的软商品,如饮料、服装、小工艺品、化妆品及装饰品等;适用于情感型消费者,如女性消费者、青少年消费者等;适用于处于产品市场生命周期的成熟期和衰退期的产品,因为这类产品对消费者来说已经非常了解,需要运用情感的刺激,以期他们继续保持对产品的忠诚和信心。

(3) 新闻聚焦法。

以重大新闻事件和新闻人物为契机,及时把企业或企业的产品与之联系起来加强广告宣传,使消费者在关注新闻事件和新闻人物的同时也能注意到企业和企业的产品,最终达到宣传企业和企业产品的目的。这里的新闻事件和新闻人物也可以由企业有意地制造出来。

2．营销传播组合常用的技巧

(1) 实证。

实证即运用产品本身的实际特性来表明商品的优良性能,以消除消费者的种种疑虑的

---

① 何永琪,傅汉章.市场学原理[M].广州:中山大学出版社,1997:341—344.

促销技巧。例如,展销会、现场示范、时装表演、试用、品尝等,以及广告当中运用生产过程、操作使用过程和实际使用效果等的视频及照片都属于实证。

(2) 论证。

论证即运用逻辑推理的办法来证明产品的优良,从而促使消费者产生购买欲望和动机的促销技巧。

(3) 证据。

证据即列举充分的证据来证明产品的优良品质,从而使消费者信服的促销技巧。例如,权威部门的质量抽检报告、市场占有率排行榜、奖牌、奖章、奖励证书等。

(4) 权威。

权威即利用专家学者、权威机构的证言、证词向消费者推荐产品,或由权威机构或权威人物出面推荐产品的促销技巧。例如,利用影视明星推荐服装、化妆品等。

(5) 对比。

对比即将企业产品与同类产品或替代产品在价格、质量、性能、服务、款式等方面进行比较,以证明本企业产品优良的促销技巧。在比较过程中,应使用间接不明指的对比法,以避免法律纠纷。

本章复习思考题:

1. 请简述营销传播的含义、步骤。整合营销传播的概念是怎样的?
2. 营销传播预算方法包括哪些?
3. 营销传播的目标是什么?
4. 营销传播的工具有哪些?
5. 营销传播组合常用的方法和技巧有哪些?

第十四章 广告、社交媒体、市场推广与公共关系

> **本章学习要点**
>
> 1. 广告的含义、类型和决策；
> 2. 社交媒体的类型及传播特点；
> 3. 市场推广的概念、类型和决策；
> 4. 公共关系的含义和基本策略。

14.1 广　　告

广告是指特定赞助商采用付费形式，通过印刷媒体、广播媒体、网络媒体、电子媒体及户外媒体等，对观念、产品或服务进行非人员展示和推广。在各种营销传播工具中，广告是相当重要的一种，因为广告的传播媒体非常广泛，如杂志、报纸、广播、电视、互联网、户外展示（如地铁广告、楼梯广告、LED 显示屏、墙体广告、候车厅广告、高立柱广告等）、赠品（如记事本、日历）、火车或汽车等的车厢、商品目录及宣传单等都是广告的传播媒体。

近年来，由于互联网和数字媒体的快速发展，传统广告业生态发生了显著的变化。例如，2017 年美国网络和数字广告的收入首次超过了广播和有线电视的收入。据美国网络广告局 2017 年年度报告显示，美国 2017 年网络广告总收入为 880 亿美元，比上一年增长 21.4%。同时期，电视广告收入下降到 701 亿美元，下降幅度为 2.6%。[①]

[①] 界面新闻. 年轻一代杀死了电视吗？［EB/OL］.（2018-06-11）［2020-06-05］. https://www.sohu.com/a/235088903_313745.

一、广告的类型

广告包括产品广告和机构广告两种基本类型。

1. 产品广告

产品广告是指为了引导目标消费者去购买企业的产品而发布的广告,广告的对象可能是消费者或最终使用者,也可能是渠道成员。产品广告可分成先锋性广告、竞争性广告、提醒性广告等。

(1) 先锋性广告。

先锋性广告的目的在于开发对某一产品类别(如塑胶、乳制品、牛肉等)的需求,而非在于开发对某一特定品牌的需求。企业通常在产品市场生命周期的早期采用先锋性广告,用以告知潜在消费者有关新产品的信息,并设法将他们转变为采用者。先锋性广告也称开发性广告。

(2) 竞争性广告。

竞争性广告的目的在于开发次要需求,即开发对某一特定品牌的选择性需求。随着产品市场生命周期的推移,企业面对强烈竞争时,常被迫采取此类广告。

竞争性广告有直接和间接两种类型。直接竞争性广告的目的是促成消费者立即购买的行动;间接竞争性广告则强调产品的利益,目的在于影响消费者未来的购买决策。

(3) 提醒性广告。

提醒性广告的目的在于增强以前的推销效果,让大众记住产品的名称。当市场具有品牌偏好时——往往是在产品市场生命周期的成熟期或衰退期,这时提醒性广告会发挥作用。企业此时可能会用提醒性广告,以只提及或展示产品名称作为一种提醒。

2. 机构广告

机构广告的目的在于宣传组织的形象或理念,强调组织的名称和声誉。例如,张裕葡萄酒的广告一再强调"传奇品质,百年张裕",突显公司对品质的关切,而非着重于特定红酒的口味。

二、主要的广告决策

在开发广告方案时,必须依次考虑以下五项主要内容(如图 14-1 所示)。

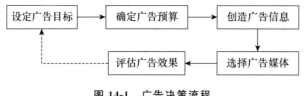

图 14-1 广告决策流程

1. 设定广告目标

设计广告方案时,必须先设定广告目标。广告目标必须配合有关目标市场、定位与营销组合的决策,因为广告方案只是整体营销方案的一环而已,广告目标的设定要考虑市场的竞争状况、产品市场生命周期阶段、消费者偏好等因素。广告目标是指在某特定期间针对某一特定受众群所要达成的一项特定的传播任务。例如,某商家的广告目标是在三个月内让某一群家庭主妇知晓其产品的比例从目前的20%提高到30%。

根据广告所要实现的目的,广告目标可分为以下四类。

(1) 告知性广告的目标。

告知性广告的目标是要告诉消费者有关产品的信息。这是一种报道性广告,即通过向消费者介绍产品的性能、用途、价格等,刺激消费者的初始需求。当一种新产品进入市场时,人们对它还不了解,市场上也无同类产品,因而广告的重点是向潜在消费者介绍产品。其特点是针对某种产品,而不是针对某个品牌。企业推出新产品或新服务时,这是一种非常主要的广告目标。例如,在微波炉新上市时,企业的广告将微波炉的性能、功效,甚至如何用微波炉烹饪等信息告诉消费者,这便是一种告知性的广告。

(2) 说服性广告的目标。

说服性广告的目标在于说服消费者偏好或购买某一特定的品牌,目的是使消费者偏爱某一个品牌,刺激消费者的选择性需求。当市场上某种产品品牌之间竞争激烈时,企业广告的内容就不宜泛泛宣传这一产品,而应突出自己品牌的优点和过人之处,以便消费者做出有利于企业的选择。例如,飞鹤奶粉的广告就宣称"更适合中国宝宝体质""57年专为中国人研制""10省销量连续两年超过洋品牌",阐明飞鹤奶粉是针对中国婴幼儿身体状况而专门研制生产的奶制品,希望消费者购买其产品,这就是一种说服性的广告。

(3) 提醒性广告的目标。

有些产品在市场上销售多年,虽已有相当的知名度,但企业仍需要推出提醒性广告来提醒消费者不要忘了他们的产品。这是一种备忘性广告,这种广告有利于保持产品在消费者心目中的印象。例如,可口可乐公司在电视广告上投入很多,其目的主要是提醒人们不要忘了可口可乐,而非告知或说服。春夏之际的瓶装饮用水广告、中秋节之前的月饼广告等一般都属于提醒性广告。

(4) 强化性广告的目标。

有些企业希望自己的产品在市场上能形成良好的口碑,所以当购买者对产品的良好性能非常满意时,企业就会通过广告强化现有购买者相信自己的决策是正确的。例如,一些培训学校常常在广告中展示学生夸赞学校的教学水平高。

2. 确定广告预算

广告目标确定后,企业要为各种产品编制广告预算。广告具有告知、说服、提醒和强化的功能,可提升产品的需求曲线,但是企业做广告要追求投资报酬率,希望以较低的成本得到较大的效益。

我们在第十三章学习过制定促销预算的五种方法,这些方法同样也都可用来协助营销人员确定广告预算。不过,在确定广告预算时还有五个特别的因素需要考虑:

① 产品在其市场生命周期所处的阶段。针对新产品企业通常需要编制较多的广告预算,用以建立产品的知名度,并鼓励消费者试用。对已建立品牌知名度的产品通常以销售额的一定百分比来编制较低的广告预算。

② 市场占有率与消费者基础。高市场占有率的品牌通常只需较少的广告支出来维持其市场占有率。若想拓展市场,提高市场占有率,则需要较大的广告支出。此外,就接

触每位消费者所占用的平均广告支出而言,市场占有率高的品牌一般比市场占有率低的品牌要少。

③ 竞争的需要。在一个竞争激烈且广告支出也高的市场中,为使品牌能在市场中突显出来,企业须比竞争对手做更多的广告。

④ 广告频率。重复传达品牌信息给消费者的次数也会影响广告预算。

⑤ 产品替代性。产品替代性高(如洗涤用品、啤酒、饮料)的品牌需要大量的广告来建立与众不同的形象。当某一品牌具有独特的实体利益与特色时,广告也是十分重要的。

3. 创造广告信息

无论广告预算有多高,广告必须要能引起目标消费群体的注意,并让消费者产生共鸣,广告才算成功。因此,创造有效的广告信息是非常重要的。

创造有效的广告信息应从确定消费者利益着手,并以此作为广告诉求。广告诉求是指在广告信息中强调的产品(或服务)利益。广告诉求应具有三个特征:第一,诉求应是有意义的——指出产品的利益,使产品更受消费者喜爱;第二,诉求应是可信的——消费者相信产品将会提供广告所承诺的利益;第三,诉求应具独特性——应告知消费者,产品与竞争品牌相比,其优势是什么。例如,乐百氏纯净水的"27层净化"的广告就具备上述三个特征,不仅把产品的利益明确地表现出来,也把自己的产品和竞争品牌细分开来,展现其与众不同的特色,因而在消费者心目中留下深刻的印象。

企业确定了广告诉求后,还要确定广告诉求的表现方式,将广告诉求有效地表达出来,以便能吸引目标消费者的注意和兴趣。所以,营销部门往往需要提出一份广告策划书,说明拟议中的广告目标、广告诉求和表现方式。

4. 选择广告媒体

企业制定广告决策的另一项任务是选择广告媒体以传递广告信息。选择广告媒体的主要步骤包括:确定广告的接触面、频率和希望产生的效果,选择主要的媒体类型,选择特定的媒体工具,安排广告播放频率。

(1) 确定广告的接触面、频率和希望产生的效果。

在选择媒体之前,企业必须确定为实现广告目标所需的接触面、频率以及希望产生的效果。接触面是指在特定期间目标市场的消费者接触到广告活动的百分比,如企业可能希望在前三个月的广告活动中接触到70%的目标市场消费者。频率是指目标市场中平均每一个人接触到信息的次数,如企业可能希望目标市场中平均每一个人接触三次。效果是指信息展露的定性价值,如对需要展示的产品而言,电视广告的效果要比报纸广告的效果更好。

一般而言,企业所希望获得的接触面愈广、频率愈高、效果愈好,广告预算也就愈高。

(2) 选择主要的媒体类型。

主要广告媒体的优点与缺点如表14-1所示。各种媒体均有其优点与缺点,企业在选择广告媒体类型时应考虑下述几个因素。

① 目标受众习惯的媒体。企业应寻找能够有效接触目标受众的媒体。

② 产品的性质。例如,流行时装的广告最好利用彩色杂志,而老年运动鞋最好在电视上做展示。

表 14-1　主要广告媒体的优点与缺点

媒体	优点	缺点
报纸	具有弹性,时效性强,能涵盖地区性市场,可被广泛接受,可信度高	寿命短,再制品质不好,传阅的读者有限
电视	大众市场涵盖面大,单位展露成本低,结合画面、声音和动作,效果好	绝对成本高,嘈杂,短暂的展露,不易选择受众
直接邮件	受众选择性高,具有弹性,在相同媒体内没有广告竞争	单位展露的相对成本高,易被视为垃圾邮件
广播	可以快速更改信息,移动性好,地区与人口选择性高,成本低	只有声音,短暂的展露,低注意力
杂志	地区与人口的选择性高,具可信性及声誉,再制品质高,持续时间长,传阅的读者多	购买广告的前置时间长,成本高,无法保证版位
户外广告	具有弹性,高的重复展露,成本低,低信息竞争,位置选择性好	极难选择受众,创造力的限制
APP 广告	合理利用资源,等待 APP 加载时呈现内容;直观简洁、不占用内容页;当用户刚打开启动页时,直接呈现广告内容,能够更好地刺激用户记忆;以内嵌的形式植入广告,不增加额外的内容板块	对内容观看造成一定的遮挡,易造成用户反感;会暂时打断用户操作;部分 Flash 安装包加载缓慢;不愿意付费购买 VIP 业务的用户长时间观看广告会影响用户体验
网络广告	真正的互动媒介,大量的受众,及时反应,高度针对性,提供详细的信息,能保证到达用户,可以跟踪顾客并建立数据库	效果无法验证,定向成本昂贵,下载速度缓慢,广告发布位置可能不当,存在安全与隐私问题,全球性营销的限制

③ 信息的类型。例如,宣布明天减价的信息需要利用广播、报纸和互联网;带有许多技术资料的信息更适宜利用杂志或直接邮件。

④ 成本。例如,电视广告费用很高,报纸广告、网络广告相对来说费用就低多了。

(3) 选择特定的媒体工具。

企业必须选择适合的媒体工具——各媒体类型内的特定媒体,在媒体成本和媒体效果之间求得平衡。第一,应平衡成本和媒体工具的受众质量;第二,应考虑受众的注意力;第三,应估计媒体工具的广告制作质量。如此,企业才能在一定的成本范围内,找到在接触面、频率与效果等方面都能合乎要求的媒体工具。

(4) 安排广告播放频率。

企业必须安排年度广告的播放频率,也须选择广告播放频率的形态。广告播放可平均分散在各时期,也可视市场情况做重点式的安排,以达到最好的广告效果。

5. 评估广告效果

企业在广告上投入的资金较多,因此对于广告的效果应定期加以评估。一般而言,广告效果的评估可分为传播效果的评估和销售效果的评估两部分。

(1) 传播效果的评估。

传播效果的评估是指衡量一个广告和消费者的沟通互动情形。例如,广告是否能真正吸引消费者的注意,消费者看了广告之后是否能记住广告的内容等。对传播效果的衡量,在实践中表现为文案测试,可在广告正式推出之前与之后加以测试。

① 事前测试。事前测试的方法有以下三种：

Ⅰ．直接评分：让一群消费者（或受测者）接触一些设计好的广告文案，并分别予以评分。例如，在让消费者看过若干为杂志广告而设计的广告文案后，请他们就"这个广告引人注意的能力如何？""这个广告传递诉求或利益的清晰度如何？""这个广告对促成消费者购买的影响力如何？"等问题分别评分。显然，直接评分的结果与广告对消费者的实际影响毕竟有一定差别，但仍可用来剔除较差的广告文案。

Ⅱ．组群测试：让一群消费者（或受测者）接触一些设计好的广告，等消费者看完或听完之后，请他们回想所接触的广告（访问员可以给予提示或不作提示），并就记忆所及描述各个广告的内容。此结果可用来说明广告是否突出以及信息被理解及记忆的情形。

Ⅲ．实验室测试：在实验室中利用一些仪器来衡量消费者（或受测者）接触广告后的生理反应，如心跳、血压、瞳孔扩大、出汗情形等，以评估广告的效果。这种测试只能衡量广告引人注意的能力，但不能测出广告对消费者信念、态度或意图的影响。

② 事后测试。事后测试有两种常用的方法：

Ⅰ．回忆测试。请曾经接触某种特定媒体的消费者（或受测者）回想过去某一广告的产品和企业，说出他所能记忆的广告内容。回忆分数可用以表示广告受人注意与被记忆的程度。

Ⅱ．认知测试。以在杂志刊登的广告为例，要求消费者（或受测者）指出他们在某一期杂志上所看过的广告，对每个广告有三种测试数据：① 注意率，即自称曾在某一期杂志上看过该广告的读者比例；② 略读率，能正确指出该广告的产品和企业的读者比例；③ 精读率，即自称曾读完大部分广告内容的读者比例。

（2）销售效果的评估。

评估销售效果的目的在于衡量广告推出之后对销售的影响。一般来说，销售效果比传播效果更难衡量。因为销售除了受广告影响之外，还会受到许多其他因素（如品牌形象、宏观经济政策变动、价格、竞争者策略等）的影响。在衡量广告对销售的影响时，应将广告以外的其他因素予以过滤才能有较客观的评估。

广告的销售效果通常可以用历史法或实验设计方法来加以评估。历史法是指利用统计技术推算出商家过去的广告支出与同期（或下一期）的销售额之间的关系，然后据以估计广告的销售效果。有的研究人员则利用实验设计方法来评估广告的销售效果，即只变动广告支出的数额，将广告支出以外的因素保持不变，然后据以衡量不同的广告支出水平对销售额的影响程度。

14.2　社交媒体

我国目前的社交媒体主要包括社交网站、微博、微信、博客、论坛、播客等诸多形式，社交媒体的发展呈现出多样化的局面，每种社交媒体形态都有自己独特的传播作用。目前，从整体社交媒体营销和形态来看，大部分企业对于社交媒体营销的认知和实践主要集中于微博、微信和短视频。

一、微博

微博是微型博客的简称,也是博客的一种,是一种通过关注机制分享简短实时信息的广播式的社交网络平台。微博是一个基于用户关系信息分享、传播以及获取的平台。微博的关注机制分为单向、双向两种。作为一个分享和交流平台,微博更注重时效性和随意性。通过微博,人们可表达每时每刻的思想和最新动态。

这里,我们以新浪微博为例进行介绍。新浪用户可以通过 PC、手机客户端等发布消息或上传图片,即可以将看到的、听到的、想到的事情写成一句话或发一张图片,通过电脑或者智能手机随时随地分享给朋友,一起讨论;还可以关注朋友,即时看到朋友们发布的信息。

微博因其易于操作、传播性广、互动性强的特点深受网民的喜爱。根据《2016 微博企业白皮书》,2016 年微博企业账号已达 130 万。对企业来说,微博不仅是一个传播的阵地,而且是将传播、服务、营销整合为一体的工具,其快速、精准、及时、开放、互动诸多特点赢得了企业的重视。

1. 微博传播的特点

(1) 成本低。

在微博上发布信息门槛低,成本远低于其他类型的媒体。与传统的大众媒体(报纸、广播、电视等)相比,微博的受众同样广泛,企业起始投入低,后期维护成本同样较低。

(2) 覆盖面广。

微博信息可以在智能移动终端上快速发布,传播速度快,覆盖面广,转发非常方便。大 V[①] 的名人效应能够使事件的传播量呈几何级增长。

(3) 传播速度快。

微博发布和传播信息的方式多种多样,如 PC、手机客户端以及各种第三方应用软件等。通过这些信息工具微博信息迅速传播,一条微博在触发"引爆"点后短时间内通过粉丝互动多级转发,可以抵达世界的每一个角落,呈现出逐级裂变不断加速的传播特征:一条微博可以被其粉丝转发,再被粉丝的粉丝转发,不断裂变蔓延,传播效果加速放大。

(4) 开放性。

微博对所有人敞开大门,只要注册账号就可以随时发表文字、符号、音频、视频、图片或转发评论,操作简单快捷。微博信息真正实现了"4A"发布,即 anytime、anywhere、anyway、anyone。微博的操作便捷性使其具备了开放性的基础。

(5) 互动性强。

微博的信息平台、信息发布者、信息传播者、信息加工者等在每个环节都可以实现互动,微博提供了关注、转发、评论、回复、私信、对话、邮件分享等互动功能,用户可以通过文字,也可以通过"表情",还可以通过"@"来实现各种形式的互动。微博实现了媒体平台多环节的互动,实现了现代媒体的平台与受众、受众与受众、客户与受众、客户与平台的及时迅速互动。

(6) 浏览界面时尚感。

微博营销可以借助许多先进的多媒体技术手段,如文字、图片、视频、音频等,真正地实

---

① 大 V 是指在微博平台上获得个人认证,拥有众多粉丝的微博用户,其微博昵称后都会附有类似于大写的英文字母"V"的图标,因此被称为大 V。

现了全媒体传播。企业可以通过微博从多维度对产品进行展示、描述，从而使潜在消费者可以直接地接收详细又形象的产品信息。

2. 微博营销传播

企业微博若要取得实现企业经营目标所需的营销传播效果，需采取一些合理的方式、方法，掌握若干重点环节要素。

(1) 信息的简洁性。

企业微博内容应简洁明了。在网络时代，越是简单的信息越容易被受众接受，传播得更远更广。这也就对企业微博内容创意提出了很高的要求，无论是产品信息还是品牌动态等，都应该简洁且具有可读性、感召力，这样才更容易得到粉丝们的接受且便于记忆。受众的时间和注意力都是有限的，他们希望用最短的时间找到对自己最有价值的信息，图文结合换成"视频＋文字"更容易吸引他们的注意力。

(2) 内容的趣味性。

企业微博内容如果足够有趣，就能引发关注。一般情况下，含有企业营销消息的内容更需要以有趣的方式引起受众围观、号召受众积极参与。内容的趣味性会激发受众"@"好友的积极性，会产生微博传播的扩散效应。

(3) 感情的共鸣性。

企业的各种营销信息发布得过多，受众也会产生"审美疲劳"。如果能不定时发布一些有哲理或者关于热点话题、粉丝生活等的微博文字，也能获得很多人的关注。一句有用的话，就能吸引受众，从而产生感情上的共鸣，因此而集结众多忠实的粉丝，这是微博营销的一种"内功"，值得企业营销人员深入研究和探索。

(4) 粉丝的互动性。

企业定期举行活动是微博营销必不可少的法宝。举行微博活动，不仅能增加企业的粉丝数量，还能促进销售，增强企业和粉丝的互动。在微博营销中，微博的转发量、粉丝的参与率、活跃度、互动质量都是评估企业微博营销成功与否的指标。在新浪微博，可以根据新浪的活动平台上面的活动类型，间隔发布微博活动，如同城活动、有奖活动、线上活动。企业可根据产品的特性选择活动的类型。"活动内容＋奖品＋关注(转发/评论)"的活动形式一直是微博互动的主要方式。同时，企业微博负责人员要及时用心回复粉丝的各种评论，这样会提高企业与粉丝的互动效果。

(5) "意见领袖"的扩散性。

微博传播活动中一些"意见领袖"转发评论会产生巨大的传播效能。企业可根据产品的特性，锁定相关领域的重要"意见领袖"，利用或者聘请"意见领袖"去讨论、传播企业产品信息。有时，微博名人的影响力比线下媒体的营销效果大了数十倍都不止，如果找他们合作，分享一条与他们相关的产品或企业信息，其效果不言而喻。

(6) 话题的引爆性。

话题性是引起受众兴趣的好方式，借势话题等是极好的"吸粉"方法。在微博上，把热点话题、关键词等各种元素整合到一个平台上，就可以瞬间产生强大的"化学效应"。将企业品牌或产品巧妙地植入话题中，利用话题产生市场传播力，最终推动品牌或产品被更多人关注。从这个意义上看，微博已经不是单纯的媒体平台，而是连接品牌、产品与粉丝的网络。企业通过微博和主流消费人群深度互动，可以实现渠道下沉和更广泛的用户覆盖。

(7) 受众的获益性。

受众关注一个企业微博的前提是他觉得这个企业微博未来可以给他带来某种价值,要么是对企业微博的内容感兴趣,要么是企业微博发布的信息与他使用的产品有关联,要么是企业微博发布的信息与他未来的消费行为有关。通过关注微博使粉丝获得现实的利益是企业微博增加粉丝数量、提高传播效果的基本出发点。

总之,信息源丰富、成本低廉、传播速度快的优势使得微博可以作为事件营销的引爆载体。微博可以帮助企业品牌和产品得到曝光、扩大社会知名度和美誉度。所以,企业在认识微博的价值的同时,应掌握其运作规则,充分发挥创新能力,结合自身发展经营目标来挖掘微博的商业价值。

二、微信

微信是一款基于智能手机实现通过网络快速发送语音短信、视频、图片和文字,并支持多人群聊的移动通信软件,是一款简单的即时通信工具,代表一种生活方式。

微信公众平台是腾讯公司2012年8月23日针对企业、媒体、政府机构等组织推出的一项信息服务,是微信平台的有机组成部分。微信公众平台的传播方式是一对多的传播,直接将消息推送到手机,因此达到率和被观看率几乎达到100%。已有许多个人或企业微信公众号因其优质的推送内容而拥有数量庞大的粉丝群体。由于受众对微信公众号的高度认可,企业借助微信公众号进行植入式的广告推广时,不易引起受众的抵触,到达率和观看率能达到理想的效果。目前,企业利用微信公众平台可以进行消息的精准推送、品牌传播、产品营销、教育信息服务等个性化服务。

1. 微信传播的特点

(1) 成本低廉。

传统的营销推广成本高,而使用微信的成本低,使用过程中只会花费一些流量,通过微信开展营销活动的成本是非常低的。

(2) 营销定位精准。

微信公众平台使得粉丝的分类更加多样化和多元化,企业可以通过后台的分组和地域控制实现精准的消息推送。企业通过微信公众平台可对客户进行分组,并且通过"超级二维码"的特性(在二维码中可加入广告投放渠道等信息),准确获知企业的客户群体的属性,从而让营销和服务更具个性化,更加精准。

(3) 营销内容多样化。

微信认证的公众账号可以推送以语音、视频、图片、动画、音乐等为传播内容的信息,进行同步或者异步传播,这样可以拉近企业和客户的距离。在进行微信信息创作时,适量加入语音、微视频、动图、背景音乐等元素,可提升微信内容的可读性、趣味性,使信息的呈现形式更加多样化,具有丰富性和感染力。

(4) 营销的互动性。

在微信公众平台上,用户可以像与好友沟通一样与企业微信公众号进行沟通互动。企业通过微信公众号可以随时向公众推送信息,并可结合微信公众平台的一些互动功能(比如刮刮卡,大转盘等),极大地增强营销的互动性。

(5) 营销信息高到达率。

微信公众平台的传播是一对多的传播,每一条信息都是以推送通知的形式发送,直接将消息推送到手机用户屏幕上,因此可以实现营销信息的高到达率。

2. 企业微信公众号的运作

(1) 注册。

企业首先需要注册一个微信公众号。微信公众号分为订阅号、服务号、企业号三种,如果企业想用微信公众平台做营销,那么就选择订阅号;如果想用来做产品展示和销售,那么就选择服务号。

(2) 命名。

微信公众号的名称一旦设置成功就不可更改,所以命名时一定要慎重,要根据自己的实际需要来命名。企业要想让自己的微信公众号在众多微信公众号中被客户找到,就要在微信公众号名称中带上自己产品、品牌或企业名称的关键词。

(3) 完善相关信息。

企业公众号的相关信息包括头像、企业介绍、企业名称、所在地等,其中头像、企业介绍是很重要的,企业介绍在一定程度上决定了客户是否会关注企业微信公众号。

(4) 微信认证。

微信订阅号和服务号都有自定义菜单这一功能,但是订阅号只有在认证之后才能开通此功能。企业微信订阅号最好经过认证,并开通自定义菜单功能,因为自定义菜单突出的是客户体验,自定义菜单做得好,客户体验就会好,客户才愿意持续关注。

(5) 图文消息推送。

图文消息推送直接决定了粉丝忠诚度,如果消息内容不能引起粉丝的关注,那么就很容易"掉粉",因此图文消息一定要能抓住粉丝的心。撰写前要分析粉丝所属群体,想要的是什么内容,他们会分享转发哪些内容。

(6) 与粉丝的互动。

很多微信公众号的运营者对粉丝的维护没有过多关注,只是将重点放在如何吸引更多的粉丝,如何获得更多的阅读量,对已成为自己公众号粉丝的客户不再做后续的维护,导致"掉粉"现象严重,或者粉丝成为"僵粉"。因此,微信公众号运营者要始终着力激活粉丝,提高微信公众号的活跃度。微信公众号的活跃度体现在三个方面,一是用户留言评论踊跃程度,二是用户对文章点赞数量,三是用户分享转发文章的数量。一个微信公众号活跃度越高,说明它的定位越精准,推送的内容越受客户的喜欢。所以,微信公众号的运营者在策划与制作内容时,应善于制造与抛出话题,吸引客户留言评论。对客户的留言评论,微信公众号的运营者要有技巧地及时回复。

企业微信公众号的运作还涉及功能拓展、社会推广、二次开发等,需要进一步查阅微信的有关功能介绍说明等。

三、短视频

短视频即短片视频,是一种互联网内容传播方式,是指在各种新媒体平台上播放的、适合在移动状态和短时休闲状态下观看的、高频推送的视频内容,其长度一般为几秒到几分钟不等。目前的短视频平台各有特色,下面以抖音短视频为例进行介绍。

抖音短视频简称抖音,是一款音乐创意类短视频社交软件。它既有短视频制作功能,又有非常典型的网络社区属性。抖音采用PCG(专业生产内容)＋UGC(用户生产内容)的运作模式,用户可以从选择自己喜欢的歌曲着手,搭配美景、民俗、知识、舞蹈、酷跑、搞怪等元素,形成自己的作品,发送到抖音平台上与众多用户分享,同时也可以在抖音平台上观赏他人制作的短视频。

1. 抖音的设计特点

(1) 全屏浏览,操作便捷。

抖音上的短视频为全屏播放,全屏播放的视频让用户获得沉浸式体验,视觉冲击感更强。抖音主要功能按键全部都显示在视频界面上,向上滑动则切换成一个新的短视频,向下滑动便可回看翻过的短视频。抖音上的短视频都是自动播放的,用户看到不喜欢的视频时可以快速切换,看到喜欢的视频时则可以反复观看。

抖音短视频的制作、发布简单快捷,用户有一部智能手机,手机能连网,便可实现实时制作。抖音APP设计风格非常简洁,界面设计符合用户行为逻辑,操作起来简单流畅,一键拍摄视频,并可用平台提供的滤镜和音效进行美化,这种集拍摄、编辑以及发布功能的"一键生成""傻瓜式"操作模式,使得普通大众都可进行移动短视频创作。

(2) 社交交互设计。

右侧功能区从上到下依次分别是用户主页、点赞、评论、转发、音乐等功能按键,这个区域是抖音的社交功能区,用户可以快速关注视频作者,通过点赞量、转发量以及评论数可以了解视频的热度。点赞量表示该视频的被认可度,这是评价视频内容市场价值的最直接指标;评论功能使得作者与用户、用户与用户之间可以进行交流互动;而转发则可使优质视频便捷、快速地传播。

(3) 播放时间短,圈住注意力。

抖音短视频一般只有15秒的长度,一般来说,大多数用户都能看完。较短的播放时间为用户在碎片时间内浏览和消费视频内容提供了可能,便于产生用户黏性。

2. 抖音的内容特点

(1) 以音乐为创作元素,搭配多样表演。

抖音短视频搭配强感染力的背景音乐,迅速强化了短视频的代入感,提升了用户的感官享受,容易引发用户的共鸣。由于大部分视频的时间限定在15秒以内,所以创作者往往选择一首歌曲最精彩的部分作为背景音乐,使用户的听觉刺激感强烈。

(2) 视频内容广泛多样。

伴随着抖音短视频内容的不断增加与丰富,抖音用户也在不断增加。在海量用户的背景下,必然产生海量的内容,用户多元化也意味着视频内容的多姿多彩。

(3) 明星、"关键意见领袖"(Key Opinion Leader,KOL)是抖音重要组成部分。

明星、KOL的入驻为抖音聚集了人气,他们形成的粉丝圈是抖音的重要流量池。

3. 抖音的传播特点

(1) 个性化算法推送,智能推荐。

抖音的最大亮点在于智能推荐算法,用户在使用抖音过程中,会留下诸多使用痕迹,比如用户关注的好友,用户在短视频上的浏览痕迹(停留时间、点赞以及评论等),加上平台上的用户地理位置和社交行为等信息,所有这些都汇聚成抖音大数据库的资料,抖音后台会根据数据库的信息推算出用户的行为特征,从而推荐用户喜欢的视频。抖音的智能推荐方式还减少了用户被不感兴趣、不相关视频的干扰。

(2) 中心化与去中心化。

明星、KOL 都有大量粉丝,这对抖音平台聚集人气、增加用户黏性有正面作用,但是同时也有负面效应,例如资源过于向中心集中会使大 V 们拥有中心优势,普通用户则慢慢被边缘化。

抖音平台去中心化将用户的关注点引向内容,在平台的算法之下优质的内容被推荐给用户,这样一来,普通用户与明星用户就会有相同概率的传播机会,抖音在算法上让普通用户创作的优质内容有了跟明星用户比拼的机会。应用去中心化算法的结果就是让优质的内容打破时间、空间以及名人效应的限制。由于短视频内容必须足够精彩才能成为热门短视频,进而提高了普通用户的使用体验,增加了用户黏性。

(3) 用户自发传播与链接第三方平台。

除了抖音系统智能分发传播,在抖音上扮演重要传播角色的还有用户的自发传播以及链接第三方平台。用户自发传播是指用户浏览到自己感兴趣的内容时将其分享转发给好友。抖音短视频除了可以在抖音平台转发之外,还支持向第三方平台转发,包括今日头条、微博、微信、QQ 等。一方面,优质的内容通过第三方平台得到了更广泛的传播;另一方面,这些优质的内容也为第三方平台填充了更多优秀素材,吸引了更多用户。

(4) 社交互动。

抖音平台提供了点赞、评论、交流、转发等功能,可以实现短视频制作者和普通用户、普通用户和普通用户之间的交流和情感互动,提高了用户黏度,激发了用户创作的灵感和激情。

4. 抖音广告的类型

(1) 原生广告。

原生广告是指抖音用户自行拍摄制作的广告,即短视频内容本身就是广告,这是抖音上最常见的广告类型,产品及服务信息通常融合在用户自己拍摄的短视频当中。抖音原生广告接地气,娱乐性较强。

(2) 信息流广告。

信息流广告出现于用户日常"刷"得最多的视频页面,在用户连续往下"刷"的过程中,抖音平台根据用户在视频上停留时间的长短来展示广告。该类广告视频画面左下侧有广告信息以及广告链接,点击用户头像或者链接就可以进入品牌广告页面。例如,视频播放的同时会弹出画面同款商品的链接,用户感兴趣的话可以点击链接进入商品详情页。

抖音信息流广告一方面能让企业有机会展示自己的品牌和产品,另一方面又不会影响用户的观赏体验,用户可以一眼就判断出该内容是否为广告,感兴趣的用户可以进一步点击了解,不感兴趣的用户可以直接划过。由于信息流广告展示的费用跟点击率直接关联,这一方面帮助企业精准识别目标客户,另一方面又为企业节省费用。

(3) 开屏广告。

开屏广告是指出现在抖音 App 启动时显示的广告,分为静态、动态以及视频三种形式。静态广告展示时长为 3 秒,动态广告展示时长为 4 秒,视频广告展示时长为 5 秒。抖音依据非常强大的算法形成的用户"画像"定向投放广告,实现了广告的精准触达。

(4) 创意贴纸广告。

创意贴纸是指用户在制作视频内容时,从贴纸栏下载使用的可视化创意道具。用户可以可在贴纸栏下载品牌定制的创意贴纸,有 2D 静态贴纸、2D 动态贴纸、前景贴纸、背景贴纸等类型。有趣的贴纸以及各种可爱的、有个性的表情包,是抖音核心人群在社交中必不可少的一种互动工具。贴纸的展示形式是:连续七天上架,前三天首屏第四位展示,后四天展示位置下移。

创意贴纸广告的优势在于可以减少用户对广告的抵触情绪,用户使用后会主动上传至社交媒体,实现二次传播,同时用户的主动使用与主动分享,能够提升用户对品牌的好感度。创意贴纸广告属于比较典型的软性广告,一般结合品牌主题活动使用。必胜客曾策划"♯DOU 出黑,才够 WOW♯"的主题活动,用户在参与挑战视频制作时,可随意运用含有必胜客元素的创意贴纸丰富视频内容。

(5) 明星、KOL 广告。

与抖音上的明星、KOL 合作,即在明星、KOL 的账号下发布的抖音短视频中植入企业的品牌信息或产品信息。明星、KOL 本身拥有众多的粉丝,由他们发布广告能快速实现品牌信息、产品信息的传播,加之明星、KOL 的推荐效应,可迅速提升品牌的知名度。这类广告的缺点是成本较高,明星、KOL 会收取一定的广告费。一般来说,粉丝量越多的明星、KOL,其收取的广告费也就越高。

14.3 市场推广

常见的营销传播工具除了广告之外,还有一个就是市场推广,即销售促进。市场推广是指企业为了立即提高销售量而采取的短期刺激,如百货商店的"大甩卖——全部商品五折起售"、化妆品业的"附赠精美礼品"、饮料业的"集瓶盖大抽奖"、食品业的"买一送一"、旅馆业的"淡季特别优惠"等,都属于市场推广。

一、市场推广的类型

根据市场推广的对象不同,市场推广可分为两类:消费者市场推广和中间商市场推广。

1. 消费者市场推广

消费者市场推广是指针对消费者的促销活动。消费者市场推广的目的主要有:增加消费者的购买量,例如"买三送一"可促使原先只想买一个单位商品的消费者为了获得赠品而增加购买的数量;鼓励非使用者试用,例如推出新产品时提供免费样品,可鼓励非使用者试用新产品。消费者市场推广主要有以下几种工具。

(1) 免费样品。

免费样品是指提供给消费者免费使用的试用品。免费样品可以是商家挨家挨户地赠送,也可以是要求消费者函索,或摆在商店里供人取用,或寄附于其他商品之中。

一般而言,新上市的产品常运用免费样品来促使消费者试用。例如,巧手洗洁精在开始上市时附送在灭蚊剂上;白兰牙膏上市时则随白兰洗衣粉赠送。提供免费样品的成本可能较高,因此利用免费样品来推广的产品通常是制造成本低且消费者经常购买的新产品。对这些产品,如能促成消费者试用,很可能会使消费者成为购买者。

(2) 特价品。

特价品是指在商品价格上给予消费者某种程度的优待,优待方式通常标于标签或包装上面。特价品推广一般使用两种方式:一种是特价品的包装,即两件或两件以上的相同商品包装在一起并减价出售,如三件只卖两件的价钱;另一种是特价品的组合,即将两件相关的商品(例如牙膏与牙刷)包装在一起减价出售。

特价品推广可以在短期内使市场占有率大幅度提高,因为有部分消费者会转换原来使用的品牌而改用正在促销的品牌。但是如果无法在此时建立起较高的品牌忠诚度,则当特价品推广结束后市场占有率将恢复原状,或甚至降低,影响企业的市场地位。

(3) 赠品。

赠品是指在消费者购买某一特定商品时可得到随货免费赠送或以很低的价格出售的商品。赠品通常是附于所购买的商品包装内,或另行包装,随货赠送。

举办赠品活动时,赠品的选择相当重要,赠品必须是消费者喜欢的产品,而且又与市面上买得到的产品有所差异,以便能让消费者感受到赠品的价值。

(4) 抽奖。

抽奖就是企业利用消费者在消费过程中的侥幸获大利心理,设置中奖机会,利用抽奖的形式来吸引消费者购买商品。抽奖活动的奖金或奖品通常都相当吸引人,因此虽然中奖率不高,但是常能吸引许多消费者参加。抽奖活动设置了大奖才能吸引人,因此较适用于市场占有率较高的品牌,这样才能够有较大的销售量来支持所提供的奖品或奖金。

(5) 竞赛。

竞赛与抽奖不同。抽奖是消费者能否中奖完全靠运气;而竞赛则要求消费者完成某项工作,如回答一些问题,才有资格参与竞赛赢得奖品。参与竞赛的人数通常比参加抽奖的人数要少,但参与竞赛者往往比参加抽奖者更为投入,因此竞赛对参与者的促销效果常常更为明显。

(6) 发放优惠券。

优惠券是一种常见的市场推广工具。使用优惠券,实际上相当于降低了产品的价格。

优惠券必须要能让消费者以较低的价格买到他们所需要的某种商品,才能收到促销的效果。优惠券常用来鼓励消费者试用新产品或新包装,或用来吸引消费者重复购买。使用优惠券有优点,也有缺点。优点包括:在创造品牌的知名度方面,附有优惠券的印刷广告通常比非促销性的广告更有效;可将优惠券发放给现在的产品使用者或以前的使用者,并鼓励消费者大量购买;通过统计使用优惠券的消费者信息,企业可以了解优惠券是否已接触到预期的目标市场。缺点包括:由于有许多企业提供优惠券,优惠券的价值正日益丧失;优惠券的大量使用者的品牌忠诚度下降,许多消费者只用优惠券来购买他们常买的产品;商店对可以使用优惠券的产品项目常常没有足够的存货,这会对商店和产品的信誉造成伤害。

(7) 购买点展示。

购买点展示是指在零售商店中所做的展示,其目的在于吸引零售商店中的消费者注意某一品牌或产品,并进一步促成销售。购买点展示包括店中标牌、橱窗展示、展示货架等。购买点展示有时也会和店内示范或免费样品一起配合使用。只要购买点展示具有吸引力,能提供有用的信息,并能与商店布置相吻合,零售商店通常会乐于使用这种推广工具。

(8) 现金减让。

现金减让是指消费者提供购买某一产品的证明时,由企业给予一定金额的退款。现金减让主要用来鼓励消费者试用推广的产品。不过,许多人认为现金减让的退款过程过分烦琐,消费者对企业提供现金减让的原因也有负面的想法,他们可能认为进行现金减让的产品是新的、未经检验的或销路不好的产品。如果不能改变消费者的这些想法,提供现金减让将会影响该产品的形象和消费者对该产品的喜爱程度。

(9) 产品示范。

产品示范是指向消费者展示产品的功效或功能,从而达到鼓励消费者试用或购买产品的目的。产品示范须有专人在示范现场实地示范,成本通常很高,除非推广效果很好,否则企业不会轻易采用。对某些产品类别的销售,如化妆品、家用电器、清洁用品等,进行产品示范是很有效的。

2. 中间商市场推广

中间商市场推广是指针对中间商所做的促销活动,其目的在于鼓励中间商多进货,并努力销售。中间商市场推广主要有以下几种工具。

(1) 购货折让。

购货折让是指当中间商购买一定数量的产品时,企业给予中间商的暂时性减价。购货折让直截了当,只要中间商购买一定数量的产品,就可获得减价,其利润也可相应增加。购货折让的缺点是竞争者容易模仿,所有企业都对中间商折让的结果,将造成所有企业的利润都下降。

(2) 免费商品。

免费商品是指当中间商购买一定数量的产品时,企业向中间商提供部分免费商品,以鼓励中间商多进货、多销售。

(3) 商品折让。

商品折让是指企业支付某一数额的资金给那些完成广告或展示等推广工作的中间商,以鼓励中间商协助执行企业的促销活动。

(4) 合作广告。

合作广告是指企业和中间商之间的一种广告安排,由企业分摊一部分由中间商为本企业的产品所推出的广告活动的媒体成本。企业分摊的金额通常是按照中间商的购货数量来确定的。

(5) 销售竞赛。

销售竞赛是指对销售表现优秀的中间商提供奖金或奖品,以激励中间商努力销售。为了达到有效的激励效果,销售竞赛的奖金或奖品必须有足够的吸引力,因此这项促销工具的费用较高,而且促销效果可能只是短期的。

(6) 展览会。

企业可参加行业展览会,向中间商展示他们的产品和服务。参加展览会是接触中间商和向中间商推广产品的有效方法,但参加展览会须支付场地租金、场地布置费用、产品运输费用、服务人员酬劳等,是费用较高的一种中间商推广工具,因此要参加哪些展览会,需要企业审慎选择,并对参展相关事宜做妥善的规划。

二、主要的市场推广决策

市场推广活动五花八门,各种市场推广工具的功能、延续时间、成本等各不相同,企业在进行市场推广活动前必须审慎规划。主要的市场推广决策包括确定市场推广目标、选择市场推广工具、设计市场推广方案、市场推广方案测试、执行市场推广方案和评估市场推广成果。

1. 确定市场推广目标

企业应依照营销策略的实施情况、市场的竞争态势以及产品所处的市场生命周期阶段综合判断,确定市场推广活动的目标。市场推广活动的目标包括增进消费者或中间商对商品特性的了解、加强品牌印象、增强消费者或中间商对商品新用途的认识、增加新的试用者等,营销主管应慎重考虑企业自身条件与市场竞争状况,确定市场推广的主要目标。

2. 选择市场推广工具

在确定市场推广目标后,就要着手选择市场推广工具。如前所述,市场推广包括消费者市场推广和中间商市场推广两类,分别有多种市场推广工具可供选择。企业应视市场推广目标和自身的资源条件,考虑各种市场推广工具的特性,选择合适的市场推广工具。

3. 设计市场推广方案

在确定了市场推广目标和市场推广工具之后,接着要设计一套有效的市场推广方案,内容包括诱因的大小、参与的条件、信息的传递、市场推广的时间、市场推广频率的安排以及市场推广预算的编制等。

(1) 诱因的大小。

要想市场推广活动取得成功,需要提供足够的诱因。诱因愈大,促销的效果通常亦愈好。但是,诱因愈大,耗费的成本也会愈高。所以,企业应在两者之间做一个权衡。

(2) 参与的条件。

市场推广的对象可遍及所有人,也可限定于某些群体。许多市场推广活动对参加者的资格做了一些规定,例如寄回若干包装空盒或瓶盖才送赠品,或购买多少数量以上产品者才能享受折扣,或规定企业员工及家属不得参加抽奖等,都是对促销的对象所做的适当的限制。

(3) 信息的传递。

企业应确定如何把市场推广活动的信息迅速传递给消费者或中间商。例如,抽奖活动的进行过程及结果应快速传递给消费者或中间商,以保证公平性。因此,市场推广活动从开始、执行到结束,都需要通过不同的媒体,迅速地将信息传递出去。

(4) 市场推广的时间。

市场推广的时间如果太短,会导致许多消费者或中间商来不及参加;但市场推广时间如果太长,则会使消费者或中间商失去马上购买的冲动,降低促销效果。促销时间究竟以多长为宜,须视产品的类别而定。

(5) 市场推广频率的安排。

营销人员应安排好各种市场推广活动的频率,并与生产、销售等部门事先协调,以保证市场推广活动的顺利进行。此外,还要准备应急方案,以应付可能的突发状况。

(6) 市场推广预算的编制。

市场推广的预算有两种不同的编制方式。一种方式是由下往上加总,即由营销人员选择个别的市场推广活动,并预估它们的总成本;特定市场推广活动的成本等于管理成本(印刷、邮寄、推广费用)和刺激成本(赠品或折扣成本,包括兑换成本)之和乘该市场推广活动的预期销售单位。另一种较为常用的方式则是以企业促销预算的某一百分比作为市场推广经费,百分比的确定根据市场或品牌的不同而不同,也受产品市场生命周期阶段及竞争性推广支出的影响。

4. 市场推广方案测试

市场推广方案应尽可能在事先经过测试,以便营销人员判断其所提供的刺激是否有足够的吸引力,并预测市场推广方案的执行会遇到哪些可能的困难,以便及早规划。

5. 执行市场推广方案

市场推广方案经测试之后,如测试结果令人满意,即可依市场推广方案的设计付诸执行。执行之前必须做好妥善准备,以免发生市场推广活动已正式展开,但由于零售商尚未准备妥当或市场推广的货品尚未送达零售商店,造成消费者与零售商的不便与抱怨等。

6. 评估市场推广成果

企业可以通过销售报表、消费者调查和实验法等方法来评估市场推广的成果。

(1) 销售报表。

企业可以通过比较市场推广前、市场推广中和市场推广后的销售报表来了解市场推广的成果。例如,市场推广前产品的市场占有率为6%,市场推广期间上升到10%,市场推广结束后立刻降为5%,而后又回升至7%。显然,这一市场推广活动不仅吸引了新的试用者,也促使原有的使用者购买更多的商品,由于消费者必须有一段消化存货的时间,所以促销结束时销售量会下降,但从长期来看,占有率上升至7%显示出企业已争取到一些新的使用者。但是,如果企业的产品并没有优于竞争者的产品,则市场占有率可能又会回到市场推广前的水平,即表示市场推广改变的只是需求的时间形态,而非市场总需求。

(2) 消费者调查。

如果企业需要更多关于市场推广成果的信息,则可通过消费者调查来了解,如消费者是否记得此次市场推广活动、他们对此次市场推广的看法、多少人利用了此次市场推广,以及此次市场推广活动对其以后品牌选择行为的影响等。

(3) 实验法。

市场推广的成果也可利用实验法来加以评估。实施实验法时,可通过改变刺激要素、市场推广时间等来衡量市场推广的成果。例如,从消费者固定样本中选出一半的家庭,寄给他们优惠券,然后利用扫描资料来追踪优惠券是否引领更多的人去购买市场推广的商品。

14.4 公共关系

一、公共关系的性质

公共关系是企业促销的又一重要策略。公共关系是指企业利用各种传播手段使自己与社会公众之间建立起相互了解和信赖的关系,在社会公众中树立起良好的形象和声誉,以取得理解、支持和合作,从而有利于企业目标的实现。

公共关系作为促销组合的一个重要组成部分,与其他方式相比,具有以下特点:

1. 注重塑造企业长期整体形象

公共关系不是追求企业产品一时一地的销售业绩,而是谋求企业长期发展的良好的社会形象。

2. 注重处理全方位社会关系

公共关系注重处理好企业与政府、下级、内部员工以及外部公众的横向关系。在这些关系中,主要内容是处理好企业同政府机构、社会团体、个体公众、工商企业、新闻传播媒介的关系(如表14-2所示)。

表 14-2 企业公共关系所涉及的对象

政府机构	社会团体	个体公众	工商企业	新闻传播媒介
上级主管	慈善组织	非销售目标对象	工业品客户	广播电台
工商行政管理部门	行业协会	销售目标对象	竞争者	电视台
税务部门	妇女联合会		中间商	报纸
生态环境部门	工会		供应商	杂志
人力资源和社会保障部门	消费者协会		银行	网络媒体

3. 注重企业与公众的双向沟通

处于社会环境中的企业,需要与社会系统进行双向的信息、能量和物质的交流。公共关系就是要担负起这方面的职责。在公共关系活动中,既要使企业了解公众,又要让公众认识企业。

4. 注重与公众的真诚合作,互利互惠

企业的公众对象是指对企业的发展具有一定影响、制约作用,和企业的发展目标有一定利益关系的个人或组织。这种以一定的利益为纽带的双方关系,特别强调平等相待、互利互惠。只顾本企业的利益而不择手段、不顾后果,这不符合公共关系的基本原则。"与自己的公众对象一同发展"是企业公共关系的重要原则。

二、企业公共关系的构成要素

企业公共关系是由三个完整要素构成的,即企业(组织)、公众和信息传播,这三个要素浑然一体,密不可分。

1. 公共关系的主体——企业(组织)

企业(组织)是整个社会大系统中的一个子系统,其生存和发展必须要与外部各种要素发生联系,产生各种各样的交流交往活动。从某种意义上看,企业(组织)必须依赖于其他组织才能生存下去。事实上,每个社会组织都必须有意识、有目的、积极主动地开展公共关系活动,以增进相互了解、沟通、支持和合作。企业作为一种营利性组织,为了使自己的产品价值能尽快实现,并获得应有的经济收益,必须从公共关系的主体身份出发,积极开展各种各样的公关活动,以达到内求团结、外谋发展,最大限度地提高企业的经济效益及社会效益。

2. 公共关系的客体——公众

公众是指因面临某种共同问题而与企业发生相互联系和相互作用的社会群体、组织和个人。

企业面临的公众是十分复杂的,可分为内部公众和外部公众。内部公众主要是指企业的内部职工和股东,与营销活动关系较大的外部公众主要有消费者、金融机构、中间商、供应商、传播媒介、社区、政府等。根据公众与企业关系的重要程度,公众又可进一步细分为首要公众和次要公众;根据公众的稳定性程度,可以细分为临时公众、周期性公众、稳定性公众等;根据公众对企业的态度,又可细分为顺意公众、逆意公众、边缘公众、中间公众等。企业公共关系的工作之一就是要处理好企业与这些公众的关系。

3. 公共关系的内容——信息传播

信息传播是指两个相互独立的组织之间,利用一定的媒介和工具所进行的、有目的的信息传递活动。企业公共关系离不开信息的传递及沟通。从企业来看,信息传播就是企业正确地使用各种传播媒介,及时向公众和个人传递有关企业的各种信息,及时有效地收集公众和个人对企业的各种意见和了解他们的态度。信息传播过程是一种信息分享过程,双方都能在传递、交流、反馈等一系列过程中分享信息,在双方的信息沟通的基础上取得理解,达成共识。

三、公共关系的基本策略

企业公共关系的基本策略可分为三个层次:一是公共关系宣传,即通过传播媒介向社会公众进行宣传,以扩大企业的知名度和影响力;二是公共关系活动,即通过支持、参与和举办各种类型的社会活动来树立企业在公众心目中的形象,以获得公众的好感;三是公共关系意识,即企业营销人员在日常经营活动中所具有的树立和维持企业整体形象的意识。公共关系意识的建立,能使公众在同企业的日常交往中对企业留下深刻的印象。从这个意义上讲,公共关系经常融于企业的其他营销传播策略之中,同人员推销、广告、社交媒体、市场推广等手段结合使用,从而增强营销传播的效果。

具体来讲,企业营销活动中的公共关系基本策略包括以下几种。

1. 新闻报道

新闻报道是公关活动一个重要方面。企业的公关人员根据企业具有新闻价值的政策、背景、活动和事件撰写新闻稿件,发给有关的新闻传播媒介,争取发表。这种由第三方报道的新闻,可信度高,有利于提升企业的形象,而且一般不需付费。IBM 的管理制度、可口可乐的营销策略常常是管理类杂志、报纸报道的热门话题。公司内部的趣闻、历史、轶事,只要故事性和趣味性强,也是报纸生活版、消闲杂志、有关电视或电台节目乐于采用的。这种轻松有趣的公关报道,能唤起人们的兴趣,增加人们对企业的认知。

2. 散发宣传材料

宣传材料包括与企业有关的刊物、小册子、传单、年报等。企业在适当的时机向有关的公众团体、政府机构和消费者散发印刷精美、图文并茂的宣传材料,可吸引他们认识和了解企业,扩大企业的影响力。

3. 社会交往

企业应通过同社会各方面的广泛交往来扩大企业的影响,改善企业的经营环境。企业的社会交往活动不应当是纯业务性的,还应当突出情感性,以联络感情、增进友谊为目的。如对各有关方面的礼节性、策略性访问;逢年过节发礼仪电函、送节日贺卡;进行经常性的情况通报和资料交换;举办联谊性的舞会、酒会、招待会等;组建或参与一些社团组织,如联谊会、俱乐部、研究团体等,同社会各有关方面发展长期和稳定的关系。

4. 社会捐助活动

社会捐助活动是比较流行的公关活动,是企业赢得良好社会关系、树立美好企业形象的重要途径。例如,捐助当地的文化活动、体育比赛,捐助当地的慈善事业、教育事业等。这些捐助活动影响较大,常常受到人们的关注和好评,也属于制造新闻。

5. 维系和矫正性活动

企业不仅要树立良好的企业形象,还要维系这种形象。当发生不利于企业形象的事件时,要采取积极措施,挽回声誉。这是一项经常性的活动,包括建立与公众的联系制度,接待来信来访的工作,及时对公众的意见做出反应等。这些工作是企业了解公众对其营销策略和经营作风的看法,并根据公众的意见调整自己的行为或消除误解、澄清是非的重要前提,也是实现企业与公众双向沟通的重要途径。

6. 识别系统

企业可以通过建立识别系统让社会公众容易认识和了解企业,并塑造独特的形象。例如,有许多企业建立自己的企业识别系统,设计独特且具吸引力的标志图案,并将企业的信封、信纸、宣传小册子、报表、名片、建筑物、员工制服、车辆都印上企业的标志图案。如果识别系统易于辨认且有吸引力,将是一种有效的公关工具。

除此之外,还有诸如举办记者招待会、策划企业领导人的演讲或报告、制造新闻事件等公共关系基本策略。公共关系对于促进销售的效应不像其他促销手段那样立竿见影,但是一旦产生效应,其作用将是持久的和深远的,对于企业营销环境的根本改善能发挥特殊的作用,是企业促销策略组合中不可忽视的重要策略。

本章复习思考题：

1. 请简述广告的含义和广告的类型。广告决策有哪些？
2. 请简述市场推广的概念和类型。
3. 请简述公共关系的含义。公共关系有哪些基本策略？

第十五章 人员推销

> **本章学习要点**
>
> 1. 销售人员的类型和任务；
> 2. 销售队伍的组织结构与规模；
> 3. 销售人员的管理；
> 4. 人员推销的过程。

人员推销（又称人员销售）是指通过人员向顾客介绍企业及其产品，解决顾客的问题，完成交易的过程。成功的人员推销需要非常职业的销售人员（又称销售代表）。专业销售人员同时也是顾客的营销顾问，他们向企业传递顾客需求，以开发适宜的产品，他们不仅仅为了订单，还要投身于整体顾问性和非操作性的销售工作，并且要能够解决顾客的问题。

15.1 销售人员的类型与任务

销售人员是非常重要的沟通渠道——一种双向沟通的渠道。销售人员一方面将有关企业及产品的信息传达给顾客，另一方面也将顾客的需求或对企业产品的反应传达给企业，使企业能够有针对性地调整营销策略，以满足顾客的需求。在不同的企业和行业，销售人员的名称虽常有差异，如销售员、销售工程师、业务代表、营销代表、地区经理等，但其基本的任务都是以销售为主。

一、销售人员的类型

早期的销售人员比较关心销售额和利润,属于销售导向的销售人员。但当企业销售导向走向营销导向或市场导向时,销售人员也逐渐转变为市场导向的销售人员,愈来愈关心顾客的满意度。从长期来看,市场导向的销售人员比销售导向的销售人员的工作更为有效,更能为企业创造有利的长期顾客关系。

一般而言,按照工作角色的不同,销售人员可分成订单争取者、订单接受者和支持性销售人员等三类。

1. 订单争取者

订单争取者的工作是去争取订单,开发新的业务关系。他们要设法增加对现有顾客的销售,或开发新的顾客。订单争取者要能找出可能的购买者,及时提供给他们必要的信息,并能说服他们去购买产品。争取订单是一项非常具有挑战性和创造性的工作。

订单争取者可以向现有的顾客争取新的订单,使旧顾客继续购买并增加购买量。订单争取者也要去寻找、发掘并争取潜在的顾客,使其成为新的购买者。某些产业,如汽车业、房地产业、保险业、重机械业等,常需不断争取新的顾客才能维持正常的运营和成长。

为了争取顾客的订单,企业利用其销售代表或销售业务员通过面对面、电话或其他沟通方式与现有或潜在的顾客沟通,或向他们做销售展示。此外,企业也常利用团队推销、会议推销和研讨会推销来争取订单。

团队推销是指由销售专业人员组成销售小组向主要顾客进行销售和服务。销售小组可能包括订单导向的销售人员、传教士销售人员、技术支持人员和其他部门(财务、作业部门等)的员工,彼此协调配合,提升推销和服务能力。团队推销对销售复杂且需要售后服务支持的产品(如电脑设备和软件)非常有效。

会议推销是指由一位销售人员和其他相关的员工(生产部门或客户服务部门的员工)一起和顾客开会,解决存在的问题或讨论未来的可能合作机会。会议推销有助于和顾客建立长期的合作关系。

研讨会推销是指由企业的销售小组对顾客实施的一种教育性方案,提供创新或复杂产品的企业可采用这种推销方式。销售小组的成员可针对顾客的技术幕僚举办研讨会,说明现有产品的创新或新产品的开发,目的是先让顾客的技术人员对产品感兴趣,再由他们回去说服购买决策者来购买。

另外,也有企业运用系统推销的观念来争取顾客的订单。系统推销是指销售整套的相关产品和服务(即一个系统)给顾客,以更有效地满足顾客的需要,解决顾客的问题。

2. 订单接受者

订单接受者又称接单者,他的主要工作是寻求对现有顾客的重复销售,维持和现有顾客的关系。他们大多是在处理重复购买或例行购买标准化产品的订单,并协助旧顾客解决问题,通常并不需要做很多推销工作。接单的工作可在商店或办公室内进行,也可在顾客的工作场所进行。

3. 支持性销售人员

销售工作除了需要上述订单争取者和订单接受者的努力之外,还需要各种支持性销售人员(简称支持人员)来协助促成销售。支持性销售人员可协助完成销售,但本身通常并不直接从事销售工作。支持性销售人员的主要工作包括寻找可能的潜在顾客、提供信息、教育顾客、建立商誉、从事售后服务等。

支持性销售人员可分成两类:传教士销售人员和技术专家。

传教士销售人员是为制造商服务的支持性销售人员,他们拜访中间商和顾客,建立商誉,刺激需求,帮助中间商训练销售人员,通常也会帮中间商接受订单。依赖批发商以获得广泛分销的制造商通常很看重传教士销售人员,因为批发商并不是只经销一种产品,而是同时经销多种产品,不能保证全心全力经销某种产品,利用传教士销售人员可以使中间商更加专注于本企业的产品。

技术专家是为订单导向的销售人员提供技术协助的支持性销售人员,他们通常具有相关技术背景,了解产品的用途,能较详细地向顾客解释产品能够为顾客带来的利益。一般情况下,订单争取者先拜访顾客并引起顾客的兴趣,然后再由技术专家向顾客提供技术的细节信息,最后由订单争取者去完成销售。

二、销售人员的任务及影响销售任务的因素

进行销售活动只是销售人员所承担的许多工作中的一部分。除此之外,销售人员还要负责其他工作,如提供服务、收集信息等。

1. 销售人员的任务

一般而言,销售人员的任务可归纳为以下几个方面:

① 发掘顾客:销售人员要积极寻找或发掘新的顾客,以开拓市场。

② 沟通:销售人员通常要花费很多时间向顾客提供有关企业及产品的信息,并与现有或潜在顾客沟通,争取顾客的惠顾。

③ 推销:销售人员运用推销技术,与顾客接近,展示产品,解答顾客的疑问,完成交易。

④ 提供服务:销售人员需要为顾客提供各种服务,使顾客满意。销售人员的服务事项不一而足,如充当顾问、提供修理和安装服务、安排财务融通、催促送货等。

⑤ 收集信息:销售人员需要执行市场信息收集工作,探测市场动态,定期向管理阶层提出各项市场走势报告。

⑥ 分销商品:遇到货物缺乏时,销售人员必须安抚顾客,合理分配有限的商品。

对销售人员而言,这六个方面的任务有时不易划分清楚。例如,当销售人员向一位重要顾客介绍新产品的功能时,他一方面与顾客沟通,向顾客推销;另一方面也在进行着收集信息的工作,要从顾客的反应中判断顾客对新产品的评价以及收集顾客对产品的改进意见。不过,虽然企业不能将其销售人员的任务很清晰地加以划分,但对销售人员的任务仍应有明确的规范,使其明了自己的工作重点。图 15-1 对销售人员的职责作了概括。

2. 影响销售任务的因素

企业在确定销售人员的任务或任务组合时,应考虑下述四个影响因素。

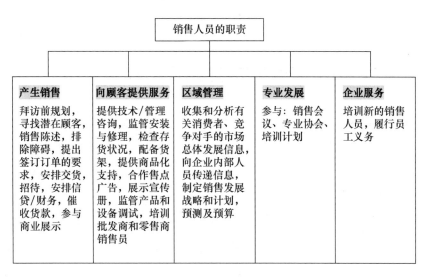

图 15-1 销售人员的职责

(1) 整体营销目标。

销售人员的任务会受到企业整体营销目标的影响。整体营销目标会影响企业短期和长期销售目标的平衡、对市场占有率和利润率的相对重视程度以及满足顾客需求的水平等,而每一个方面均会影响销售人员推销的类型、重要性和活动内容。例如,企业想要提高顾客满意度,则会要求销售人员增加拜访旧顾客的次数;相反,企业若希望销售额能快速增长,则会要求销售人员花费较多的时间去寻找新顾客。

(2) 顾客购买行为。

销售人员的任务也受顾客购买行为的影响。例如,销售人员对新购者与重购者所采取的推销方法应有所不同。新购者对产品的认识程度及偏好不同于重购者,因此销售人员应增加对新购者的拜访次数,通过多次的互动使新购者建立信心;而重购者通常较重视常规的服务,并不一定需要和销售人员进行频繁的互动。

(3) 营销策略。

销售人员的任务和企业的营销策略也有密切关系。例如,在食品业中,许多制造商以广告为主要沟通工具,他们的策略是运用大量的广告来影响消费者,借消费者的力量将厂家的品牌"拉"进经销商店。因此,企业的销售人员只要多注意零售商店是否有充足的存货和良好的陈列,并在市场推广上给予必要的协助就可以了。但对其他企业而言,尤其是那些尚未在消费者心目中建立品牌偏好的企业,则应采取"推"的促销策略,利用给予经销商较高的毛利及其他奖励措施,鼓励经销商努力销售其产品,此时销售人员必须做更有创造性和更积极的推销工作,让经销商愿意经销企业的产品。

(4) 经济发展与供需情况。

当经济发展过热,产品供不应求时,销售人员将没有足够的产品可供推销,此时销售人员的任务不是推销产品,而是协助分销产品,安抚不满的顾客,并加强与顾客的沟通。当经济不景气,产品供过于求时,销售人员的推销任务将非常繁重。

15.2 销售队伍的组织结构与规模

销售的成败与销售队伍的组织结构和规模有非常密切的关系,一个有效的销售队伍组织结构和合适的销售队伍规模能够发挥强大的激励力量,促使销售人员有效地完成销售任务。

一、销售队伍的组织结构

销售队伍的组织结构有地区式、产品式、顾客式和混合式四种(如图 15-2 所示)。

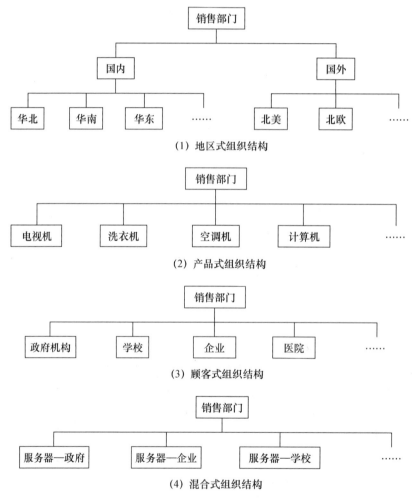

图 15-2 销售队伍的组织结构

1. 地区式组织结构

最简单的销售队伍的组织结构就是每位销售人员负责一个地区,该销售人员在该地区内代表企业负责全部产品线的销售任务。此种组织结构的优点有:① 销售人员的责任非常明确,因为他是该地区内唯一的销售代表,因此所有的销售业绩都是他个人努力和能力的表现,借此可激发销售人员的潜力;② 由于对某一地区所负的责任很明确,销售人员会有更大的兴趣培植在该地区的社会关系,以改进销售绩效;③ 由于销售人员的活动区域只限于一个地区,因此销售访问的差旅费用会节省许多,因而销售成本较低。

在产品一致性强和顾客类型相同的情况下,地区式的销售队伍组织结构会有较强的适用性。反之,当产品不同和顾客类型复杂时,销售人员不易完全了解其产品和顾客,此种组织结构易造成销售效率低下。地区式组织结构成功的前提是销售人员对其产品和顾客的特性有深入的了解。

在采用地区式组织结构时,销售主管必须设计或划分每一位销售人员所负责的销售地区。销售主管在设计或划分销售代表的销售地区时,应考虑:① 方便管理;② 容易估计销售潜力;③ 能缩短销售人员拜访客户的行程;④ 每位销售人员的工作负荷是适当的。具体来说,销售地区的设计应该考虑地区的大小和形状。

(1) 根据地区的大小设计销售地区。

根据地区的大小设计销售地区主要有两种方式:销售潜力相等法和工作负荷相等法。

① 销售潜力相等法是指在划分销售地区时设法使每一个地区都具有大致相等的销售潜力,如此可以使每一位销售人员都有相同收入的机会,同时也可作为绩效评估的依据。采用这种方式设计销售地区,地区的长期销售成绩可反映出销售人员的能力和努力的程度。而且,各地区的销售潜力大致相等,也可使销售人员在心理上感到公平。

但是,由于各地区顾客的地理分布密度往往并不相同,因此具有相同销售潜力的地区可能拥有不同的面积。被分派到较大区域的销售人员只有两条路可走:第一是和别人一样努力,但是销售成绩却比别人低,薪水(包括佣金)也比别人少;第二是付出更多努力,以便与别人得到相同的销售业绩,这对这位销售人员来说是不公平的。为了解决这个问题,企业通常给予负责较大地区的销售人员多一些优惠,如佣金标准高一些或基本薪资多一些,以鼓励和吸引优秀的销售人员担任此任务;但如此一来将会提高该地区的销售成本,降低该地区的利润。

② 为了解决上述方式所产生的困惑,有的企业便以相等的工作负荷作为划分地区的标准,即工作负荷相等法。采用工作负荷相等法设计销售地区时,每一地区的销售潜力常有差异,销售人员的报酬也不一致。因此,若销售人员的全部或部分报酬是以佣金方式支付,即使各地区的工作负荷大体相等,但对销售人员的吸引力却大不相同。为了解决这个问题,企业通常可对市场潜力较小的地区给予较高的佣金率或较高的基本薪资。

在实际操作中,企业可通过工作负荷相等法和销售潜力相等法的混合方式来划分销售地区,避免造成工作负荷和销售潜力过于不均的情况。但是经过一段时间后,由于各地区经济增长率不同,仍然会出现地区间的销售潜力和工作负荷不均的现象。解决此问题的方法是定期重划销售地区,调整销售人员的薪酬标准等。

(2) 根据地区的形状设计销售地区。

销售人员分配到销售责任区之后,需要常常拜访责任区内的顾客。由于地区的形状对交通成本、销售人员的满足感和市场的涵盖度都有影响,因此企业应对销售地区的形状妥善规划,以便在工作负荷、销售潜力、市场的覆盖度和销售人员的路途时间等各方面都能统筹考虑,达到合理的状态。

2. 产品式组织结构

许多企业为了使其销售人员对特定产品有充分的认识,并对该产品负起明确的销售责任,便以产品线作为销售队伍组织结构设计的基础。产品式的组织结构比较适用于产品技术复杂、产品种类繁多且彼此的相关性不高的情况。但是并非产品种类繁多就适合采取产品式的组织结构。有些企业的产品种类虽多,但却卖给相同的顾客,若用产品式组织结构来组织其销售人员,将会造成同一企业的不同销售人员重复拜访同一顾客的现象,不但浪费人力,也会给顾客造成困扰。例如,某些医药用品供应商以大型医院为销售对象,如果未能妥善规划,将会出现这些医院时常要接待同一家医药用品供应商不同销售人员的状况。

3. 顾客式组织结构

企业也常以产业或顾客类型为标准来组织其销售人员,具体划分如下:

① 根据产业类型划分。例如,钢铁厂分别针对造船业、家电业和其他产业来设立不同的销售小组。

② 根据顾客大小划分。例如,铝品制造业者利用不同的销售人员分别对大客户和小客户进行推销。

③ 根据分销渠道划分。例如,食品公司利用不同的销售人员分别对连锁商店、批发商、和大型独立商店进行推销。

④ 根据公司类别划分。例如,汽车零件制造商利用不同的销售人员分别对上海大众、广州本田、长安福特等汽车业者进行推销。

顾客式组织结构的最大优点是每一位销售人员均能深入了解特定顾客的需求,可和顾客建立密切的关系,有助于长期销售任务的实现。这种组织结构方式的主要缺点是当各类型的顾客均匀地分散于市场各处时,各销售人员的销售地区难免互相重叠,导致销售成本增加。

4. 混合式组织结构

当企业在广大的地区将多种产品销售给多种类型的顾客时,可能需要采用混合式组织结构,以"地区-产品""地区-顾客""产品-顾客"或者是"地区-产品-顾客"等方式来组织销售人员。在此种情形下,每个销售人员在形式上可能要向不同的经理报告。例如,"地区-产品"式组织结构下的销售人员一方面要向负责地区的经理报告,另一方面也要向负责产品的经理报告,此时权责的划分必须要界定清楚,以免出现权责重叠且冲突的状况。

不论销售队伍的组织结构在设立之初是多么有效,在经过一段时间后,可能会因市场与经济形势的改变而变得不适用。因此,企业应定期分析销售队伍是否需要以更有效的方式重新加以组织安排。而在比较旧的组织结构和新的组织结构的优劣时,不但要考虑经济层面的因素,也应考虑相关的人性因素。

二、销售队伍的规模

企业在确定其销售队伍的组织结构之后,接着就要考虑销售队伍的规模问题。增加销售队伍的人数将会增加销售量,同时也会增加成本。企业通常采用工作负荷法来确定其销售队伍的规模,步骤如下:

① 依据年度销售量,将顾客分成不同的规模等级。
② 针对顾客的规模等级分别设定拜访的频率(每年对每个顾客进行销售访问的次数)。
③ 将每一规模等级的顾客数目乘以其相对应的访问次数,求得每年销售访问的总工作负荷。
④ 确定一位销售人员每年能进行的平均访问次数。
⑤ 将每年所需的销售访问总次数除以一位销售人员平均一年所能进行的访问次数,即可确定所需的销售人员数量。

假定某企业估计全国有 500 名 A 等级顾客与 1000 名 B 等级顾客。对 A 等级顾客每年需做 50 次的销售访问,对 B 等级顾客每年需做 10 次销售访问,则该企业一年需要做 3.5 万次销售访问。倘若平均一位销售人员一年可进行 1000 次访问,则企业将需要 35 名专职销售人员。

15.3　销售人员的管理

在确定了销售队伍的组织结构和规模之后,就要进行销售人员的招募、甄选、培训、定薪、激励和绩效评估等管理工作。

由于销售人员活动范围广、灵活性高、弹性大、素质要求高等,导致企业对销售人员的管理工作难度较大,表现在以下几个方面。

(1) 招聘人员以经验取人。

企业总是希望找到能迅速为企业带来顾客和订单的销售人才,因而绝大多数的招聘都十分强调应聘者的"相关工作经验",而且,如果招聘主考官是企业销售主管的话,还往往以自己的销售经验、能力和水平去衡量应聘者。事实上,销售人员过去的工作经历在给他们带来了工作经验的同时,也会给他们打上过去工作的烙印。由于不同企业有不同的企业文化、不同的管理制度、不同的销售策略和政策,因此在实践中往往出现这样的情况:招来的销售代表越是经验丰富,就越是难以融入企业的销售团队,其行为与企业的销售管理冲突就越大,也越容易跳槽。

(2) 销售人才流动性大。

销售人员跳槽将对整个企业的采购、销售活动产生极大的负面影响:一是每个企业培养一名优秀的销售人员都要付出相当的代价,他们的离开,使企业的一切努力有付诸东流的可能;二是流失的销售人员可能会带走顾客和营销网络资源,会增强竞争对手的实力;三是流失的销售人员可能还会带走对企业至关重要的信息和有关资料,给企业造成损失。

(3) 人员培训不注重实效。

在企业职员的岗位培训中,销售人员培训无疑是最受重视的。可是,在实践中往往存在一个误区:把销售人员的销售业务工作错误地等同于企业的市场营销,所以对销售人员进行培训时,一些企业往往是从当地高校请一位教授营销学的老师去讲授营销学课程,而且,培训形式也几乎都是以教师讲授为主,受训人员只是被动接受,这种培训供给与培训需求常常是错位的。

(4) 销售人员难以控制。

销售人员的外勤工作性质使管理难度较大,差旅费、住宿费、电话费、广告费、公关费等费用居高不下;对呆账、赖账未制定相应的制度和办法,会造成回笼货款不及时上缴,公款私用等;企业管理的方法和控制力度不够会导致销售人员工作效率低下。

(5) 保障体系不健全。

市场一线销售人员为了完成销售任务而努力,往往承受着巨大的心理压力,而有些企业无法有效地将销售人员的个人发展规划与企业整体运作和发展协调起来,对销售人员缺乏引导。销售人员整天为完成销售任务而奔波,就会产生干一天算一天的消极思想,导致工作的短期效应。

(6) 考核和激励单一。

有些企业或者用同一套激励工具和方法对全体销售人员进行统一的激励,或者只是简单地根据销售额进行激励。结果要么难以激励大多数销售人员,要么激励效果与企业的整体营销目标背道而驰。另外,在一些销售经理甚至企业管理层看来,销售人员的任务就是实现一定的销售额,在一定时间内完成的销售额越多,该销售人员越优秀,至于如何实现这样的销售额,则往往采取"只看结果,不问过程"的态度,放任销售人员"八仙过海,各显其能"。如果企业管理层有这种思想,再加上按销售额进行业绩评价和取酬的政策,往往会使企业的市场区域划分、价格体系以至于整个销售计划遭到致命的破坏。

一、销售人员的招募和甄选

招募和甄选优秀的销售人员是人员推销成功的关键。优秀的销售人员通常具备两种基本素质:同理心,即设身处地为顾客着想;自我驱动力,即个人想完成销售任务的强烈需要。除了要考虑优秀销售人员所应具备的基本素质之外,在招募和甄选时,也应考虑特定销售工作的特性,如是否需要经常到外地出差、是否有许多文书工作、工作是否有很大的变动性与挑战性等。

企业进行招募时,可以通过销售人员的推荐、校园招募、职业介绍所的介绍、公司网站发布招聘信息、刊登招聘广告等方式来寻求应征者。招募工作做得好,就会招到许多对销售工作感兴趣的应征者,接着可进行甄选工作,选出合适的销售人才。甄选工作繁简不一,简单的如只做书面的甄选或简单的面谈,繁杂的如筛选履历资料、面谈、笔试、查看推荐信等。企业应根据自身的情况和需要,设计一套合适的招募与甄选程序。

二、销售人员的培训

企业在雇用了新的销售人员之后应对他们进行必要的培训。有些企业有完整的培训计划,有些企业则只对其销售人员做非正式的在职培训。完整的培训需要花费讲师费、教材费、场地费等。不过,通过良好的培训才能使新的销售人员认识企业和产品,了解实现有效销售的方法,熟悉市场和竞争情况,进而才能胜任销售工作,因此培训费用通常是一种必要的、也是划算的投资。

不同的培训方法成本不同,培训成效也各有不同。负责培训的部门应尽可能分析不同的培训方法对销售绩效(如流动率、缺勤率、销售量等)的影响,然后选用成本较低的培训方案。

现代企业要注重培养销售人才,这是企业销售人力资产保值增值的必然要求。对销售人才的培养特别要注意强化营销培训与指导环节,关键是要抓好以下几个方面。

(1) 销售培训制度化。

企业要完善培训设施,健全销售培训队伍,建立销售培训援助制度;形成适合企业经营特点的销售培训体系;制订周密的销售培训计划。

(2) 确立销售培训内容。

通常企业的销售培训内容可以分为三类:感性教育,其目的是培养销售人员的职业道德,改善销售人员工作态度,统一其价值观,协调企业内部的人际关系,增强相互之间的沟通与了解;销售技能教育,其目的在于提高销售人员的销售技巧和业务熟练程度;销售知识教育,即在提供概念与事实的基础上,培养销售人员发现问题与解决问题的能力。

(3) 确立销售培训的类型。

销售培训的类型主要包括:新进人员培训,以感性教育为主,着重于企业理念、文化、政策、职业道德、规章制度等的学习,培训时间为1～2个月;职务阶层培训,主要对销售活动中不同职务阶层的人,依据职务内容,分别进行培训,以提高其担任职务的能力;职能培训,主要是对企业中不同职能资格的人,依据其职能资格水平分别进行培训。企业也可以提倡销售人员进行自主培训,并制定相应的激励政策。

(4) 采取灵活多样的培训形式。

销售队伍的培训形式应多样化,紧密结合企业销售工作的特点,充分利用现代高科技成果,真正实现寓教于乐,有声有色。在进行销售人员培训的过程中,要注意从点滴做起,力戒形式主义。企业也可以利用社会上的专业培训机构,为企业的销售人员提供专业的培训。

三、销售人员的薪酬

企业必须制定一套有吸引力的薪酬制度,才能吸引与留住优秀的销售人员。一般而言,销售人员和管理层对薪酬制度的要求并不相同。销售人员希望的薪酬制度是能让他们有稳定的收入,业绩优异时能获得较高的报酬,且能随着经验和资历的增加而合理调整待遇。但在管理层看来,理想的薪酬制度应该是可控制的、经济的和简单易行的。管理层和销售人员对薪酬制度的要求有时是互相冲突的。例如,管理层希望薪酬制度能具有经济性,可能与销售人员希望的收入稳定相冲突。在设计销售人员的薪酬制度时,应能兼顾企业和销售人员的利益。

薪酬制度包括两个重要的层面:一是薪酬的水平,二是薪酬的组成项目。薪酬的水平必须配合各类销售工作和工作能力的"市场行情"或"市场价格",如同业的平均待遇水平或同业的销售人员薪酬等。若销售人员的薪酬有明确的市场行情,则通常别无选择,只有依照市场行情来确定薪酬水平。如果薪酬水平偏低,则不足以吸引人才和留住人才;如果薪酬水平偏高,则增加了企业负担。但在操作上,销售人员的薪酬水平没有明确的市场行情。各企业的薪酬制度中对于固定薪资和变动薪资等项目通常各有不同的权重,同业间销售人员的能力和年资都各有不同,很难作为比较的标准。

薪酬的组成项目包括固定薪资(底薪)、变动薪资、费用津贴及福利。固定薪资一般可满足销售人员对稳定收入的需求;变动薪资,如佣金、奖金、红利或利润分享等,可用来激励销售人员更加努力;费用津贴包括销售人员出差、食宿及应酬的费用津贴;福利,包括休假津贴、疾病或意外事件津贴、保险及其他福利,可提高销售人员的安全感与工作满足感。

企业必须确定上述薪资项目在薪资制度中的相对重要程度。一般而言,非销售性工作的固定薪资比率,应比销售性工作的比率高;而技术性较复杂的工作,其固定薪资比率也应较高。

根据对固定薪资和变动薪资的处理,确定薪酬的方法可分为三种,即薪水制、佣金制和混合制。薪水制是定期付给销售人员固定的薪酬;佣金制是根据销售人员的销售成绩(销售额或毛利)付给其一定比率的佣金作为薪酬,如以销售人员所实现的销售额的3%或所创造的毛利的10%作为支付给销售人员的佣金;混合制是前两种方法的混合,除支付给销售人员固定的薪资外,还根据销售人员的销售表现支付佣金。表15-1列出了这三种方法的优点和缺点。一般而言,混合制若设计良好,可取薪水制和佣金制二者之长,去二者之短,是一种较理想的方法。在实践中,大多数企业采用的是某种形式的混合制。

表 15-1　三种确定薪酬的方法的比较

方法	优点	缺点
薪水制	1. 提供稳定的收入,让销售人员有最大的安全感 2. 销售费用较易估计和控制 3. 易于要求销售人员配合销售政策 4. 销售人员较愿意花时间去从事可增进顾客满意度的非销售活动 5. 简单易行	1. 未提供销售人员努力的诱因 2. 需要密切监督销售人员的活动 3. 薪水与销售量或毛利无关,成为一种固定成本
佣金制	1. 为销售人员努力增加销售量提供了足够的刺激 2. 不需要密切监督销售人员的活动 3. 佣金与销售量或毛利直接相关联,是一种变动成本 4. 可提高佣金率来鼓励销售人员配合销售政策(如全力销售某一产品)	1. 销售人员没有固定的收入,缺少经济上的安全感 2. 不易控制销售人员的活动,特别是很难要求销售人员去执行没有佣金的工作 3. 销售人员可能会忽视对小客户的服务 4. 较不易控制销售费用
混合制	1. 提供某一水准的固定收入,让销售人员有一些经济上的安全感 2. 为销售人员努力销售提供了一些刺激 3. 销售费用随销售收入变动而变动 4. 对销售人员的活动有一些控制	1. 销售费用中属于佣金的部分较不易估计 2. 在三种方法中是最复杂的

四、销售人员的激励

大多数销售人员都需要有足够的激励或刺激,才能全力投入销售工作。对那些需要单枪匹马到各地去拜访顾客争取订单的销售人员,要经常给予他们激励,随时给他们鼓劲,帮助他们面对竞争和克服销售过程中碰到的挫折与失败,从而完成销售任务。

前面讨论的薪酬是一种经济上的酬劳,是一种重要的激励工具。除了薪酬之外,还有许多可用来激励销售人员的工具,如销售定额、销售竞赛和销售会议、组织氛围、升迁、荣誉、个人成长机会等,都是常用的激励工具,以下只介绍前四种。

1. 销售定额

销售定额是指企业为销售人员设定的年度销售额度。销售定额可以用销售金额、销售数量、毛利、销售活动和产品类别来表示。关于销售定额的设定有以下三个不同的理论。

① 高定额理论：将定额设定在比大多数销售代表能达成的水平还要高的额度，但是所设定的水平仍然是可以实现的。这个理论相信高定额可激发销售人员更多的努力。

② 中定额理论：将定额设定在多数销售人员能达成的水平。这个理论认为销售人员会接受这个定额，认为这个定额是合理的，是销售人员可达到的，且可使销售人员获得信心。

③ 变动定额理论：这个理论认为销售人员之间有差异存在，因此应视个别差异分别设定高定额和中定额。

2. 销售竞赛和销售会议

许多企业利用销售竞赛和销售会议来激发销售人员的工作积极性，使他们能更加努力，更加投入销售工作。销售竞赛可用来激励销售人员专注于特定的销售任务，如争取新顾客、提高销售量、推销特定产品项目、加强对特定地区的销售工作、扩大销售地区等。销售竞赛的奖品必须具有吸引力，竞赛规则必须公平合理，并让足够多的销售人员有机会获得奖品，才能达到激励的效果。

销售会议可以提供给销售人员一个和销售主管或企业高层主管会面和交谈的机会。销售会议是一种社交场合，让销售人员有机会表达心声、沟通意见和发泄情感。

3. 组织氛围

企业管理者可通过组织氛围来提升销售队伍的士气和绩效。组织氛围反映了销售人员对他们的薪酬、工作环境和在企业的发展机会等方面的感受和看法。有些企业不重视销售人员，有些企业却非常重视销售人员，视他们为发展的主要原动力，并在收入和升迁上给他们提供无限的机会。那些不尊重销售人员的企业，销售人员的流动率通常较高，绩效也不好。那些尊重销售人员的企业，销售人员的流动率往往较低，绩效也较好。

五、销售人员的评估

销售主管要不断激励销售人员，让他们更加努力，并且对销售人员的工作绩效应定期予以评估。

1. 销售人员绩效信息的来源

销售主管通常可通过销售人员定期提出的销售报告、访问报告或其他书面报告取得有关销售人员活动的信息。销售报告包括事前提出的销售计划和事后提出的销售成果报告。销售主管可通过比较这两种报告判断销售人员的事前规划能力和执行计划的能力。访问报告则说明销售人员的活动内容，包括被访问的顾客名单以及和顾客互动的情形。至于其他报告则包括费用报告、新业务报告、产业和经济形势报告等。

销售主管可从这些报告中找出销售绩效的关键指标，包括：每位销售人员平均每天的销售访问次数，平均每次销售访问所花的时间，平均每次销售访问的销售收入，平均每次销售访问的成本，每一百次销售访问的接单百分比，每一期获得的新顾客人数，每一期失去的顾客人数,销售人员的成本占总销售额的百分比,等等。这些指标可以回答几个很有用的问题:销售代表每天的销售访问次数是否太少?每次访问所花的时间是否太多?交际应酬费用是否过高?每一百次的销售访问所获得的订单数是否足够?是否争取到足够多的新顾客并保有原来的老顾客?

除了销售人员所提出的报告之外,销售主管也可通过平日对销售人员的观察及与销售人员的日常交谈、顾客的信函与抱怨情况等来获得有关销售人员绩效的信息。

2. 评估的方法

销售人员的报告加上其他来源的信息,提供了评估销售人员绩效的原始材料。有了这些材料,销售主管可以用不同的方法对销售人员进行评估。

(1) 销售人员之间的比较。

评估销售人员的一种方法是比较各销售人员的销售业绩。不过,如果各销售人员所处的销售环境彼此有显著差异时,这种比较方式很可能会产生误导。只有在地区销售潜力、工作负荷、竞争程度、推广努力程度等方面没有显著差异时,这种相对销售绩效的比较才有意义。下面举例说明(如表15-2所示)。

表15-2 销售人员业绩考评表 I

考评因素		销售人员		
		甲	乙	丙
销售额	1. 权数 2. 目标(万元) 3. 完成(万元) 4. 达成率(%) 5. 绩效水平(1×4)	5 100 90 90 4.5	5 80 74 80 4.0	5 120 114 90 4.75
订单平均水平	1. 权数 2. 目标(万元) 3. 完成(万元) 4. 达成率(%) 5. 绩效水平(1×4)	3 400 320 80 2.4	3 350 315 90 2.7	3 600 540 90 2.7
每周平均访问次数	1. 权数 2. 目标(万元) 3. 完成(万元) 4. 达成率(%) 5. 绩效水平(1×4)	2 50 40 80 1.6	2 40 34 85 1.7	2 60 48 80 1.6
绩效合计		8.5	8.4	9.05
综合效率(综合绩效÷总权数)		85%	84%	90.5%

在表15-2中,由于销售额是最主要的因素,所以把权数定为5;另外,订单平均水平和每周平均访问次数的权数分别定为3和2。针对这三个因素分别建立目标,由于每个销售人员所在地区环境的差异,如潜在顾客人数、竞争对手、顾客偏好等都不同,所以对不同地区的销售人员建立的每个因素的目标是不一样的。每个销售人员每项因素的达成率等于他所完成的工作量除以目标数,随后将达成率与权数相乘就得出绩效水平,再把各因素的绩效水平相加,除以总权数10,即可得到各个销售人员的综合效率。从表15-2可看出,销售人员甲、乙、

丙的综合效率分别为 85%、84% 和 90.5%，销售人员丙的综合绩效最佳。

(2) 现在与过去销售绩效的比较。

将销售人员目前的销售绩效与过去的绩效作比较，可以看出销售人员的进步或退步情形。销售绩效可以用销售量、销售金额、销售费用、销售毛利、新顾客数或失去的顾客数等项目来表示。下面举例说明（如表 15-3 所示）。

表 15-3 销售人员业绩考评表 Ⅱ

销售人员：丙				所辖区域：西北区
考评因素	年份			
	2015	2016	2017	2018
1. 产品 A 的销售额（元）	200 000	210 000	225 000	225 000
2. 产品 B 的销售额（元）	350 000	370 000	396 000	410 000
3. 销售总额（元）	550 000	580 000	621 000	635 000
4. 产品 A 的定额达成率（%）	95	94	92	90
5. 产品 B 的定额达成率（%）	110	115	118	121
6. 产品 A 的毛利（元）	40 000	41 000	41 600	42 000
7. 产品 B 的毛利（元）	68 000	70 000	70 500	71 500
8. 毛利总额（元）	108 000	111 000	112 100	113 500
9. 销售费用（元）	13 125	14 000	16 200	18 900
10. 销售费用率（%）	2.39	2.41	2.61	2.98
11. 销售访问次数	1450	1560	1720	1920
12. 每次访问成本（元）	9.05	8.97	9.42	9.84
13. 平均顾客数	140	142	145	149
14. 新顾客数	13	15	17	19
15. 失去顾客数	8	9	11	10
16. 每个顾客平均购买额（元）	3929	4085	4283	4262
17. 每个顾客平均毛利（元）	771	782	773	761

从表 15-3 可以了解到有关销售人员丙的许多情况。比如，丙的总销售量每年都在增长，其中 A 产品的销售额每年都大于 B 产品。从完成率来看，丙在 B 产品上的业绩增长是以牺牲 A 产品为代价的。根据毛利额可以看出推销 B 产品的平均利润要高于 A 产品，这与他大力推广 B 产品是相符的。从销售费用来看，其增长率与销售额的增长率基本上同步，可能与访问次数增长有关。但是，丙在寻找新顾客时，很可能忽略了现有顾客，这可从每年失去顾客数的上升趋势中得到印证。最后两行每个顾客平均购买额和每个顾客平均毛利要与整个公司的平均数值进行对比时才有意义。

(3) 顾客满意度的评估。

有些销售人员在销售方面的业绩可能有不错的表现，但顾客对他们的评价可能不高，对他们的服务可能并不满意。这种情形如不改进，很可能会损害到企业的整体形象和长期利益。因此，愈来愈多的企业日益重视顾客对销售人员的评价，并运用问卷调查、电话访问等方法来调查顾客的满意度，再以调查结果作为评估销售人员绩效的一项重要参考指标。

(4) 定性的评估。

对销售人员也可用其对企业、产品、顾客、竞争者、销售地区及责任的了解程度来加以评估,对其人格特征也可加以评估,如态度、外表、谈吐及气质等。

无论采取哪一种评估方法,或依据哪些准则来评估销售人员的绩效,企业都应该就评估的准则和方法事先与销售人员做充分沟通。事先让销售人员清楚地了解企业将如何评估他们的销售绩效,可激励他们尽力去提升绩效。

15.4 人员推销的过程

人员推销的过程可分为对新顾客的销售和对现有顾客的销售两个部分来说明。

一、对新顾客的销售

对新顾客的销售过程大致包括发现潜在顾客、事前准备、接近、展示、克服异议、完成销售和跟踪等(如图15-3所示)。

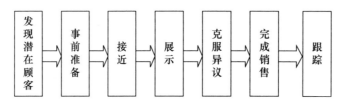

图15-3 对新顾客的销售过程

1. 发现潜在顾客

销售过程的第一个步骤是发现与辨认潜在顾客。虽然企业通常能提供一些线索,但销售人员也要有能力自己寻找潜在顾客。下列方法可帮助销售人员发掘潜在顾客的线索:

① 向现有顾客询问潜在顾客的姓名。
② 从供应商、经销商、没有竞争关系的销售代表、银行家和商业协会的主管等来源得到有关潜在顾客的资料。
③ 加入潜在顾客所属的组织。
④ 从事会引起潜在顾客注意的活动。
⑤ 查询资料(报纸、厂商名录、网站)以寻找潜在顾客。
⑥ 利用电话与邮件去发现潜在顾客的线索。
⑦ 不事先通知,顺道去拜访可能对象的办公处所。

销售人员需要知道如何筛选顾客,以避免在无价值的潜在顾客上浪费时间。销售人员可通过潜在顾客的财务能力、业务量、有无特别要求、地点等来辨别其是否可能成为真正的顾客。

2. 事前准备

找出潜在顾客之后,销售人员应在正式接近潜在顾客之前,先做好事前准备的工作,包括:

① 收集有关潜在顾客的资料，如潜在顾客的需求特性、采购的决策过程、可能的决策者等相关资料。

② 确定访问要达到的目标，如收集进一步更详细的信息、达成立即销售或评估潜在顾客成为真正顾客的可能性等目标。

③ 确定访问的方式与时间。销售人员可根据受访问对象的工作特性或作息时间来确定拜访的时间，同时还需要考虑如何接近受访问的对象，是先用电话、电子邮件联络，还是直接前往访问。

3. 接近

销售人员应知道如何会见或接近潜在顾客，以便能建立良好的关系。销售人员的仪表、言谈、举止等都是重要的影响因素。销售人员要有整洁的外表，要有礼貌，并避免有让人分散注意力的举止和行为。

访问的开场白应明确而令人愉快。开场白后，销售人员可以通过简单的寒暄来增进了解，或问些重要的问题，或展示样品以引起潜在顾客的注意和好奇。

4. 展示

在介绍和展示产品时，销售人员一方面要以生动的方式展示产品的特色，另一方面也要倾听潜在顾客的意见和评论。销售人员应遵循营销导向的原则，随时配合潜在顾客的反应来展示产品的特性，并且将产品的特性和潜在顾客的利益相结合。

在此阶段，销售人员宜掌握AIDA模式。销售人员可按照此模式来介绍和展示产品，先引起潜在顾客的注意，再激发其兴趣，并诱发其购买意愿，最后促使其采取购买行动。

5. 克服异议

销售人员在展示产品或要求下订单时，潜在顾客常常会提出一些异议。这些异议可能是理性的，如对价格、送货时间或某些产品特性的不满，也可能是心理上的拒绝，如抗拒被干扰、偏好现有的供应来源或品牌、不愿放弃某些事物、先入为主的观念、不喜欢作决策和对金钱的敏感态度。面对潜在顾客的异议，销售人员应具有相当的耐心，也要有谈判的技巧，设法消除潜在顾客的疑虑，甚至要将理性的或心理的异议转变成购买的理由。

6. 完成销售

在处理和克服异议之后，销售人员应努力完成销售，使交易得以达成。但有些销售人员不能有效完成这个步骤，他们对自己、对企业或对产品缺乏信心，或对要求潜在顾客订货感到不安，或不能在适当的时机完成销售，而使销售工作功亏一篑。因此，销售人员把握时机、完成销售的能力至关重要。销售人员可利用一些销售技巧，以顺利完成销售工作。

① 直接法：直接要求顾客下订单。

② 汇总法：重述顾客同意购买的要点。

③ 佯装法：提议协助顾客的秘书填写订单。

④ 选择法：询问顾客要选择甲方案还是乙方案。

⑤ 施惠法：提供给顾客一些特别的刺激，如特价、额外售后服务、数量优待、赠品等，以促使顾客果断下单。

7. 追踪

如果销售人员要确保顾客满意并重复购买，那么追踪这个步骤就非常重要。完成销售后，销售人员应立刻准备好有关送货日期、购买条件和其他事项的必要详细资料。完成第一次订单时,销售人员也应考虑作一次追踪访问,以确定各项服务都很到位,若发现问题,应立即向顾客表明自己的诚意和愿意提供周到的服务。

二、对现有顾客的销售

对现有顾客的销售强调长期关系的建立和维持。对购买量大的主要顾客,销售人员应建立和他们的长期买卖关系,取得他们的信赖是非常重要且具挑战性的工作。销售人员应密切关注主要顾客面临的问题和需要,向他们展现自己服务的热忱和能力,以便能和他们维持长期的合作关系。这种建立长期合作关系的销售工作常常比争取新顾客的销售工作还要复杂和困难。这类营销活动即是所谓的关系营销,它有别于传统的交易营销。

关系营销强调和主要顾客维持良好的长期关系。销售人员不是只在顾客要订货时才去拜访他们,也不是只为了争取订单才去拜访顾客,而是要在平时就多和顾客沟通、交往,并向他们提供业务上的建议,以便能和他们建立长期的合作关系,获得长期的订单。

本章复习思考题:

1. 销售人员的类型和任务是怎样的?
2. 销售队伍的组织结构与规模应如何确定?
3. 对销售人员的管理包括哪些内容?
4. 人员推销的过程是怎样的?

参考文献

[1] Gilbert Churchill, Jr. and J. Paul Peter, Marketing: Creating Value for Customers. Burr Ridge, IL: Richard Irwin, 1995.

[2] Michael Etzel, Bruce Walker, and William Standon, Marketing, 11th ed. New York: McGraw-Hill, 1997.

[3] William Perreault, Jr. and E. Jerome McCarthy, Basic Marketing: A Global-Managerial Approach, 12thed. Chicago: Richard Irwin, 1996.

[4] Philip Kotler and Gary Armsrong, Marketing: An Introduction, 4th ed. Upper Saddle River, NJ: Prentice Hall, 1997.

[5] 约翰·W. 马林斯, 奥维尔·C. 小沃克, 哈珀·W. 小博伊德. 营销管理：战略决策制定方法[M]. 吴长顺, 等译. 6版. 北京：清华大学出版社, 2008.

[6] 加里·阿姆斯特朗, 菲利普·科特勒, 王永贵. 市场营销学[M]. 王永贵, 等译. 12版. 北京：中国人民大学出版社, 2017.

[7] 卡尔·麦克丹尼尔, 小查尔斯·W. 兰姆, 小约瑟夫·F. 海尔. 市场营销学[M]. 时启亮, 朱红兴, 王啸吟, 译. 8版. 上海：格致出版社. 上海人民出版社, 2009.

[8] 菲利普·科特勒, 凯文·莱恩·凯勒. 营销管理[M]. 何佳讯, 等译. 15版. 上海：上海人民出版社, 2016.

[9] 诺埃尔·凯普. 21世纪的营销管理[M]. 胡修浩, 译. 上海：上海人民出版社, 2003.

[10] 威廉·M. 普莱德, O. C. 费雷尔. 市场营销学[M]. 王学生, 刘新智, 译. 15版. 北京：清华大学出版社, 2012.

[11] 罗杰·A. 凯林, 史蒂文·W. 哈特利, 威廉·鲁迪里尔斯. 市场营销[M]. 董伊人, 等译. 北京：世界图书出版公司, 2011.

[12] 杜鲁弗·格雷瓦尔, 迈克尔·利维. 市场营销学[M]. 郭朝阳, 等译. 3版. 北京：中国人民大学出版社, 2015.

[13] 亚德里安·斯莱沃斯基, 卡尔·韦伯. 需求：缔造伟大商业传奇的根本力量[M]. 魏薇, 龙志勇, 译. 杭州：浙江人民出版社, 2013.

[14] 李飞. 营销定位[M]. 北京：经济科学出版社, 2013.

[15] 钱旭潮, 王龙. 市场营销管理：需求的创造与传递[M]. 4版. 北京：机械工业出版社, 2016.

[16] 吴青松. 现代营销学原理[M]. 上海：复旦大学出版社, 2003.

[17] 吴健安, 等. 市场营销学[M]. 6版. 北京：清华大学出版社, 2018.

[18] 迈克尔·J. 贝克. 市场营销百科[M]. 李垣, 等译. 沈阳：辽宁教育出版社, 1998.

[19] 郭国庆. 营销理论发展史[M]. 北京：中国人民大学出版社, 2009.

[20] 爱成. 心智战：营销就是夺人心智[M]. 北京：机械工业出版社, 2005.

[21] 李传屏.营销论语[M].北京:中国市场出版社,2006.

[22] 吕巍,周颖.战略营销[M].北京:机械工业出版社,2007.

[23] 李胜,等.营销策划:路径、方法与文案设计[M].北京:北京大学出版社,2018.

[24] 郭国庆,等.市场营销学概论[M].3版.北京:高等教育出版社,2018.

[25] 郭国庆,陈凯.市场营销学[M].6版.北京:中国人民大学出版社,2019.

[26] 王永贵.市场营销[M].北京:中国人民大学出版社,2019.

[27] 李林.市场营销学[M].3版.北京:北京大学出版社,2018.

[28] 刘军.定位定天下[M].北京:东方出版社,2010.

[29] 郑锐洪,等.营销渠道管理[M].2版.北京:机械工业出版社,2016.

[30] 熊国钺.市场营销学[M].5版.北京:清华大学出版社,2017.

[31] 郝渊晓,费明胜.市场营销学[M].2版.广州:中山大学出版社,2017.

[32] 王之泰.新编现代物流学[M].4版.北京:首都经济贸易大学出版社,2018.

[33] 杜凤林.新零售:打破渠道的边缘[M].广州:广东经济出版社,2017.

[34] 艾·里斯,杰克·特劳特.定位[M].邓德隆,火华强,译.北京:机械工业出版社,2017.

[35] 晁钢令,楼尊.市场营销学[M].5版.上海:上海财经大学出版社,2018.

[36] 托马斯·迦得.品牌化思维[M].王晓敏,胡远航,译.北京:中国友谊出版社,2018.